〔宋〕薛居正 等撰

點校本
二十四史
修訂本

舊五代史

第六册
卷一三一至卷一五〇

中華書局

2016 年 8 月北京第 1 版　2017 年 7 月北京第 2 次印刷
ISBN 978 - 7 - 101 - 11998 - 5

舊五代史卷一百三十二

世襲列傳第一〔一〕

李茂貞 子從曮 從昶 從弟茂勳

高萬興 子允韶

韓遜 子洙

李仁福 子彝超 彝興

李茂貞，本姓宋，名文通，深州博野人。祖鐸〔二〕，父端。唐乾符中，鎮州有博野軍，宿衞京師，屯於奉天，文通時隸本軍爲市巡，累遷至隊長。黄巢犯闕，博野軍留於鳳翔，時鄭畋理兵於岐下，鄭畋，原本作「鄭攻」，今從新唐書改正。（影庫本粘籤）畋遣文通以本軍敗尚讓之衆於龍尾坡，以功爲神策軍指揮使。朱玫之亂，唐僖宗再幸興元，文通扈蹕山南，論功第一，遷檢校太保、同平章事、洋蓬壁等州節度使，賜姓，名茂貞，僖宗親爲製字曰正臣。正臣，原本作「尹臣」，今從歐陽史改正。（影庫本粘籤）光啓二年〔三〕，王行瑜殺朱玫於京師，李昌符擁兵於岐下，詔茂貞與陳佩等討之。三年，誅昌符，車駕還京，以茂貞爲鳳翔節度使，加檢校太尉、兼侍中、隴西郡王。

大順二年，觀軍容使楊復恭得罪，奔山南，與楊守亮據興元叛，茂貞與王行瑜討平之。詔以宰相徐彦若鎮興元，茂貞違詔，表其假子繼徽爲留後〔四〕，堅請旄鉞，昭宗不得已而授之。自是茂貞恃勳恣横，擅兵窺伺，頗干朝政，始萌問鼎之志矣。既而逐涇原節度使張球〔五〕、張球，原本作「張璋」，今從通鑑改正。（影庫本粘籤）洋州節度使楊守忠、鳳州刺史滿存，皆奪據其地，奏請子弟爲牧伯，朝廷不能制。大臣奏議言其過者，茂貞即上章論列，辭旨不遜，姦邪者因之附麗，遂成朋黨，朝政於是隳焉。昭宗性英俊，不任其逼，欲加討伐。乾寧初，命宰臣杜讓能調發軍旅，師未越境，爲茂貞所敗。茂貞乘勝進屯三橋，京師大震，士庶奔散，天子乃誅中尉西門重遂〔六〕、李周潼等謝之。茂貞嚴兵不解，勢將指闕，抗言讓能之罪，誅之方罷。及韋昭度、李谿爲相〔七〕，茂貞聽崔昭緯之邪説，復沮其事，表昭度等無相業，不可置之台司，恐亂天下。詔報曰：「軍旅之事，吾則與藩臣圖之，朝廷命相，出自朕懷。」又請授王珙河中節度使，詔報曰：「太原表先至，已許王珂，不可追改。」乾寧二年五月，茂貞與王行瑜、韓建稱兵入覲，京師震恐，天子御樓待之，抗表請殺宰相韋昭度、李谿以謝天下，移王珙於河中。既還，留其假子繼鵬宿衛，即閻珪也〔八〕。

時後唐武皇上表，請討三鎮以寧關輔。是歲七月，太原之師至河中，繼鵬與中尉景宣之子繼晟迫車駕幸鳳翔，昭宗曰：「太原軍未至，鑾輿不可輒動，朕與諸王固守大內，卿等安輯京師；如太原實至，吾可以方略制之。」繼鵬與景宣、中尉駱全瓘因燔燒東市，中夜大譟。昭宗登承天門樓避亂，令捧日都將李雲案：新唐書及通鑑俱作李筠，薛史韓建傳亦作李筠，惟此傳作李雲。守樓下，繼鵬率衆攻雲。昭宗憑軒慰諭，繼鵬彎弧大呼，矢拂御衣，中樓桷。侍臣掖昭宗下樓還宮，繼鵬即縱火攻宮門。昭宗召諸王謀其所向，李雲奏曰：「事急矣，請且幸臣營。」雲乃與扈蹕都將李君慶衛昭宗出啓夏門〔九〕，駐華嚴寺。晡晚，出幸南山之莎城，駐於石門山之佛寺。是月，武皇至渭北，遣副使王瓌奉表行在，昭宗以武皇爲行營都統，進討邠、岐。茂貞懼，斬繼鵬、繼晟，上表待罪，昭宗原之，武皇曰：「不誅茂貞，關輔無由寧謐。」時附茂貞者奏云：「若太原盡殄邠、岐，必入關輔，京師憂未艾也。」乃詔武皇與茂貞和。及行瑜誅，武皇班師，茂貞怨望，驕橫如故。

明年五月，制授茂貞東川節度使〔一〇〕。仍命通王、覃王覃王，原本作「潭王」，今從新、舊唐書改正。（影庫本粘籤）治禁軍於闕下，如茂貞違詔，即討之。茂貞懼，將赴鎮。王師至興平，夜自驚潰，茂貞因出乘之，官軍大敗。車駕倉卒出幸華州，茂貞之衆因犯京師，焚燒宮闕，大掠坊市而去，自此長安大內盡爲丘墟矣。四年，昭宗復命宰臣孫偓統軍進討，韓建諫止，令茂貞上章請雪。光化中，加茂貞尚書令、岐王，令其子繼筠以兵宿衛。天復元年十月，梁祖攻同、華，勢逼京師。十一月六日，繼筠與中尉韓全誨劫昭宗幸鳳翔，茂貞遂與全誨矯詔徵兵天下，將討梁祖。宰相崔胤召梁祖引四鎮之兵屯岐下，重溝複壘圍守。三年，茂貞山南諸州盡爲王建所陷，涇、原、秦、隴、邠、鄜、延、夏皆降於汴。茂貞獨據孤城，内外援絶，乃請車駕還京，求和於汴，即斬韓全誨等二十人首級送於梁祖。自是兵力殫盡，垂翅不振，懼梁祖復討，請落尚書令，許之。案九國志李彦琦傳：彦琦本姓楊氏，鳳翔李茂貞委以心腹之任，易姓李氏，齒于諸子。後昭宗西幸，梁祖迎駕，攻逼岐下者累年，及昭宗東還，長圍方解。大軍之後，府庫空竭，彦琦請使甘州以通回鶻，往復二載，美玉、名馬相繼而至，所獲萬計，茂貞賴之。（舊五代史考異）及梁祖建號，茂貞與王建會兵於太原，志圖興復，竟無成功。茂貞疆土危蹙，不遂僭竊之志，但開岐王府，署天官，目妻爲皇后，鳴鞘掌扇，宣詞令，一如王者之制，然尚行昭宗之正朔焉。茂貞鼠形，多智數，軍旅之事，一經耳目，無忘之者。性至寬，有部將符道昭者，人或告其謀變，茂貞親至其家，去其爪牙，熟寢經宿而還。軍士有鬭而訴者，茂貞曰：「喫令公一椀不托，不托，通鑑作「餺飥」，蓋當時俗語聲之轉也，今仍其舊。（影庫本粘籤）與爾和解。」遂致上下服之。尤善事母，母終，茂貞哀毀幾滅性，聞者嘉之。但御軍整衆，都無紀律，當食則造庖廚，往往席地而坐，内外持管鑰者，亦呼爲司空、太保，與夫細柳、大樹之威名，蓋相遠矣。及莊宗平梁，茂貞自爲季父，以書賀之，及聞莊宗入洛，懼不自安，方上表稱臣，尋遣其子繼曮來朝。詔茂貞仍舊官，進封秦王，所賜詔敕不名，又以茂貞宿望耆老，特加優禮〔二〕。及疾篤，遣中使賜醫藥問訊。同光二年夏四月薨，年六十九。謚曰忠敬。子從曮嗣。永樂大典卷一萬三百九十。

從曮，茂貞之長子也。未冠，授諮議參軍，賜緋魚袋，尋遷領彭州副使、鳳翔衙內都指揮使。天復中，自秦王府行軍司馬、檢校太傅出爲涇州兩使留後。茂貞尋承制承制，原本作「承嗣」，今據文改正。（影庫本粘籤）加開府儀同三司、檢校太尉、兼侍中、四鎮北庭行軍、彰義軍節度使。及唐莊宗平梁，茂貞令從曮入覲，制加從曮兼中書令。俄而茂貞薨，遺奏權知鳳翔軍府事，詔起復，授鳳翔節度、管內觀察處置等使。三年九月，以魏王繼岌伐蜀，詔充供軍轉運應接使。四年正月，蜀平，繼岌命部署王衍一行東下，至岐，監軍使柴重厚不與符印，促令赴闕。從曮至華下，聞內難歸鎮。明宗詔誅重厚，從曮以軍民不擾，重厚之力也，不以前事爲隙，上表論救，事雖不允，時議嘉之。天成元年五月，制落起復，加檢校太師。其年九月，敕曰：「李從曮等世聯宗屬，任重藩宣，慶善有稱，忠勤甚著。既預維城之列，宜新定體之文，是降寵光，以隆敦敍，俾煥承家之美，貴崇猶子之親〔三〕，宜於『曮』、

『昶』、『照』上改稱『從』。」自長興元年，明宗有事於南郊，從曮入覲，禮畢，移鎮汴州。四年，復入覲，改天平軍節度使。及唐末帝起兵於岐下，盡取從曮家財器仗，以助軍須〔三〕。末帝發離岐城，吏民扣馬，乞以從曮爲帥，末帝許之。清泰初，即以從曮復爲鳳翔節度使，仍封秦國公。晉高祖登極，繼封岐王、秦王，累食邑至一萬五千户，食實封一千五百户。少帝嗣位，加守太保。開運三年冬，卒於鎮，年四十九。

從曮少敏悟，善筆札，性柔和，無節操。當莊宗新有天下，因入覲，獻寶裝針珥於皇后宮，時以爲佞。但進退閑雅，慕士大夫之所爲，有請謁者，無賢不肖皆盡其敬。鎮於岐山，前後二紀，每花繁月朗，必陳勝會以賞之，客有困於酒者，雖吐茵墮幘而無厭色。左右或有過，未嘗笞責。先人洴隴之間，有田千頃、竹千畝，恐奪民利，不令理之，致岐陽父老再陳借寇之言，借寇，原本作「借冠」，詳其文義，當是用後漢書寇恂傳願復借寇君一年之事，今改正。（影庫本粘籤）良有以也。

子永吉，歷數鎮行軍司馬。永樂大典卷一萬三百九十。五代史補：李曮，岐王之子，昆仲間第六，官至中書令，世謂之「六令公」。性情好戲，爲鳳翔節度，因生辰，鄰道持賀禮，使畢至。有魏博使少年如美婦人，秦鳳使矬陋且多髯，二人坐又相接，而魏使在下，曮因曰：「二使車一妍一醜，何不相嘲以爲樂事。」魏博使恃少俊，先起曰：「今日不幸與水草大王接席。」秦鳳使徐起應曰：「水草大王不敢承命，然吾子容貌如此，又坐次相接，得非水草大王夫人耶？」在坐皆笑。

從昶，茂貞之第二子也。十餘歲，署本道中軍使。後唐同光中，茂貞疾，從昶年十五，遣代兄從曮爲涇州兩使留後，朝廷尋加節制。天成中，明宗即位，改鎮三峯，累官至檢校太保。會郊天大禮，表請入覲，以恩加檢校太傅。俄有代歸闕，授左驍衛上將軍，改右龍武統軍。統軍，原本作「維軍」，今從通鑑改正。（影庫本粘籤）未幾，出鎮許田，在鎮三年。清泰中，復入爲右龍武統軍，再遷左龍武統軍。晉天福三年冬，卒於官，時年四十，贈太尉。

從昶生於紈綺，少習華侈，以逸遊讌樂爲務，而音律圖畫無不通之。然性好談笑，喜接賓客，以文翰爲賞，曾無虛日。復篤信釋氏，時岐下有僧曰阿闍梨，通五天竺語，爲士人所歸。從昶延於公舍，久而彌敬，每以偈問答，動合玄旨，深得桑門之秘要焉〔一四〕。從昶凡歷三鎮，無尤政可褒，無苛法可貶，人用安之，亦將門之令嗣也。

弟從照〔一五〕，歷隴州刺史、諸衛大將軍，卒。永樂大典卷一萬三百九十。

茂勳，茂貞之從弟也。唐末，爲鳳翔都將，茂貞表爲鄜州節度使，累官至兼侍中。梁祖之圍鳳翔也，茂勳兵屯岐山，梁祖以羸師誘之，命孔勍潛率勁兵襲下鄜州，盡俘其家，茂勳遂歸於梁，改名周彝，署元帥府行軍司馬。開平中，爲河陽節度使，從梁祖伐鎮州，圍棗强縣，時有一民縋城而出，茂勳納之而不疑。一日，其民竊發，以木檜擊茂勳，踣於地，案通鑑考異引唐餘録云〔一六〕：棗强民欲擊梁祖，誤中茂勳。蓋傳聞之異詞也，附識於此。（舊五代史考異）賴左右救至僅免。居無何，遷金吾上將軍，副王瓚將兵於景店，瓚令分屯西寨，莊宗擊而敗之，降爲左衞上將軍。逾年，以太子太傅致仕。同光中，復名茂勳。天成初，以疾卒於洛陽。永樂大典卷一萬三百九十。

高萬興，河西人。祖君佐，鄜延節度判官。父懷遷，都押衙。萬興與弟萬金俱有武幹，効用於本軍。河西自王行瑜敗後，郡邑皆爲李茂貞之所强據，以其將胡敬璋爲節度使，萬興爲敬璋騎將，昆弟俱有戰功。邠州節度使楊崇本者，茂貞之假子也，號李繼徽。梁祖既弒昭宗，茂貞、繼徽與西川王建之師會於岐陽，以圖興復，皆陳兵關輔，梁祖遣將王重師守雍州、劉知俊守同州以拒之。天祐五年冬，敬璋卒〔一七〕，崇本以其愛將劉萬子爲鄜延帥，萬子以兇暴而失士心。又崇本爲汴人所攻。崇本爲汴人所攻，以上下文義求之，疑有舛誤。考册府元龜所引薛史與永樂大典同，今無別本可校，姑仍其舊。（影庫本粘籤）六年二月，萬子葬敬璋，將佐皆集於葬所，萬興、萬金因會縱兵攻萬子，殺之，歸款於汴。梁祖以萬興爲鄜延招撫使，鄜延，原本脱「延」字，今據通鑑增入。（影庫本粘籤）與劉知俊合兵攻收鄜、坊、丹、延等州，梁祖乃分四州爲二鎮，以萬興、萬金皆爲帥。及萬金卒，梁祖以萬興兼彰武、保大兩鎮，累加至太師、中書令，封北平王。莊宗定河洛，萬興來朝，預郊禮陪位，既還鎮，復以舊爵授之。同光三年十二月〔一八〕，卒於位，以其子允韜權典留後。永樂大典卷五千五百三十八。

允韜，字審機。初仕梁朝，起家授同州別駕，尋加檢校右僕射，改金紫光祿大夫、檢校司空，充保大軍內外馬步軍指揮使。唐同光中，檢校太保，充保大軍兩使留後。萬興卒，允韜自理所奔喪。天成初，起復檢校太傅，充延州節度使。長興元年，移鎮邢州，頃之，爲右龍武統軍，未幾，授滑州節度使。清泰二年八月，卒於任，年四十二。詔贈太師。永樂大典卷五千五百三十八。

韓遜，本靈州之列校也。會唐季之亂，因據有其地，朝廷乃授以節鉞。梁初，累加檢校太尉、同平章事。開平中，梁將劉知俊自同州叛歸鳳翔，李茂貞以地褊不能容，乃借兵以窺靈武，且圖牧圉之地。知俊乃帥邠、岐、秦、涇之師數萬攻遜於靈州，遜極力以拒之，久之，知俊遁去。梁祖嘉之，自是累加官至中書令，封潁川郡王。遜亦善於爲理，部民請立生祠堂於其地，梁祖許之，仍詔禮部侍郎薛廷珪撰文以賜之，其廟至今在焉。貞明初，遜卒於鎮。永樂大典卷一萬八千一百二十七。

洙，遜之子也。遜卒，三軍推爲留後，梁末帝聞之，起復正授靈武節度使、特進、檢校太傅、同平章事。貞明四年春，靈武將軍尚貽敏等上言，洙已服闋，乞落起復。梁末帝令中書商量，宰臣奏曰：「舊例，藩鎮落起復，如先人已是一品階，即與加爵；如未是一品階，即合加階。」乃授洙開府儀同三司。唐莊宗、明宗累加官爵。天成四年夏，洙卒，朝廷以其弟澄弟澄，原本作「第登」，今從歐陽史改正。（影庫本粘籤）爲朔方軍節度觀察留後。是歲，有列校李賓作亂，部内不安，乃遣使上表請帥於朝廷〔一九〕，明宗命前磁州刺史康福爲朔方河西等軍節度、靈威雄警凉等州觀察處置、度支温池榷税等使，仍遣福領兵萬人赴鎮，其後靈武遂受代焉。永樂大典卷三千六百七十五。

李仁福，世爲夏州牙將，本拓拔氏之族也〔三〇〕。唐乾符中，有拓拔思恭，案：歐陽史作思敬。（舊五代史考異）爲夏州節度使，廣明之亂，唐僖宗在蜀，詔以思恭爲京城西北收復都統，預破黄巢有功，僖宗賜姓，故仁福亦以李爲氏。思恭卒，弟思諫繼之。梁開平元年，授思諫檢校太尉、兼侍中。二年，思諫卒，三軍立其子彝昌爲留後，尋起復，正授旄鉞。三年春，牙將高宗益等作亂，彝昌遇害，時仁福爲蕃部指揮使，本州軍吏迎立仁福爲帥。其年四月，梁祖降制授仁福檢校司空，充定難軍節度使。未幾，後唐武皇遣大將周德威會邠、鳳之師五萬同攻夏州，仁福固守月餘，梁援軍至，德威遁去，梁祖喜之，超授檢校太保、太保，原本脱「保」字，今據歐陽史增入。（影庫本粘籤）同平章事。仁福自梁貞明、龍德及後唐同光中，累官至檢校太師、兼中書令，封朔方王。長興四年三月，卒於鎮。其年追封虢王。子彝超嗣。永樂大典卷一萬八千一百三十三。

彝超，仁福之次子也。歷本州左都押牙、防遏使。仁福卒，三軍立爲帥，矯爲仁福奏云：「臣疾已甚，已委彝超權知軍州事，乞降真命。」明宗聞之，遂以彝超爲延州留後，以延帥安從進爲夏州留後。朝廷慮不從命，詔邠州節度使藥彦稠、宫苑使安重益等率師援送從進赴鎮〔三一〕，仍降詔諭之云：

近據西北藩鎮奏，定難軍節度使李仁福薨。朕以仁福自分戎閫，遠鎮塞垣，威惠俱行，忠孝兼著。當本朝播越之後，及先皇興復之初，爰及眇躬，益全大節，統臨有術，遠邇咸安。委仗方深，凋殞何速，忽窺所奏〔二三〕，深愴予懷。不朽之功，既存於社稷；有後之慶，宜及於子孫。但以彼藩地處窮邊，每資經略，厥子年纔弱冠，年纔弱冠，原本脱「纔」字，今從册府元龜增入。（影庫本粘籤）未歷艱難，或虧駕御之方，定啓姦邪之便。其李彝超已除延州節度觀察留後，便勒赴任。但夏、銀、綏、宥等州，最居邊遠，久屬亂離，多染夷狄之風，少識朝廷之命，既乍當於移易，宜普示於渥恩。應夏、銀、綏、宥等州管內，罪無輕重，常赦所不原者，并公私債負、殘欠税物，一切並放；兼自刺史、指揮使、押衙已下，皆勒依舊，各與改轉官資。

朕自總萬幾，惟弘一德，内安華夏，外撫戎夷，先既懷之以恩，後必示之以信。且如李從曮之守岐、隴，疆土極寬；高允韜之鎮鄜、延，甲兵亦衆。咸能識時知變，舉族歸朝。從曮則見鎮大梁，允韜則尋除鉅鹿，次及昆仲，並建節旄，下至將僚，悉分符竹。又若王都之貪上谷，上谷，原本作「上客」，今據文改正。（影庫本粘籤）李賓之吝朔方，或則結搆契丹，偷延旦夕；或則依憑党項，竊據山河。不稟除移，唯謀旅拒，纔興討伐，已見覆亡。何必廣引古今，方明利害；祗陳近事，聊諭將來。彼或要覆族之殃，則王都、李賓足爲鑒戒；彼或要全身之福，則允韜、從曮可作規繩。朕設兩途，爾宜自擇。或慮將校之内，親要之間，幸彼幼沖，恣其熒惑，遂成騷動，致累生靈。今特差邠州節度使藥彦稠部領馬步兵士五萬人騎，送安從進赴任，從命者秋毫勿犯，違命者全族必誅，先令後行，有犯無赦云。

其年夏四月，彝超上言：「奉詔授延州留後，已迎受恩命，緣三軍百姓擁隔，未放赴任。」明宗遣閤門使蘇繼顔齎詔促之[二三]。五月，安從進領軍至城下，彝超不受代，從進駐軍以攻之。秋七月，彝超昆仲登城謂從進曰：「孤弱小鎮，不勞王師攻取，虚煩國家餉運，得之不武，爲僕聞天子，乞容改圖。」時又四面党項部族萬餘騎，薄其糧運，而野無芻牧，關輔之人，運斗粟束藁，束藁，原本作「束膏」，今據文改正。（影庫本粘籤）動計數千，窮民泣血，無所控訴，復爲蕃部殺掠，死者甚衆。明宗聞之，乃命班師。彝超亦上表謝罪，乃授彝超檢校司徒，充定難軍節度使，既而修貢如初。清泰二年[二四]，卒於鎮。弟彝興襲其位。永樂大典卷一萬八千一百三十三。

彝興，本名彝殷，皇朝受命之初[二五]，以犯廟諱故改之。彝超既卒，時彝興爲夏州行軍司馬，三軍推爲留後，唐末帝聞之，正授定難軍節度使。晉天福初，加檢校太尉、同平章事。少帝嗣位，加檢校太師。八年秋，彝興弟綏州刺史彝敏與其黨作亂，爲彝興所逐〔二六〕，彝敏奔延州，彝興押送到闕，骨肉二百餘口，朝廷以彝興之故，縶送本道斬之。開運元年春，詔以彝興爲契丹西南面招討使。漢乾祐元年春，加兼侍中。是歲，李守貞叛於河中，使人搆之，彝興爲之出師，駐於延州之北境，既而聞守貞被圍，乃收軍而退。周顯德中，加至守太傅、兼中書令，封西平王。皇朝建隆元年春，制加守太尉，始改名彝興。乾德五年秋，卒於鎮。制贈太師，追封夏王。子光叡繼其位，其後事具皇朝日曆。永樂大典卷一萬八千一百三十三。

校勘記

〔一〕世襲列傳第一　「世襲」，通鑑卷二九二考異引薛史、通曆卷一五作「承襲」。本書各處同。

〔二〕祖鐸　「鐸」，李茂貞墓誌（拓片刊五代李茂貞夫婦墓）作「鐔」。

〔三〕光啓二年　「光啓」，原作「光化」，據殿本、劉本、邵本改。按通鑑卷二五六繫其事於唐僖宗光啓二年，光化爲昭宗年號。

〔四〕表其假子繼徽爲留後　「繼徽」，通鑑卷二五九考異引薛居正五代史茂貞傳同，新五代史卷四〇李茂貞傳、通鑑卷二五九、新唐書卷二〇八楊復恭傳作「繼密」。文苑英華卷四五八有授李繼密山南西道節度使。

〔五〕既而逐涇原節度使張球　「逐」，原作「遂」，據殿本、劉本、孔本、邵本、彭本、通鑑卷二五九考異引薛居正五代史茂貞傳、册府卷四五四改。

〔六〕西門重遂　新唐書卷一〇昭宗紀、卷五〇兵志、册府卷九一、卷一七八同，殿本、劉本、通鑑卷二五九作「西門君遂」。

〔七〕李谿　新五代史卷四〇李茂貞傳、舊唐書卷二〇上昭宗紀、新唐書卷一〇昭宗紀作「李磎」。按舊唐書卷一五七、新唐書卷一四六有李磎傳。本卷下一處同。

〔八〕閻珪　通鑑卷二六〇同，舊唐書卷二〇上昭宗紀、新五代史卷四唐本紀、御覽卷一一六引唐書作「閻圭」。

〔九〕李君慶　舊唐書卷二〇上昭宗紀、新唐書卷五〇兵志作「李君實」，通鑑卷二六〇作「李居實」。按本書卷二六唐武皇紀下有李君慶，係李克用部將。

〔一〇〕制授茂貞東川節度使　「東川」，新唐書卷一〇昭宗紀、通鑑卷二六一作「西川」。

〔一一〕特加優禮　「特」，原作「持」，據殿本、劉本、孔本、邵本、彭本、通鑑卷二七三改。

〔一二〕貴崇猶子之親　「親」，原作「規」，據本書卷三七唐明宗紀三改。

〔一三〕以助軍須　「須」，原作「頒」，據殿本、劉本、孔本、邵本、彭本改。

〔一四〕從袒延於公舍久而彌敬每以偈問答動合玄旨深得桑門之秘要焉　以上二十七字原闕，據永樂大典卷八七八二引五代史李從昶傳補。

〔五〕弟從照　李茂貞妻劉氏墓誌（拓片刊五代李茂貞夫婦墓）記其有子名從昭，或即此人。

〔六〕通鑑考異引唐餘録云　「唐餘録」，通鑑卷二六八考異作「莊宗實録」。

〔七〕敬璋卒　「卒」，原作「平」，據殿本、劉本、通鑑卷二六七改。舊五代史考異卷五：「案『卒』原本訛『平』，今據文改正。」

〔八〕同光三年十二月　本書卷三三唐莊宗紀七、通鑑卷二七四繫其事於閏十二月。

〔九〕乃遣使上表請帥於朝廷　「帥」，原作「師」，據殿本、劉本、邵本校改。按本書卷四〇唐明宗紀六：「（天成四年十月）時朔方將吏請帥於朝廷，故命（康）福往鎮之。」

〔一〇〕本拓拔氏之族也　通曆卷一五、册府卷四三六同，通鑑卷二六七考異引薛史「拓拔氏」上有「党項」二字。

〔一一〕安重益　原作「安從益」，據本書卷四四唐明宗紀十、册府卷一六六、卷九九四、通鑑卷二七八改。

〔一二〕忽窺所奏　「奏」，原作「秦」，據殿本、劉本、孔本、邵本、彭本、册府卷一六六改。

〔一三〕蘇繼顏　原作「蘇繼彦」，據本書卷四四唐明宗紀十、册府卷四三九、卷六六四改。

〔一四〕清泰二年　何德璘墓誌（拓片刊中國藏西夏文獻第十八册）云「清泰元年，今府主紹位」。今府主蓋指李彝興，則李彝超當卒於清泰元年。

〔二五〕皇朝受命之初　「皇朝」，原作「宋」，據殿本改。

〔二六〕爲彝興所逐　「逐」，原作「遂」，據殿本、劉本、孔本、邵本校、彭本改。

舊五代史卷一百三十三

世襲列傳第二

高季興 子從誨 保勗　馬殷 子希範 劉言　錢鏐 子元瓘 元瓘子佐 倧 俶

高季興，字貽孫，陝州硤石人也。本名季昌，及後唐莊宗即位，避其廟諱改焉。幼隸於汴之賈人李七郎，梁祖以李七郎爲子，賜姓，名友讓。梁祖嘗見季興於僕隸中，其耳面稍異，命友讓養之爲子。梁祖以季興爲牙將，漸能騎射。唐天復中，昭宗在岐下，梁祖圍鳳翔日久，鳳翔，原本作「龍翔」，今據通鑑改正。（影庫本粘籤）衆議欲班師，獨季興諫止之，語在梁祖紀中。既而竟迎昭宗歸京，以季興爲迎鑾毅勇功臣、檢校司空〔一〕、行宋州刺史。從梁祖平青州，改知宿州事，遷潁州防禦使。梁祖令復姓高氏，擢爲荆南兵馬留後。荆州自唐乾符之後，兵火互集，井邑不完，季興招葺離散，流民歸復，梁祖嘉之，乃授節鉞。梁開平中，破雷彦恭於朗州，加平章事。荆南舊無外壘，季興始城之，遂厚斂於民，招聚亡命，自後僭臣於吴、蜀，梁氏稍不能制焉，因就封渤海王。嘗攻襄州，爲孔勍所敗。及莊宗定天下，季興來朝於洛陽，加兼中書令，時論多請留之，郭崇韜以方推信義於華夏，請放歸藩。季興促程而去，至襄州，酒酣，謂孔勍曰：「是行有二錯：來朝一錯，放迴二錯。」案：歐陽史作季興謂梁震語，與薛史作孔勍異。（舊五代史考異）洎至荆南，謂賓佐曰：「新主百戰方得河南，對勳臣誇手抄春秋；又豎手指云：『我於指頭上得天下。』如此則功在一人，臣佐何有！且遊獵旬日不迴，中外之情，其何以堪，吾高枕無憂矣。」乃增築西面羅城，備禦敵之具。時梁朝舊軍多爲季興所誘，由是兵衆漸多，跋扈之志堅矣。明年，册拜南平王。南平，原本作「南興」，今據十國春秋改正。（影庫本粘籤）魏王繼岌平蜀，盡遷其寶貨〔二〕，浮江而下，船至峽口，會莊宗遇禍，季興盡邀取之。明宗即位，復請夔、峽爲屬郡，初俞其請，後朝廷除刺史，季興上言，稱已令子弟權知郡事，請不除刺史。不臣之狀既形，詔削奪其官爵。天成初，命西方鄴興師收復三州，又遣襄州節度使劉訓總兵圍荆南，以問其罪，屬霖潦，班師。三年冬，季興病脚氣而卒。其子從誨嗣立，累表謝罪，請修職貢。由是復季興官爵，謚曰武信。永樂大典卷一萬八千三百一十一。

從誨，初仕梁，歷殿前控鶴都頭、鞍轡庫副使、左軍巡使、如京使、左千牛大將軍、荆南牙内都指揮使，領濠州刺史，改歸州刺史，累官至檢校太傅。初，季興之將叛也，從誨常泣諫之，季興不從。天成三年冬，季興薨，從誨乃上表謝罪，復修職貢。明宗嘉之，尋命起復，授荆南節度使、兼侍中。長興三年，加檢校太尉。應順中，封南平王。清泰初，加檢校太師。晉天福中，加守中書令。六年，襄州安從進反，王師攻討，從誨饋軍食以助焉〔三〕，詔書褒美。尋加守尚書令，從誨上章固讓，朝廷遣使敦勉，竟不受其命。時有術士言從誨年命有厄，宜退避退避，原本脱「退」字，今從册府元龜改正。（影庫本粘籤）寵禄故也。及契丹入汴〔四〕，漢高祖起義於太原，間道遣使奉貢，密有祈請，言俟車駕定河汴，願賜郢州爲屬郡，漢祖依違之。及入汴，從誨致貢，求踐前言，漢高祖不從。從誨怒，率州兵攻郢州，旬日，爲刺史尹實所敗，自是朝貢不至。從誨東通於吴，西通於蜀，皆利其供軍財貨而已。末年，以鎮星在翼軫之分，乃釋羅紈，衣布素，飲食節儉，以禳灾咎。尋令人祈託襄州安審琦，請歸朝待罪，朝廷亦開納之。漢乾祐元年冬十一月，以疾薨於位。案：歐陽史作十月。（舊五代史考異）詔贈尚書令，謚曰文獻。

子保融嗣，位至荆南節度使、守太傅、中書令，封南平王。皇朝建隆元年秋卒，謚曰貞懿。

其諸將之倚任者，則有王保義。保義本姓劉，名去非，幽州人。少爲縣吏，粗暴無行，習騎射，敢鬬擊。劉仁恭之子守奇善射，唯去非許以爲能。守奇以兄守光奪父位，亡入契丹，又自契丹奔太原，去非皆從之。莊宗之伐燕也，守奇從周德威引軍前進〔五〕，師次涿州，刺史姜行敢登陴固守，去非呼行敢曰：「河東小劉郎領軍來爲父除兇，爾何敢拒！」守奇免胄勞之，行敢遥拜，即開門迎降。德威害其功，密告莊宗，言守奇心不可保。莊宗召守奇還計事，行次土門，去非説守奇曰：「公不施寸兵下涿郡，周公以得非己力，必有如簧之間，太原不宜往也。公家於梁，素有君臣之分，宜往依之，介福萬全矣。」守奇乃奔梁，梁以守奇爲滄州留後，以去非爲河陽行軍司馬。時謝彦章移去非爲鄆州刺史。及莊宗平河洛，去非乃棄郡歸高季興，爲行軍司馬，仍改易姓名。自是季興父子倚爲腹心，凡守藩規畫，出兵方略，言必從之。乾祐元年夏，高從誨奏爲武泰軍節度留後，依前荆南行軍司馬，加檢校太尉。後卒於江陵。永樂大典卷一萬八千一百一十一。

保勗，季興之幼子也〔六〕。鍾愛尤甚，季興在世時，或因事盛怒，左右不敢竊視，唯保勗一見，季興則怒自解，故荆人目之爲「萬事休」〔七〕。皇朝建隆四年春卒。案：歐陽史作三年十一月。（舊五代史考異）是歲，荆門之地不爲高氏所有，則「萬事休」之言，蓋先兆也。

永樂大典卷五千五百三十九。

五代史補：高季興，本陵州陝人。爲太祖裨將，出爲郢州防禦使。時荆南成汭征鄂州，不利而卒，太祖命季興爲荆南留後。到未幾，會武陵土豪雷彦恭作亂，季興破之，遂以功授荆南節鉞。莊宗定天下，季興首入覲，因拜中書令，封南平王。初，季興嘗從梁太祖出征，引軍早發，至逆旅，未曉，有嫗秉燭迎門，具禮甚厚。季興疑而問之，對曰：「妾適夢有人叩關，呼曰：『速起，速起，有裂土王來。』及起，盥嗽畢，秉燭開門，而君子奄至，得非所謂王者耶？所以不敢褻慢爾。」季興喜，及來荆南，竟至封王。

高從誨，季興之庶子而處長，爲性寬厚，雖士大夫不如也〔八〕。天成中，季興叛，從誨力諫之，不從。及季興卒，朝廷知從誨忠，使嗣，亦封南平王。初，季興之事梁也，每行軍，常以愛姬張氏自隨，一旦軍敗，攜之而竄，遇夜，悮入深澗中。時張氏方姙，行遲，季興恐爲所累，俟其寢酣，以劍刺岸邊，欲壓殺之，然後馳去。既而岸欲崩，張氏且驚起，呼季興曰：「妾適夢大山崩而壓妾身，有神人披金甲執戈以手托之，遂免。」季興聞之，謂必生貴子，遂挈之行，後生從誨。

梁震，蜀郡人。有才略，登第後寓江陵，高季興素聞其名，欲任爲判官〔九〕。震恥之，然難於拒，恐禍及，因謂季興曰：「本山野鄙夫也，非有意於爵禄，若公不以孤陋，令陪軍中末議，但白衣從事可矣。」季興奇而許之，自是震出入門下，稱前進士而已。同光中，莊宗得天下，季興懼而入覲，時幕客皆贊成，震獨以爲不可，謂季興曰：「大王本梁朝，與今上世稱讎敵，血戰二十年，卒爲今上所滅，神器大寶，雖歸其手，恐餘怒未息，觀其舊將，得無加害之心？宜深慮焉。」季興不從。及至，莊宗果欲留之，樞密郭崇韜切諫，以爲不可：「天下既定，四方諸侯雖相繼稱慶，然不過子弟與將吏耳，惟季興能躬自入覲，可謂尊獎王室者也。禮待不聞加等，反欲留縻之，何以來遠臣，恐此事一行，則天下解體矣。」莊宗遂令季興歸。行已浹旬，莊宗易慮，遽以詔命襄州節度劉訓伺便囚之。時季興至襄州，就館而心動，謂吏曰：「吾方寸擾亂，得非朝廷使人追而殺吾耶？梁先輩之言中矣！與其住而生，不若去而死。」遂棄輜重，與部曲趫健者數百人南走。至鳳林關，已昏黑，於是斬關而去。既而是夜三更，向之急遞果至襄州，劉訓料其去遠不可追而止。自是季興怨憤，以兵襲取復州之監利、玉沙二縣，命震草奏，請以江爲界。震又曰：「不可，若然則師必至矣，非大王之利也。」季興怒，卒使爲之。既而奏發，未幾，朝廷遣夏魯奇、房知溫等領兵來伐。季興登城望之，見其兵少，喜，欲開城出戰。震復諫曰：「大王何不思之甚耶！且朝廷禮樂征伐之所自出，兵雖小而勢實大，加以四方諸侯各以相吞噬爲志，但恨未見得其便耳。若大王不幸或得一戰勝，則朝廷徵兵於四方，其誰不欲仗順而起，以取大王之土地耶！如此則社稷休矣。爲大王計者，莫若致書於主帥，且以牛酒爲獻，然後上表自劾，如此則庶幾可保矣。不然，則非僕之所知也。」季興從之，果班師。震之裨贊，皆此類也。洎季興卒，子從誨繼立，震以從誨生於富貴，恐相知不深，遂辭居於龍山別業，自號處士。從誨見召，皆跨黄牛直抵廳事前下，呼從誨不以官閥，但充召而已。末年尤好篇詠，與僧齊己友善。貽之詩曰：「陳琳筆硯甘前席，甪里煙霞憶共眠〔一〇〕。」蓋以寫其高尚之趣也〔一一〕。

馬殷，字霸圖，許州鄢陵人也。案：通鑑作扶溝人，歐陽史從薛史。少爲木工，及蔡賊秦宗權作亂，始應募從軍。初，隨孫儒渡淮，陷廣陵。及儒敗於宣州，殷隨别將劉建峯過江西，連陷洪、鄂、潭、桂等州〔三〕，建峯盡有湖南之地，遂自爲潭帥。頃之，建峯爲部下所殺，潭人推行軍司馬張佶爲帥。時殷方統兵攻邵州，佶曰：「吾才不及馬殷。」即牒殷付以軍府事。殷自邵州旋軍，犒勞將士，誅害建峯者數十人，自爲留後。久之，朝廷命爲湖南節度使，遂有潭、衡七州之地。

唐天復中，楊行密急攻江夏，杜洪求援於荆南，成汭舉舟師援之。時澧朗節度使澧朗，原本作「澧閬」，今從通鑑改正。（影庫本粘籤）雷彦恭乘汭出師，襲取荆州，載其寶貨，焚毁州城而去。彦恭東連行密，斷江嶺行商之路，殷與高季興合勢攻彦恭於澧朗。數年，擒之，盡有其地，乃以張佶爲朗州節度使，由是兵力雄盛。

殷於梁貞明中，貞明，原本脱「明」字，今據文增入。（影庫本粘籤）爲時姑息，所求皆允，累官至守太師、兼中書令，封楚王。又上章請依唐秦王故事，乃加天策上將軍之號。又請官位內添制置靜江、武平、寧遠等軍事，皆從之。既封楚王，仍請依唐諸王行臺故事，署置天官幕府，有文苑學士之號、知詔令之名，總制二十餘州，自署官吏，征賦不供，民間採茶，並抑而買之。又自鑄鉛鐵錢，凡天下商賈所齎寶貨入其境者，祇以土産鉛鐵博易之無餘，遂致一方富盛，窮極奢侈，貢奉朝廷不過茶數萬斤而已。於中原賣茶之利，歲百萬計。唐同光初，首脩職貢，復授太師、兼尚書令、楚王。天成初，加守尚書令。長興二年十一月十日〔一三〕，薨於位，時年七十八。案：歐陽史作長興元年，殷卒，年七十九。（舊五代史考異）明宗聞之，廢朝三日，謚曰武穆。子希聲嗣。

初，殷微時，隱隱見神人侍側，因默記默記，原本作「默託」，今據文改正。（影庫本粘籤）其形像。及貴，因謁衡山廟，覩廟中神人塑像，宛如微時所見者。則知人之貴者，必有陰物護之，豈偶然哉。永樂大典卷一萬八千一百二十八。　案：以下原本殘闕。

希範〔一四〕，晉天福中，授江南諸道都統，又加天策上將軍。谿州洞蠻彭士愁案：原本訛「士秋」，今據歐陽史及通鑑改正。（舊五代史考異）寇辰、澧二州，希範討平之，士愁以五州乞盟〔一五〕，乃銘於銅柱。希範自言漢伏波將軍援之後，故鑄銅柱以繼之〔一六〕。永樂大典卷八千二百二十一〔一七〕。　案：此傳有闕文，馬希廣、希萼傳全篇俱佚。五代史補：高郁爲武穆王謀臣，莊宗素聞其名，及有天下，且欲離間之。會武穆王使其子希範入覲，莊宗以希範年少易激發，因其敷奏敏速，乃撫其背曰：「國人皆言馬家社稷必爲高郁所取，今有子如此，高郁安得取此耶！」希範居常嫉郁，忽聞莊宗言，深以爲然。及歸，告武穆請誅之。武穆笑曰：「主上爭戰得天下，能用機數，以郁資吾霸業，故欲間之耳，若梁朝罷王彥章兵權也。蓋遭此計，必至破滅，今汝誅郁，正落其彀中，慎勿言也。」希範以武穆不決，禍在朝夕，因使誣告郁謀反而族滅之。自是軍中之政，往往失序，識者痛之。初，郁與武穆俱起行陣，郁貪且僭，常以所居之井不甚清澈，思所以澄汰之，乃用銀葉護其四方，自内至外皆然，謂之「拓裹」。其奉養過差，皆此類也，故莊宗得以媒蘖。自後陰晦中見郁，後竟爲所患爾。馬希範，武穆之嫡子，性奢侈，嗣位未幾，乞依故事置天策府僚屬，於是擢從事有才行者，有若都統判官李鐸、靜江府節度判官潘玘〔一八〕、武安軍節度判官拓拔恒〔一九〕、都統掌書記李皋、鎮南節度判官李莊、昭順軍節度判官徐收、澧州觀察判官彭繼英、江南觀察判官廖圖、昭順軍觀察判官徐中雅、靜江府掌書記鄧懿文、武平軍節度掌書記李松年、鎮南軍節度掌書記衞曮、昭順軍觀察支使彭繼勳、武平軍節度推官蕭銖、桂管觀察推官何仲舉、武安軍節度巡官孟玄暉、容管節度推官劉昭禹等十八人，並爲學士。其餘列校，自袁友恭、張少敵等各以次授任。莫不大興土木，以建興府庭〔二〇〕，其最爲壯麗者即有九龍、金華等殿。殿之成也，用丹砂塗其壁，凡用數十萬斤石，每僚吏謁見，將升殿，但覺丹砂之氣藹然襲人，其費用也皆此類。初，教令既下，主者以丹砂非卒致之物，相顧憂色。居無何，東境山崩，湧出丹砂，委積如丘陵，於是收而用之。契丹南侵，聞其事，以爲希範非常人，遽使册爲尚父。希範得册，以爲契丹推奉，欣然當之矣。

丁思僅素有才略，爲馬氏騎將。以希範受契丹册命，深恥之，因謂希範曰：「今朝廷失守，正忠臣義士奮發之時，使馳檄四方，引軍直趨京師，驅契丹〔一二〕，天子反正，然後凱還，如此則齊桓、晉文不足數矣。時不可失，願大王急圖之。」希範本無遠略，加以興作府署未畢，不忍棄去，遂寢思僅之謀。思僅不勝其憤，謂所親曰：「古人疾没世而名不稱，今遭逢擾攘，不能立功於天下，反顧戀數間屋子乎！誠可痛也。」自是思僅常怏怏。

文昭王夫人彭氏，封秦國夫人，常往城北報恩寺燒香。時僧魁謂之長老，問曰：「夫人誰家婦女？」彭氏大怒，索檐子疾驅而歸。文昭驚曰：「何歸之速也？」夫人曰：「今日好没興，被箇老秃兵問妾是誰家婦女，且大凡婦女皆不善之辭，安得對妾而發！」文昭笑曰：「此所謂禪機也，夫人宜答弟子是彭家女，馬家婦，是則通其理矣，何怒之有乎！」夫人素負才智，恥不能對，乃曰：「如此則妾所謂無見性也。」於是慚赧數日。

石文德，連州人。形質矬陋，好學，尤工詩。霸國時，屢獻詩求用，文昭以其寢陋，未曾禮待，文德由是窮悴。有南宅王子者，素重士，延於門下，其後文昭知之，亦兼怒王宅，欲庭辱文德而逐之。居無何，秦國夫人彭氏薨，文昭傷悼，乃命有文學者各撰挽詞〔一三〕，文德亦獻十餘篇，其一聯云：「月沉湘浦冷，花謝漢宮秋。」文昭覽之大驚，曰：「文德有此作用，吾但以寢陋而輕之，乃不如南宮小兒却能知賢耶！」於是始召文德而愧謝之。未幾，承制授水部員外郎，充融州刺史。文德晚尤好著述，乃撰大唐新纂十三卷，多名人遺事，詞雖不工，事或可采，時以多聞許之。

何仲舉，營道人。美姿容，年十三，俊邁絶倫。時家貧，輸税不及限，李皋爲營道令，怒之，乃荷項係獄，將櫝楚焉。或有言於皋曰：「此子雖丱，能爲詩，往往間立成，希明府一察之[三三]。」皋聞，遽召而問曰：「知汝有文，且速敏，今日之事，若能文不加點，爲一篇以自述，吾當貸汝。」仲舉援筆而成，曰：「似玉來投獄，抛家去就枷。可憐兩片木，夾却一枝花。」皋大驚，因自爲脱枷，延上廳與之抗禮，自是仲舉始鋭意就學。天成中，入洛，時秦王爲河南尹，尤重士，仲舉與張杭、江文蔚俱遊其門。及其東薦也，公舉數百人，獨以仲舉爲擅場，仲舉因獻詩曰：「碧雲章句纔離手，紫府神仙盡點頭。」秦王大悦，稱賞不已，故一舉上第。及歸，遇文昭馬氏承制，依唐太宗故事，於天策府置十八學士，以皋爲學士之首，且執政柄，而仲舉自以出於皋之門下，雖策名中朝，事皋未嘗暫懈，皋感悦，遂加引用。未幾，與之同列，及出，又爲全、衡二州刺史。先是，湖南尤多詩人，其最顯者有沈彬、廖凝、劉昭禹、尚顔、齊己、虚中之徒，而仲舉在諸公間尤爲輕淺，惟李皋獨推許之，往往對衆吟秋日晚望詩曰：「樹迎高鳥歸深野，雲傍斜陽過遠山。」以足扣地，嘆曰：「何仲舉乃詩家之高逸者也，諸官見取舍，其餘奴岳，乃間氣爾。」故仲舉感皋之見知，卒能自奮，至於名節，亦終始無玷，論者以皋有知人之鑒。歐陽彬，衡山人。世爲縣吏，至彬特好學，工于詞賦。馬氏之有湖南也，彬將希其用，乃攜所著詣府，求見之禮，必先通名紙。有掌客吏，衆謂樊知客，好賄，陰使人謂彬曰：「足下之來，非徒然也，實欲顯族致身，而不以一物爲貺，其可乎？」彬恥以賄進，竟不與。既而樊氏怒，擲名紙於地曰：「豈吏人之子欲干謁王侯耶！」彬深恨之，因退而爲詩曰：「無錢將乞樊知客，名紙生毛不爲通。」因而落魄街市，歌姬酒徒，無所不狎。有歌人瑞卿者，慕其才，遂延於家。瑞卿能歌，每歲武穆王生辰，必歌于筵上。時湖南自舊管七郡外，又加武陵、岳陽，是九州，彬作九州歌以授瑞卿，至時使歌之，實欲感動武穆。既而竟不問，彬嘆曰：「天下分裂之際，厮徒負養皆能自奮，我貧而至此耶！」計無所出，思欲竄入鄰道，但未有所向。居無何，聞西蜀圖綱將發，彬遂謀入蜀，且私謂瑞卿曰：「吾以干謁不遂，居於汝家，未嘗有倦色，其可輕棄乎！然士以功名爲不朽，不于此時圖之，恐貽後悔。今吾他適，庶幾有成，勿以爲念。」瑞卿曰：「君於妾不可謂之無情，然一旦不以妾自滯，割愛而去，得非功名之將至耶！妾誠異之，家財約數緡，雖不豐，願分爲半，以資路途。」彬亦不讓，因以瑞卿所贈盡賂綱吏，求爲篙船僕夫，綱吏許之。既至蜀，遂獻獨鯉朝天賦，蜀主大悦，擢居清要。其後官至尚書左丞相，出爲夔州節度使。既領夔州，武穆王已薨，其子希範繼立，因致書于希範，敍疇昔入蜀之由，仍以衡山宗族爲託。希範得書大慚，彬之親友悉免其賦役，下令搜訪草澤，由是士無賢不肖參謁，皆延客之，因彬所致也。彬雅有風儀，其爲文辭近而理真，聞之者雖不知書，亦釋然曉之，竟以此遇。

戴偃，金陵人。能爲詩，尤好規諷。唐末罹亂，游湘中，值馬氏有國，至文昭王以公子得位，尤好奢侈，起天策府，搆九龍、金華等殿，土木之工，斤斧之聲，晝夜不絶。偃非之，自稱玄黄子，著漁父詩百篇以獻，欲譏諷之，故其句有：「纔把咽喉吞世界，蓋因奢侈致危亡。」又曰：「若須抛却便抛却，莫待風高更水深。」文昭覽之怒，一旦謂賓佐曰：「戴偃何如人？」時賓佐不測，以偃爲文昭所重，或對曰：「偃詩人，章句深爲流輩所推許，方今在貧悴，大王哀之，置之髯參短簿之間足矣。」文昭曰：「數日前獻吾詩，想其爲人，大抵務以漁釣自娱爾，宜賜碧湘湖，便以遂其性，亦優賢之道也。」即日使遷居湖上，乃潛戒公私不得與之往還。自是偃窮餓日至，無以爲計，乃謂妻曰：「與汝結髮，已生一男一女，今度不惟擠于溝壑，亦恐首領不得完全，宜分兒遁去，庶幾可免，不然旦夕死矣。」於是舉骰子與妻子約曰：「彩多得兒，彩少得女。」既擲，偃彩少，乃攜女，相與慟哭而别。偃將奔嶺南，至永州，會文昭薨乃止，其後不知所終。

李臯與弟節俱在湖南幕下，節亦有文學。同光初，馬氏武穆王授江南諸道都統，詔賜戰馬數百匹，臯爲謝表，百餘字後，思意艱澀。時節在側，臯顧謂之曰：「嘗聞馬有旋風之隊，如何得一事爲對？」節曰：「馬既有旋風隊，軍亦有偃月營，何患耶？」臯欣然下筆云：「尋當偃月之營，擺作旋風之隊。」表遂成，論者以此對最爲親切。

僧洪道，不知何許人。通内外學，道行尤高，大爲時人所重。天福中，居於衡州石羊鎮山谷中。馬氏文昭王之嗣位也，聞其名，召于府，使於報慈寺住持。洪不應命，文昭堅欲致之，督責州縣，憂懼，計無所出，率五七十人拱擁入州。拱擁，疑當作「閧擁」，考五代史補諸本俱作「拱擁」，今姑仍其舊。（影庫本粘籤）洪道知之，乃引徒弟數輩轉徙入深山中，得一岩，遂且止息。然離舊居抵於山岩下，則衆鳥千萬和鳴而隨之，州縣雖失其蹤，或有相謂曰：「且深山之中，衆鳥何故而鳴，又聲韻優逸，得非和尚在彼耶？」試尋，果得之於岩所。父老再拜曰：「和尚，佛之徒也，佛不遺衆生願，今大王崇重〔二四〕，要與和尚相見，輒不應召，竄入山林，於是和尚即得計矣，而州縣與鄉村得無勞擾，而和尚忍不爲之開慈憫耶！」洪道於是始點頭曰：「如此則吾爲汝行矣。」及至府，文昭以國師待之。未幾，堅乞歸山，文昭知不可留，乃許焉。其後竟不知所終。初，洪道之入岩也，見一虎在穴乳二子，徒弟大駭，洪道叱曰：「無懼，彼當移去。」言訖，虎啣二子趨出穴，至行之所感也如此。

馬希範常重一僧，號報慈長老，能入定觀人休咎。希範因問之曰：「吾于富貴固無遺恨，但不知者壽爾，吾師以爲何如？」報慈曰：「大王無憂，當與佛齊年。」希範喜，以爲享壽無窮，及薨也，止於四十九。先是，希範常嫉高郁之爲人，因莊宗言而殺之，至是方臨江觀競渡，置酒未及飲，而希範忽驚起，顧其弟曰：「高郁來！」希廣亦驚曰：「高郁死久矣，大王勿妄言。」而希範血自鼻出，是夕遂卒。

馬希範卒，判官李皋以希範同母弟希廣爲天策府都尉，撫御尤非所長。大校張少敵憂之，建議請立希廣庶兄武陵帥希萼，且曰：「希萼處長負氣，觀其所爲，必不爲都尉之下，加之在武陵，九溪蠻通好，往來甚歡，若不得立，必引蠻軍爲亂，幸爲思之。」李皋忽怒曰：「汝輩何知，且先大王爲都尉，俱爲嫡嗣，不立之，却用老婢兒，可乎？」少敵曰：「國家之事，不可拘以一途，變而能通，所以國長久也，何嫡庶之云乎？若明公必立都尉，當妙設方略以制武陵，使帖然不動乃可，不然則社稷去矣。」皋愈怒，竟不從少敵之謀，少敵度無可奈何，遂辭不出。未幾，希萼果以武陵反，引九洞溪蠻數路齊進〔二五〕，遂之長沙，縊希廣于郊外，而支解李皋。自是湖南大亂，未逾年而國滅，一如少敵之言。初，希萼之來也，希廣以全軍付親校許可瓊，使遂擊之。可瓊覩希萼衆盛，恐懼，夜送旗鼓乞降，希萼大喜，於是兼可瓊之衆長驅而至。希廣素奉佛，聞之，計無所出，乃被緇衣引羣僧念「寶勝如來」，謂之禳災。頃之，府廨火起，人忽紛擾，猶念誦之聲未輟，其讖如此。少敵憂之，良有以也。先是，城中街道尚種槐，其柳即無十一二，至是内外一變皆種柳，無復槐矣。又居人夜間好織草鞋，似槌芒之聲，聞於郊野。俄有童謡云：「湖南城郭好長街，竟栽柳樹不栽槐。百姓奔竄無一事，只是槌芒織草鞋。」人無長少皆誦之。未幾國亂，百姓奔竄，死于溝壑者十有八九，至是議者始悟。蓋長街者，通内外之路也；槐者，爲言懷也〔二六〕；不栽槐，蓋兄弟不睦，以至國亡，失孔懷之義也；草鞋者，遠行所用，蓋百姓遠行奔竄之象也。

馬希蕚既立，不治國事，數與僚吏縱酒爲樂。有小吏謝廷擇者，本帳下廝養，有容貌，希蕚素寵嬖之〔二七〕，每筵會，皆命廷擇預坐，諸官甚有在下者。於是衆怒，往往偶語曰：「此輩，舊制有燕會，唯用兵守門，以防他虞，今與我等齊列，何辱之甚耶！」其弟希崇因衆怒咄咄，與其黨竊發，擒希蕚囚之於衡陽，又自立。未數日，江南遣袁州刺史邊鎬乘其亂領兵來伐，希崇度不能敵，遂降。先是，長沙童謡云：「鞭打馬，走不暇。」未幾，果爲邊鎬所滅。初，鎬嘗爲僧，以覘湖南，尤善弄鈸，每侵晨必弄鈸行乞，遇城往往擲起鈸以度門之高下。及來湖南，士庶頗有識之者。

廖氏，虔州贛縣人。有子三人：伯曰圖，仲曰偃，季曰凝。圖、凝皆有詩名，偃蹻勇絶倫，由是豪横，遂爲鄉里所憚。江南命功臣鍾章爲虔州刺史〔二八〕，深嫉之，於是圖與凝等議曰：「觀章所爲，但欲滅吾族矣，若戀土不去，禍且及矣。」於是領其族曁部等三千餘人，具鎧仗號令而後行，章不敢逐，遂奔湖南〔二九〕。時武穆王在位，見其衆盛，恐難制，欲盡誅之。或者曰：「大王姓馬，而廖來歸，廖者，料也，馬得料，其勢必肥，實國家大興之兆，其可殺之乎！」武穆喜，遂善待，仍制下以凝爲永州刺史，圖爲行軍司馬，偃爲天策府列校〔三〇〕，仍賜莊宅于衡山，自稱逸人。偃能於馬上挺身而立，取溼衣振奮而服之，以示輕捷。荆南高季興次子，忘其名，管親軍雲猛都，謂之「雲猛郎君」。聞偃名，因兩境交兵，請與偃鬬，偃欣然而往。雲猛能用鎗，見偃瘦小，心輕之，馳騎而刺偃，垂及之，偃佯落馬，雲猛勢未及止，偃自後奮戈一擊墮地，因生擒之，自是其名愈振。故武穆王終世不爲鄰境所輕者，偃之力焉。至其子希範嗣位，九溪蠻叛，命偃率兵討之，爲流矢所傷，死於蠻中。凶訃至，希範使人報其母張氏，張氏不哭，謂其使曰：「爲妾謝大王，舉家三百餘口，受王分食解衣之賜，雖盡死未足以上報，況一子乎！望大王勿以爲念。」希範聞而嘆曰：「廖氏有此母，欲不興其可得乎！」於是厚加存恤，仍遣使召凝，任爲從事。至希範薨，國亂，爲江南所滅，遂遷金陵。唐主授以水部員外郎，爲洪州建昌縣令〔三一〕，未幾，又遷江州團練使。凝爲人不羈，好恢諧，嘗覽裴説經杜工部墓詩曰：「擬鑿孤墳破，重教大雅生。」因曰：「如此，裴説乃劫墳賊耳！」聞者笑之。在江州，盛暑，嘗患體燥，乃以一大桶盛冷水，坐于其間，或至終日，雖賓友謁見，出露其首與之談笑，其簡率如此。先是，凝嘗夢人以印授之，拜捧之際，其印缺其一角，凝不能測。及授江州之命，始悟曰：「印缺一角，蓋偏裨之象也，團練副使，不亦宜乎！」時人異之。

劉言，本朗州之牙將也。初，馬氏舉族爲江南所俘，朗州無帥，衆乃推列校馬光惠爲武平軍留後，光惠署言爲副使。既而光惠躭荒僭侈，軍情不附，遂行廢黜，以言代光惠爲留後。時周廣順二年秋也。言既立，北則遣使奉表於周太祖，東亦上章於江南李景，求正授旄鉞〔二二〕，景未之許。時邊鎬據湖南，邊鎬，原本作「逮鎬」，今從通鑑改正。（影庫本粘籤）潛遣人齎金帛説誘武陵谿洞諸蠻，欲合勢以攻朗州。會李景降僞詔，徵言赴金陵，言懼，不從僞命，以其年冬十月三日，與其節度副使王進逵、行軍司馬何敬真、都指揮使周行逢等同領舟師以襲潭州。九日，攻拔益陽寨，殺淮軍數千人。十三日，至潭州城下。是夕，邊鎬領其部衆棄城東走，進逵、敬真遂入據其城。言乃遣牙將張崇嗣奉表於周太祖，且言潭州兵戈之後，焚燒殆盡，乞移使府於朗州，從之。詔升朗州爲大都督府，在潭州之上。

廣順三年春正月，制以言爲檢校太師、同平章事、朗州大都督，充武平軍節度使、制置武安靜江等軍事。又以王進逵爲武安軍節度使、何敬真爲靜江軍節度使，並檢校太尉。以周行逢領集州集州，原本作「佳州」，今從宋史改正。（影庫本粘籤）刺史，充武安軍節度行軍司馬。未幾，言遣何敬真帥軍南擊廣賊，敬真失律，奔歸潭州，爲王進逵所殺。其年秋，進逵奏：「劉言與淮賊通連，差指揮使鄭玫部領兵士，欲併當道，鄭玫爲軍衆所執，奔入武陵，劉言尋爲諸軍所廢，臣已至朗州安撫訖。」周太祖詔劉言宜勒歸私第〔二三〕，委王進逵取便安置。言尋遇害，朝廷乃正授進逵朗州節制。

顯德元年秋，制以武安軍節度副使周行逢爲鄂州鄂州，原本作「郁州」，今據東都事略改正。（影庫本粘籤）節度使，權知潭州軍府事，加檢校太尉。三年春正月，世宗將伐淮甸，詔進逵率兵入江南界。二月，進逵準詔而行，仍遣部將潘叔嗣領兵五千爲先鋒。行及鄂州界，叔嗣迴戈以襲朗州。進逵聞之，倍道先入武陵，叔嗣遽攻其城，進逵敗，爲叔嗣所殺。遣人詣潭州，請周行逢爲帥。行逢至朗州[三四]，斬叔嗣於市。其年秋七月，制以行逢爲朗州大都督，充武平軍節度使，加兼侍中。自是潭、朗之地，遂爲行逢所有。皇朝建隆初，就加中書令。四年，行逢卒，三軍立其子保權爲帥。未幾，朗軍亂，求救於朝廷。及王師平定荆、湖，保權入朝，由是湖湘之地盡爲王土矣[三五]。永樂大典卷九千九十九。

錢鏐，杭州臨安縣人。少拳勇，喜任俠，以解仇報怨爲事。唐乾符中，事於潛於潛，原本作「烏潛」，今從新唐書改正。（影庫本粘籤）鎮將董昌爲部校。屬天下喪亂，黄巢寇嶺表，江淮之盜賊羣聚，大者攻州郡，小者剽閭里。董昌聚衆，恣横於杭越之間，杭州八縣，每縣召募千人爲一都，時謂之「杭州八都」，以遏黄巢之衝要。時有劉漢宏者[三六]，聚徒據越州，自稱節度使，攻收鄰郡；潤州牙將薛朗逐其節度使周寶，自稱留後。唐僖宗在蜀，詔董昌討伐，昌以軍政委鏐，率八都之士進攻越州，誅漢宏，迴戈攻潤州，擒薛朗。江浙平，董昌爲浙東節度使、越州刺史，表鏐代己爲杭州刺史。

唐景福中，朝廷以李鋋爲浙江西道鎮海軍節度使。時孫儒、楊行密交亂，淮海煙塵數千里，鏐常率師以爲防捍。孫儒據宣州，不敢侵江浙，由是鏐勳名日著。久之，李鋋終不至治所，朝廷以鏐爲鎮海軍節度，仍移潤州軍額於杭州爲治所，又立威勝軍於越州，以董昌爲節度使〔三七〕。昌漸驕貴，自言身應符讖，又爲祅人王百藝所誑，僭稱尊號，乃於越州自稱羅平國王，年號大聖，僞命鏐爲兩浙都將。鏐不受命，以狀聞，唐昭宗命鏐討昌。乾寧四年，鏐率浙西將士破越州，擒昌以獻，朝廷嘉其功，賜鏐鐵券，又除宰臣王摶爲威勝軍節度使〔三八〕。而兩浙士庶拜章，請以鏐兼杭、越二鎮，朝廷不能制，因而授之，改威勝軍爲鎮東，鏐乃兼鎮海、鎮東兩藩節制。鏐既兼兩鎮，精兵三萬，而楊行密連歲興戎，攻蘇、湖、潤等州，欲兼并兩浙，累爲鏐所敗，亦爲行密侵盜數州，而鏐所部止一十三州而已。天復中，鏐大將許再思、徐綰叛，徐綰，原本作「徐綬」，今從九國志改正。（影庫本粘籤）引宣州節度使田頵謀襲杭州。田頵等率師掩至城下，鏐激厲軍士，一戰敗之，生擒徐綰，田頵遁走。

鏐於臨安故里興造第舍，窮極壯麗，歲時遊於里中，車徒雄盛，萬夫羅列。其父寬每聞鏐至，走竄避之，鏐即徒步訪寬，請言其故。寬曰：「吾家世田漁爲事，未嘗有貴達如此，爾今爲十三州主，三面受敵，與人爭利，恐禍及吾家，所以不忍見汝。」鏐泣謝之。

鏐於唐昭宗朝，位至太師、中書令、本郡王，食邑二萬户。梁祖革命，以鏐爲尚父、吴越國王〔三九〕。梁末帝時，加諸道兵馬元帥。同光中〔四〇〕，爲天下兵馬都元帥、尚父、守尚書令，封吴越國王，賜玉册、金印。初，莊宗至洛陽，鏐厚陳貢奉，求爲國王。及玉册詔下，有司詳議，羣臣咸言：「玉簡金字，唯至尊一人，錢鏐人臣，不可。又本朝以來，除四夷遠藩，羈縻册拜，或有國王之號，而九州之内亦無此事。」郭崇韜尤不容其僭，而樞密承旨段徊姦倖用事，能移崇韜之意，曲爲鏐陳情，崇韜僶俛從之。鏐乃以鎮海、鎮東軍節度使名目授其子元瓘，自稱吴越國王，命所居曰宫殿，府署曰朝廷，其參佐稱臣，僭大朝百僚之號，但不改年號而已。僞行制册，加封爵於新羅、渤海，海中夷落亦皆遣使行封册焉。

明宗即位之初，安重誨用事，鏐嘗與重誨書，云「吴越國王謹致書于某官執事」，不敍暄涼，重誨怒其無禮。屬供奉官烏昭遇使於兩浙，烏昭遇，原本作「馬昭遇」，考歐陽史、通鑑、十國春秋俱作「烏」，今改正。（影庫本粘籤）每以朝廷事私於吴人，仍目鏐爲殿下，自稱臣，謁鏐行舞蹈之禮。及迴，使副韓玫具述其事，重誨因削鏐元帥、尚父、國王之號，以太師致仕。久之，其子元瓘等上表陳敍。時淮寇攻逼荆南，明宗疑其同惡，因降詔詰之，元瓘等復遣使自淮南間道上表，云：

竊念臣父天下兵馬都元帥、吴越國王臣鏐，爰自乾符之歲，便立功勞；至於天復之初，已封茅土。兩殄稽山之僭僞，頻叨鳳詔之褒崇，賜鐵券而礪岳帶河，藏清廟而銘鐘鏤鼎。歷事列聖，竭誠累朝，罄臣節以無虧，荷君恩而益重。楚茅吴柚，常居羣后之先；赤豹黄羆，不在諸方之後。雲臺寫像，盟府書勳，戮力本朝，一心體國。常誡臣兄弟曰：「汝等諸子，須記斯言：老父起自諸都，早平多難，素推忠勇，實効辛勤，遂蒙聖主之疇庸，獲忝真王之列壤，恒積滿盈之懼，豫懷燕翼之憂。蓋以恩禮殊尤，寵榮亢極，名品既逾於五等，春秋將及於八旬，不諱之談，爾當靜聽。而況手殲妖亂，親覩興亡，豈宜自爲厲階，更尋覆轍。老身猶健，且作國王之呼；嗣子承家，但守藩臣之分。」臣等鯉庭（鯉庭，原本作「鼇庭」，今據文改正。（影庫本粘籤））灑袂，鴈序書紳，中心藏之，敬聞命矣。

頃以濟陰歸邸，梁苑稱尊，所在英雄，遞相倣斆，互起投龜之詬，皆興逐鹿之謀，唯臣父王，未嘗隨例。從微至著，悉蒙天子之絲綸；啓土封王，自守諸侯之土宇。乙酉歲，伏蒙莊宗皇帝遥降玉册、金印，恩加曲阜、營丘，顯自大朝，來封小國，遂有强名之改補，實無干紀之包藏。兼使人徐筠等進貢之時，禮儀有失，尚蒙赦宥，未置典刑，敢不投杖責躬，負荆請罪。且爽爲臣之禮，誠乖事上之儀，夙夜包羞，寢食俱廢，捧詔而神魂戰慄，拜章而芒刺交并。

伏以皇帝陛下，濬哲文思，含弘光大，智周萬物，日闢四方，既容能改之非，許降自新之恕，將功補過，捨短從長，矧茲近代相持，豈足玄機遠料。且臣本道與淮南雖連疆畛，久結仇讎，交惡尋盟，十翻九覆，縱敵已逾於三紀，弭兵弭兵，原本作「弦兵」，今據文改正。（影庫本粘籤）纔僅於數年，諒非脣齒之邦，真謂腹心之疾。今奉詔書責問，合陳本末端由，布在衆多，寧煩覼縷，彼既人而無禮，此亦和而不同。近知侵軼荊門，乖張事大，儻王師之問罪，願率衆以齊攻，必致先登，庶觀後効。橫秋雕鶚，祇待指呼；躍匣蛟龍，誓平讎隙。今則訓齊樓櫓，淬礪戈鋋，決副天威，冀明臣節。伏以臣父王鏐，已於汎海，繼有飛章，陳父子之丹誠，高懸皎日；展君臣之大義，上指圓穹。其將修貢賦於梯航，混車書而表率，如虧奉職，自有陰誅。今春已具表章，未蒙便賜俞允，地遠而經年方達，天高而瀝懇難通。伏乞聖慈，曲行明命。凌霜益翠，始知松柏之心；異日成功，方顯忠貞之節。臣元瓘等無任感激祈恩戰懼依投之至。謹遣急脚，間道奉絹表陳乞奏謝以聞。

明宗嘉之，乃降制復授鏐天下兵馬都元帥、尚父、吳越國王。未幾，又詔賜上表不名。案五代會要載長興二年四月詔曰：周榮呂望，有尚父之稱；漢重蕭何，有不名之禮。錢鏐冠公侯之位，統吴越之封，宜示異恩，俾當縟禮，其錢鏐宜賜不名。

鏐在杭州垂四十年，窮奢極貴。錢塘江舊日海潮逼州城，鏐大庀工徒，鑿石填江，又平江中羅刹石，悉起臺榭，廣郡郭周三十里，邑屋之繁會，江山之雕麗，實江南之勝概也。鏐學書，好吟咏。江東有羅隱者，有詩名，聞於海內，依鏐爲參佐，鏐常與隱唱和。隱好譏諷，嘗戲爲詩，言鏐微時騎牛操梃之事，鏐亦怡然不怒，其通恕也如此。鏐雖季年荒恣，然自唐朝，於梁室，莊宗中興以來，每來揚帆越海，貢奉無闕，故中朝亦以此善之。

鏐以長興三年三月二十八日薨，年八十一。制曰：「故天下兵馬都元帥、尚父、吴越國王錢鏐，累朝元老，當代勳賢，位已極於人臣，名素高於簡册，贈典既無其官爵，易名宜示其優崇，宜令所司定謚，以王禮葬，仍賜神道碑。」謚曰武肅。鏐初事董昌，時年甫壯室，性尚剛烈。時有儒士謁於主帥，已進刺矣，見鏐稍怠，鏐怒，投之羅刹江。及典謁者將召，鏐詐云：「客已拂衣去矣。」及爲帥時，有人獻詩云：「一條江水檻前流。」鏐不悦，以爲譏己，尋害之。迨於晚歲，方愛人下士，留心理道，數十年間，時甚歸美。鏐尤恃崇盛，分兩浙爲數鎮，其節制署而後奏。左右前後皆兒孫甥姪，軒陛服飾，比於王者，兩浙里俗咸曰「海龍王」。梁開平中，浙民上言，請爲鏐立生祠，梁太祖許之，令翰林學士李琪李琪，原本作「李琦」，今從通鑑改正。（影庫本粘籤）撰生祠堂碑以賜之。至今蒸黎饗之，子孫保之，斯亦近代之名王也。永樂大典卷一萬八千一百二十五。

元瓘〔四一〕，鏐第五子也。起家爲鹽鐵發運巡官，表授尚書金部郎中，賜金紫。天復中，本州裨校許再思等爲亂，構宣州節度使田頵，頵領兵奄至，鏐擊敗再思，與頵通和。頵要盟於鏐，鏐徧召諸子問之曰：「誰能爲吾爲田氏之壻者？」例有難色，時元瓘年十六，進曰：「唯大王之命。」由是就親於宣州。

唐天祐初，承制累遷檢校尚書左僕射〔四二〕、内牙都指揮使〔四三〕，數年之間，伐叛禦寇，大著勳績。梁貞明四年夏，鏐大舉伐吴，以元瓘爲水戰諸軍都指揮使。戰棹抵東洲，吴人以舟師拒戰，元瓘爲火筏順風揚灰以坌之，白晝如霧，吴師迷方，遂敗之，擒軍使彭彦章彭彦章，原本脱「章」字，今從九國志增入。（影庫本粘籤）并軍校七十餘人，得戰艦四百隻。吴人知不可校，通好於鏐。以功奏授鎮海軍節度副使、檢校司徒。梁末，遷清海軍節度使、檢校太傅、同平章事。後唐同光初，加檢校太師、兼中書令、鎮東等軍節度觀察處置等使〔四四〕。時鏐自爲天下兵馬都元帥、尚父、守尚書令、吴越國王，及鏐爲太師致仕，元瓘累貢章疏，乞復舊號，唐明宗許之。鏐既年高，欲立嗣，召諸子使各論功，皆讓於元瓘〔四五〕。及鏐病篤，召將吏謂之曰：「余病不起，兒皆愚懦，恐不能爲爾帥，與爾輩決矣，帥當自擇。」將吏號泣言曰：「大令公有軍功，多賢行仁孝，已領兩鎮，王何苦言及此！」鏐曰：「此渠定堪否？」曰：「衆等願奉賢帥。」即出符鑰數篚於前，謂元瓘曰：「三軍言爾可奉，領取此物〔四六〕。」鏐薨，遂襲父位。

唐長興四年，遣將作監李鍇起復元瓘官爵〔四七〕，又命户部侍郎張文寶授兼中書令〔四八〕。清泰初，封吴王。二年，封越王〔四九〕。天福元年，賜金印。三年，封吴越國王。五年，加天下兵馬元帥。六年，授天下兵馬都元帥。其年夏有疾，秋府署災，焚之一空，乃移於他所，其餤皆隨而發焉，元瓘因驚悸發狂，以是歲八月二十四日薨，年五十五歲。謚曰文穆。元瓘幼聰敏，長於撫馭，臨戎十五年，決事神速，爲軍民所附，然奢僭營造，甚於其父，故有回禄之災焉。元瓘有詩千篇，編其尤者三百篇，命曰錦樓集，浙中人士皆傳之。子佐爲嗣。

永樂大典卷四千六百九十二。

佐，字玄祐。元瓘薨，遂襲其位。晉天福末，制授檢校太師、兼中書令、吴越王，仍篆玉爲册以賜之。前代玉册，册夷王有之，僞梁時欲厚於鏐，首爲式例，故因而不改。俄授開府儀同三司、守太尉。時以建安爲淮寇所攻，授東南面兵馬都元帥，佐尋遣舟師進討，淮人大敗，以功加守太師。漢高祖入汴，佐首獻琛賮，表率東道，漢祖嘉之，授諸道兵馬都元帥。佐居列土凡七年，境内豐阜，祖、父三世皆爲元帥，時以爲榮。漢初，以疾卒於位，謚曰忠獻。

佐幼好書，性温恭，能爲五七言詩，凡官屬遇雪月佳景，必同宴賞，由此士人歸心。其班品亦有丞相已下名籍，而禄給甚薄，罕能自濟，每朝廷降吏，則去其僞官，或與會則公府助以僕馬，處事齷齪，多如此類。然航海所入，歲貢百萬，王人一至，所遺至廣，故朝廷寵之，爲羣藩之冠。佐有子昱，年五歲，未任庶務，乃以其弟倧襲位。永樂大典卷四千六百九十二。

倧，性明敏嚴毅，未立時，常以佐性寬善，疑掌兵權者難制，及代佐爲帥，以禮法繩下，宿將舊勳，不甚優禮。大將胡進思頗不平之，乃密與親軍謀去倧。漢祖入汴之歲，十二月，進思率甲士三百大譟，突入衙署，倧闔户以拒之，左右與之格鬬，盡爲進思所殺，遂遷倧於別館，以甲士援送，幽於衣錦軍〔五〇〕，立倧異母弟俶爲帥。其年夏四月，進思疽發背而卒，越人快之，以爲陰靈之誅逆也。永樂大典卷四千六百九十二。

俶，元瓘之子，倧之異母弟也。倧既爲軍校所幽，時俶爲温州刺史，衆以無帥，遂迎立之，時漢乾祐元年正月十五日也。其年八月，始授檢校太師、兼中書令，充鎮海鎮東等軍節度使、東南面兵馬都元帥。周廣順中，累官至守尚書令、中書令、吳越國王。皇朝建隆初，復加天下兵馬大元帥。其後事具皇朝日曆。永樂大典卷四千六百九十二。

五代史補：錢鏐封吳越國王後，大興府署，版築斤斧之聲，晝夜不絕，士卒怨嗟，或有中夜潛用白土大書於門曰：「沒了期，侵早起，抵暮歸。」鏐一見欣然，遽命書吏亦以白土書數字於其側曰：「沒了期，春衣纔罷又冬衣。」時人以爲神輔，自是怨嗟頓息矣。　僧昭者，通於術數，居兩浙，大爲錢塘錢鏐所禮，謂之國師。一旦謁鏐，有宮中小兒嬉於側，墜下錢數十文，鏐見，謂之曰：「速收，慮人恐踏破汝錢。」昭師笑曰：「汝錢欲踏破，須是牛即可。」鏐喜，以爲社稷堅牢之義。後至曾孫俶，舉族入朝，因而國除。俶年屬丑爲牛，可謂牛踏錢而破矣。　錢鏐末年患雙目，有醫人不知所從來，自云累世醫內外障眼，其術善於用針，無不效者。鏐聞，召而使觀之，醫人曰：「可治，然大王非常人，患殆天與之，若醫，是違天理也〔五一〕，恐無益於壽，幸思之。」鏐曰：「吾起自行伍，跨有方面，富貴足矣，但得兩眼見物，爲鬼不亦快乎！」既而下手，莫不應手豁然。鏐喜，所賜動以萬計，醫人皆辭不受。明年，鏐卒。　僧契盈，閩中人。通內外學，性尤敏速。廣順初，遊戲錢塘，一旦，陪吳越王遊碧浪亭，時潮水初滿，舟楫輻輳，望之不見其首尾。王喜曰：「吳越國地去京師三千餘里〔五二〕，而誰知一水之利有如此耶！」契盈對曰〔五三〕：「可謂三千里外一條水，十二時中兩度潮。」時人謂之佳對。　時江南未通，兩浙貢賦自海路而至青州，故云三千里也。

史臣曰：自唐末亂離，海内分割，荆、湖、江、浙，各據一方，翼子貽孫，多歷年所。夫如是者何也？蓋值諸夏多艱，王風不競故也。洎皇宋之撫運也，因朗、陵之肇亂，命王師有征，一矢不亡，二方俱服。遂使瑶琨篠簜，咸遵作貢之文；江、漢、潍、漳，盡鼓朝宗之浪。夫如是者何也？蓋屬大統有歸，人寰允洽故也。唯錢氏之守杭、越，逾八十年，蓋事大勤王之節，與荆楚、湖湘不侔矣。永樂大典卷五千五百三十八。

校勘記

〔一〕檢校司空　「司空」，原作「大司空」，據通曆卷一五改。按唐無大司空。

〔二〕盡還其寶貨　「還」，原作「選」，據通曆卷一五改。按通鑑卷二七五敍其事作「魏王繼岌遣押牙韓珙等部送蜀珍貨金帛四十萬」。

〔三〕從誨饋軍食以助焉　「從誨」下册府卷三八七有「起戰棹」三字。

〔四〕及契丹入汴　「入汴」，孔本校、通曆卷一五作「犯闕」。

〔五〕守奇從周德威引軍前進　「守奇」上册府卷八七九有「令」字。

〔六〕保勗季興之幼子也　新五代史卷六九南平世家、宋史卷四八三荆南高氏世家云其爲「從誨第十子」，續資治通鑑長編卷一、宋史卷四八三荆南高氏世家皆云其爲保融弟。按從誨長子名保勳，次保正、保融，名内均有「保」字，保勗當爲從誨子。

〔七〕季興在世時……故荆人目之爲萬事休　續資治通鑑長編卷一、宋史卷四八三荆南高氏世家、隆平集卷一二、東都事略卷二四皆記作高從誨事。

〔八〕雖士大夫不如也　「士大夫」，原作「士人」，據孔本校、五代史補卷四改。殿本、劉本、彭校、舊五代史考異卷五作「大夫」。

〔九〕欲任爲判官　「任」，原作「仕」，據殿本、劉本、孔本、彭本、舊五代史考異卷五、五代史補卷四改。

〔一〇〕貽之詩曰陳琳筆硯甘前席角里煙霞憶共眠　按白蓮集卷九，齊己寄梁先輩詩云「陳琳筆硯甘前席，甪里煙霞待共眠」，疑「貽之詩曰」上有脱文。

〔一一〕蓋以寫其高尚之趣也　「寫」字原闕，據殿本、舊五代史考異卷五、五代史補卷四補。

〔一二〕連陷洪鄂潭桂等州　「桂」，原作「柱」，據殿本、劉本、邵本、通曆卷一五改。

〔一三〕長興二年十一月十日　九國志卷一一：「長興元年十一月己巳，（殷）薨。」按是月庚申朔，己巳爲初十。本書卷四一唐明宗紀七、新五代史卷六六楚世家亦繫其事於長興元年。

〔一四〕希範　永樂大典卷二二六一引五代薛史列傳：「馬希範，梁楚王馬殷第三子。少而温雅，稍涉文史。唐同光中，殷遣希範入貢。莊宗問洞庭廣狹，希範對曰：『洞庭至狹，若車駕南巡，止可飲馬而已。』莊宗拊背嘉之。」永樂大典卷一三四五二引五代薛史列傳：「六年，襄州安從進反，江南諸道都統、天策上將軍馬希範督樓船屯夏油。襄州平，加守太傅。七年，營天策府于潭州，開學館，貯書萬卷，私署十八學士。」按此二則係舊五代史馬希範傳佚文，清人失輯，姑附於此。

〔一五〕士愁以五州乞盟　溪州銅柱銘文（拓片藏上海博物館）敍其事作「與五姓歸明」。

〔一六〕故鑄銅柱以繼之　玉海卷二五引五代史：「晉天福五年，楚馬希範平羣蠻，自謂伏波之後，立銅柱於溪州。」

〔一七〕永樂大典卷八千二百二十一　檢永樂大典目録，卷八二二一爲「明」字韻「金光明經七」，與本則内容不符，恐有誤記。疑出自卷八二三一「盟」字韻。

〔一八〕潘玘　五代史補（顧校）卷三作「潘起」。按新五代史卷六六楚世家、通鑑卷二七七記楚有潘起。

〔一九〕拓拔恒　原作「拓拔坦」，據彭校、五代史補（四庫本）卷三改。按通鑑卷二八二、卷二八三、卷二八七、卷二九〇，楚有天策府學士拓拔恒。

〔二〇〕以建興府庭　「興」，原作「康」，據殿本、劉本、五代史補卷三改。

〔二一〕驅契丹　孔本、舊五代史考異卷五、五代史補卷三作「誅犬戎」。

〔一二〕乃命有文學者各撰挽詞　「文學」，原作「學文」，據彭校、舊五代史考異卷五、五代史補（四庫本）卷三乙正。

〔一三〕希明府一察之　「希」，原作「章」，據孔本、舊五代史考異卷五、五代史補卷三改。

〔一四〕今大王崇重　「今」字原闕，據舊五代史考異卷五、五代史補卷三補。

〔一五〕引九洞溪蠻數路齊進　「九」字原闕，據舊五代史考異卷五、五代史補卷四補。

〔一六〕爲言懷也　「爲」，原作「皆」，據舊五代史考異卷五、五代史補卷四改。

〔一七〕希蕚素寵嬖之　「希蕚」，原作「希範」，據舊五代史考異卷五、五代史補（四庫本）卷四改。

〔一八〕江南命功臣鍾章爲虔州刺史　「命」，原作「名」，據舊五代史考異卷五、五代史補卷四改。

〔一九〕遂奔湖南　「湖南」，原作「江南」，據彭校、舊五代史考異卷五、五代史補卷四改。

〔二〇〕偃爲天策府列校　「爲」，原作「以」，據邵本校、五代史補（四庫本）卷四改。

〔二一〕爲洪州建昌縣令　「建昌」，原作「連昌」，據劉本、五代史補（四庫本）卷四改。按舊唐書卷四〇地理志三，洪州有建昌縣。

〔二二〕求正授旄鉞　「正」，原作「止」，據殿本、劉本、邵本校、彭校改。

〔二三〕周太祖詔劉言宜勒歸私第　「勒」，原作「勤」，據殿本、劉本、邵本、彭本、本書卷一一三周太祖紀四、通曆卷一五改。

〔二四〕請周行逢爲帥行逢至朗州　「爲帥行逢」四字原闕，據本書卷一一六周世宗紀三、通曆卷一五補。

〔三五〕由是湖湘之地盡爲王土矣　通鑑卷二九三胡注引薛史：「楊昭惲，長沙人。父諡，事馬殷爲節度行軍司馬。諡仲女爲衡陽王夫人。希聲襲位，昭惲遷衡州刺史。自以地連戚里，積財貨，建大第，二子爲牙内都將，少長豪富，任氣凌下，士大夫惡之。長沙兵亂，陸孟俊怒曰：『楊氏怙寵滅義，爲國人所患久矣。』於是族滅楊氏。」按此則係舊五代史楊昭惲傳佚文，清人未輯楊昭惲傳，姑附於此。

〔三六〕時有劉漢宏者　通鑑卷二六三胡注引薛史：「朱褒，温州人，兄弟皆爲本州牙校。刺史胡璠卒，朱誕據郡，褒逼誕而代之。」按此則係舊五代史朱褒傳佚文，清人未輯朱褒傳，姑附於此。

〔三七〕以董昌爲節度使　「以」字原闕，據通曆卷一五、新五代史卷六七吴越世家補。

〔三八〕又除宰臣王摶爲威勝軍節度使　「王摶」，原作「王溥」，據孔本、舊唐書卷二〇上昭宗紀、新唐書卷六三宰相表下、卷一一六王摶傳、通鑑卷二六〇、唐大詔令集卷五四王摶威勝軍節度平章事制改。又舊唐書卷二〇上昭宗紀、新唐書卷六三宰相表下、通鑑卷二六〇、唐大詔令集卷五四王摶威勝軍節度平章事制皆繫其事於乾寧三年。

〔三九〕吴越國王　本書卷三梁太祖紀三、新五代史卷六七吴越世家、通鑑卷二六六、吴越備史卷一、全唐文卷八四七梁啓聖匡運同德功臣淮南鎮海鎮東等軍節度使淮南浙江東西等道觀察處置營田招討安撫兼鹽鐵制置發運等使開府儀同三司尚父守尚書令揚杭越等州大都督府長史上杜國吴越王錢公生祠堂碑作「吴越王」。按通鑑卷二七二：「（同光元年）梁主遣兵部侍郎崔協等册命吴越王鏐爲吴越國王」，吴越備史卷一略同。本卷下文亦云「莊宗至洛陽，鏐厚陳貢奉，求爲國王」。

〔四〇〕同光中　「中」，原作「申」，據殿本、劉本、孔本、邵本、彭本改。

〔四一〕元瓘　句下通曆卷一五有「字明寶」三字。

〔四二〕承制累遷檢校尚書左僕射　「左」，吴越備史卷二作「右」。

〔四三〕内牙都指揮使　「都」，原作「將」，據殿本、吴越備史卷二改。「内牙」下孔本空一字。

〔四四〕鎮東等軍節度觀察處置等使　「鎮東」上吴越備史卷二有「鎮海」二字。本書卷三九唐明宗紀五敍其事作「充鎮東鎮海等軍節度使」。

〔四五〕皆讓於元瓘　「皆」，原作「請」，據殿本、孔本、通曆卷一五、册府卷四三六改。

〔四六〕領取此物　「物」字原闕，據通曆卷一五、册府卷四三六補。

〔四七〕李鍇　原作「李鏻」，據册府卷四三六、吴越備史卷二、全唐文卷八五九吴越文穆王錢元瓘碑銘改。按本書卷八〇晉高祖紀六有將作監李鍇。影庫本粘籤：「原本脱『李鏻』二字，今據通鑑增入。」今檢通鑑未記此事。

〔四八〕又命户部侍郎張文寶授兼中書令　「中書令」，原作「尚書令」，據本書卷四四唐明宗紀十、通鑑卷二七八、吴越備史卷二、全唐文卷八五九吴越文穆王錢元瓘碑銘改。化度院陁羅尼經幢并記（拓片刊北京圖書館藏中國歷代石刻拓本匯編第三十六册）末題：「長興四年癸巳三月二十六日……守中書令錢元瓘記。」按本書卷七九晉高祖紀五，元瓘至天福五年方加尚書令。

〔四九〕封越王　「越王」，本書卷四五唐閔帝紀、通鑑卷二七八、吴越備史卷二作「吴越王」。

〔五〇〕幽於衣錦軍　「衣錦軍」，原作「錦軍」，據殿本、劉本、邵本校、彭校、通鑑卷二八七改。　影庫本粘籤：「錦軍，疑當作『衣錦軍』，考册府元龜引薛史亦作『錦軍』，今仍其舊。」按今檢册府未記此事。

〔五一〕是違天理也　「理」，原作「地」，據舊五代史考異卷五、五代史補卷二改。

〔五二〕吴越國地去京師三千餘里　「吴越國」，原作「吴國」，據五代史補（四庫本）卷五改。　按錢氏國號吴越。

〔五三〕契盈對曰　以上四字原闕，據五代史補（顧校）卷五補。　按此四字係顧廣圻所校補，其下有批注云：「十國春秋有此四字。」

舊五代史卷一百三十四

僭僞列傳第一

楊行密 子渥 渭 溥 李昪 子景 王審知 子延鈞 延鈞子昶 審知少子延羲

楊行密，廬州人。少孤貧，有膂力，日行三百里。唐中和之亂，天子幸蜀，郡將遣行密徒步奏事，如期而復。案北夢瑣言云：鄭綮嘗典廬州〔一〕，楊行密爲本州步奏官。光啓初，秦宗權擾淮右，頻寇廬、壽，郡將募能致戰擒賊者，計級賞之，行密以膽力應募，往必有獲，得補爲隊長。行密乃自募百餘人，皆彪勇無行者，殺都將，自權州兵，郡將即以符印付之而去，朝廷因正授行密廬州刺史。

光啓三年，揚州節度使高駢失政，委任妖人吕用之輩。牙將畢師鐸懼爲用之所譖，自高郵起兵以襲廣陵，爲用之所却，乃乞師於宣州秦彦，且言事克之日，願以揚州帥之〔二〕。

彥先遣將秦稠以兵三千人助師鐸攻陷廣陵，高駢遂署師鐸爲行軍司馬〔三〕。未幾，秦彥率大衆并家屬渡江，入揚州軍府〔四〕，自稱節度使。初，揚州未陷，呂用之詐爲高駢檄，徵兵於廬州，及城陷，行密以軍萬人奄至。畢師鐸之入廣陵也，呂用之出奔於外，至是委質於行密。行密攻廣陵，營於大明寺，秦、畢出兵以攻行密之營，短兵纔接，行密僞遁，秦、畢之兵爭入其柵，以取金帛，行密發伏兵以擊之，秦、畢大敗，退走其壁，自是不復出戰。

其年九月，秦、畢害高駢於幽所，少長皆死，同坎瘞於道院北垣下。行密攻圍彌急，城中食盡，米斗四十千，居人相啗略盡。十月，城陷，秦、畢走東塘東塘，原本作「東唐」，今從新唐書改正。（影庫本粘籤）行密入廣陵，輦外寨之粟以食饑民，即日米價減至三千。十一月，蔡賊孫儒以衆萬人自淮西奄至，還據外寨，行密輜重牛羊軍食未入城者，皆爲儒所有。時秦、畢來自東塘〔五〕，與儒軍合，自是西門之外，復爲敵境矣。初，呂用之遇行密於天長，紿行密曰：「用之有白金五千挺，瘞於所居之廡下，寇平之日，願備將士倡樓一醉之資。」至是行密閱兵，用之在側，謂用之曰：「僕射許此輩銀，何負心也！」遽命斬於三橋之下，夷其族。

行密既有廣陵，遣使至大梁，陳歸附之意。是時，梁祖兼領淮南，乃遣牙將張廷範使於淮南，與行密結盟，尋遣行軍司馬李璠權知淮南留後，令都將郭言以兵援送。行密初則厚禮廷範，及聞李璠之行，悖然有拒命之意〔六〕。廷範懼，易衣夜遁，遇梁祖於宋州，備言行密不軌之心，酌其兵勢未可圖也，乃追李璠等還，案通鑑：李璠至盱眙，行密發兵襲之，郭言力戰得免。與薛史異。（舊五代史考異）即表行密爲淮南留後。

文德元年正月，孫儒殺秦彥、畢師鐸於高郵，引軍襲廣陵，下之，儒自稱節度使，行密收其衆歸於廬江。十一月，梁祖遣大將龐師古自潁上渡淮，討孫儒之亂，師古引兵深入淮甸，不利，還。龍紀元年，孫儒出攻宣州，行密乘虛襲據揚州，北通時溥，孫儒引兵復攻行密。大順元年，行密危蹙，率衆夜遁，出據宣州，儒復入揚州。二年，乃蒐練兵甲以攻行密，屬江淮疾疫，師人多死，儒亦卧病，爲部下所執，送於行密，殺之。行密自宣城長驅入於廣陵，盡得孫儒之衆。自光啓末高駢失守之後，行密與畢師鐸、秦彥、孫儒遞相窺圖，六七年中，兵戈競起，八州之內，鞠爲荒榛，圜幅數百里，人煙斷絕。行密既併孫儒，乃招合遺散，與民休息，政事寬簡，百姓便之，蒐兵練將，以圖霸道。所得孫儒之衆，皆淮西之驍果也，選五千人豢養於府第，厚其衣食，驅之即戰，靡不爭先，甲冑皆以黑繒飾之，命曰「黑雲都」。

乾寧二年，行密盡有淮南之地，昭宗乃降制授行密淮南節度副大使、知節度事、管內營田觀察處置等使、開府儀同三司、檢校太傅、同中書門下平章事、兼揚州大都督府長史〔七〕、上柱國、弘農郡王，食邑三千户，食實封一百户。

四年，梁祖平兗、鄆，朱瑾及沙陀將李承嗣、史儼等皆奔淮南，行密待之優厚，任以爲將，瑾與承嗣皆位至方伯。案九國志：行密承制授朱瑾泰寧軍節度使，李承嗣振武軍節度使。此云位至方伯，似未明晰，附識於此。（舊五代史考異）是歲，行密縱兵侵掠鄰部，兩浙錢鏐、江西鍾傳、鄂州杜洪皆遣使求救於梁。梁祖遣朱友恭率步騎萬人渡江，取便討伐。行密先令都將瞿章據黄州，及梁師至，即棄郡南渡，固守武昌寨。行密遣將馬珣以精兵五千助之，友恭與杜洪大破其衆，遂拔武昌寨，擒瞿章并淮軍三千餘人，獲馬五百疋，淮夷大恐。八月，梁祖遣葛從周領步騎萬人自霍丘渡淮，遣龐師古率大軍營於清口。淮人決堰縱水，流潦大至。又令朱瑾率勁兵以襲汴軍，汴軍大敗，師古死之。葛從周聞師古之敗，自濠梁班師〔八〕，至渒河，爲淮人所乘，諸軍僅得北歸。

光化二年，行密〔九〕案：已下有闕文。遣大將張歸厚禦之而退〔一〇〕。天復三年，青州王師範叛，乞師於淮南，行密遣將王景仁帥師二萬以援之，攻討密州。七月，梁祖大破師範及景仁之衆，景仁遁還，追至輔唐，殺數千人，進取密州。天祐元年十一月，淮人攻光州，梁祖率軍抵霍丘，略地於廬、壽之境〔一一〕，淮人遁去。二年正月，進攻壽州，淮人閉壁不出，大掠而還。是月，行密攻陷鄂州，擒節度使杜洪，戮於揚州市，梁之戍兵數千人亦陷焉。

其後，江西鍾傳、宣州田頵俱爲行密所併。三年，行密以疾卒於廣陵。及其子渭僭號，僞追尊爲太祖武皇帝。永樂大典卷六千五十一。

渥，字奉天，行密長子也。行密卒，渥遂襲僞位，自稱吴王，委軍政於大將張顥。渥性猜忍，不能御下。天祐五年六月，渥爲顥所殺，顥將納款於梁，遂自稱留後，委别將徐温握兵權。居無何，温復殺顥，立行密次子渭爲主。及渭僭號，僞追尊爲景帝。永樂大典卷六千五十一。

渭，渥之弟也。案：歐陽史及通鑑皆作隆演，惟薛史作渭，詳見通鑑考異。（舊五代史考異）既立，政事咸委於徐温。時温爲鎮海軍節度、内外馬步軍都指揮使，乃於上元縣置昇州，盛開幕府，自握兵柄於上流，留其子知訓等於揚州〔二〕，居以秉政〔三〕，凡十餘年。温乃册渭爲天子，國號大吴，改唐天祐十六年爲武義元年。渭以温爲大丞相、都督中外諸軍事。渭僭號凡三年而卒〔四〕，僞謚爲惠帝〔五〕。永樂大典卷六千五十一。

溥，行密幼子也。初封丹陽王，渭卒，徐温乃推溥爲主，復僭僞號。唐同光元年，莊宗平梁，遷都於洛陽。十二月，溥遣使章景來朝，稱「大吴國主致書上大唐皇帝」，其辭旨卑遜，有同箋表。明年八月，又遣其司農卿盧蘋貢方物，及獻貞簡太后珍玩，莊宗命左藏庫使王居敏、通事舍人張朗等以名馬報之。郭崇韜之平西川也，淮人大懼，將去僞號，稱藩於唐。時崇韜欲陳舟師下峽，爲平吴之策，會崇韜既誅，洛城有變，淮人聞之，比屋相慶。明宗纂嗣，溥復遣使修好，安重誨安重誨，原本作「仲誨」，今從通鑑及歐陽史改正。（影庫本粘籤）奏曰：「楊溥既不稱藩，無足與之抗禮，來偵國情，不如辭絶。」乃館其使〔六〕，不受所貢，遣之。唐天成二年十月，徐温卒，追封爲齊王。温之養子李昪代温佐輔，秉政數年，位至太尉、中書令、録尚書事，襲封齊王，僞加九錫。晉天福二年，溥不得已遜位於昪。昪遷溥於潤州，築丹陽宫以處之。溥自是服羽衣，習辟穀之術，年餘以幽死。昪又遷其族於海陵，吴人謂其居爲永寧宫。周顯德中，李景聞周師渡淮，慮楊氏爲變〔七〕，使人盡殺之。自唐大順二年，行密始有淮南之地，至溥遜位，凡四十七年而亡。永樂大典卷六千五十一。

五代史補：楊行密常命宣州刺史田頵領兵圍錢塘，錢鏐危急，遣其子元璙修好於行密。元璙風神俊邁，行密見之甚喜，因以其女妻之，遽命頵罷兵。初，頵之圍城也，嘗遣使候錢鏐起居，鏐厚待之。將行，復與之小飲，時羅隱、皮日休在坐，意以頵之師無能爲也，且欲譏之。於是日休爲令，取一字，四面被圍而不失其本音，因曰：「『其』字上加『草』爲萁菜，下加『石』爲碁子，左加『玉』爲琪玉，右加『月』

爲期會。」羅隱取「于」字上加「雨」爲舞雩，下加「皿」爲盤盂，左加「玉」爲玗玉，右加「邑」爲邘地。使者取「亡」字譏錢鏐必亡，然「亡」上加「草」爲芒〔一八〕，下加「心」爲忘，右加「邑」爲邙，左加「心」爲忙，其令必不通，合坐皆嘻笑之，使大慚而去。未幾，頵果班師。先是，行密與鏐勢力相敵，其爲忿怒，雖水火之不若也。行密嘗命以大索爲錢貫，號曰「穿錢眼」。鏐聞之，每歲命以大斧科柳，謂之「斫楊頭」。至是，以元璙通婚，二境漸睦，穿眼、斫頭之論始止。

李昪，本海州人，僞吴大丞相徐温之養子也。温，字敦美，亦海州人。初從淮南節度使楊行密起兵於廬州，漸至軍校。唐末，青州王師範爲梁祖所圍，乞師於淮南，楊行密發兵赴之，温時爲小將，亦預其行。師次青之南鄙，師範已敗，淮兵大掠而還。昪時幼穉，爲温所虜，温愛其惠黠，遂育爲己子，名曰知誥。

天祐初，行密卒，其子渥嗣，會左衛左衛，原本作「位衛」，今從十國春秋改正。（影庫本粘籤）都指揮使張顥殺渥，欲歸命於梁。温謂顥曰：「此去梁國，往復三千里，不月餘事不成，軍國未有主，無主將亂，不如有所立，徐圖其事。」顥然之，乃立渥弟渭爲帥。温尋殺顥，渭僞授温常州刺史、檢校司徒。温留廣陵，遣昪知州事。是歲，唐天祐五年也。七年，丁母憂，起復授檢校太尉、温州刺史，充本州團練觀察使。八年，宣州叛，温與都將柴再用討平之，柴再用，原本脱「用」字，今從九國志增入。（影庫本粘籤）加同中書平章事，充淮南行軍司馬、内外馬步都指揮使、鎮海軍節度、浙江西道觀察等使。十二年八月，温出鎮潤州，以其子知訓知政事，加温鎮海軍管内水陸馬步軍都軍使、兼寧國軍節度、宣歙池等州觀察使。時昇爲温屬郡昇州刺史，乃大理郡廨。温表移其府於金陵，僞授温昇州大都督府長史〔九〕，充鎮海軍節度副大使〔一〇〕、知節度事，以昇爲鎮海軍節度副使、行潤州刺史，潤州，原本作「澗州」，今從歐陽史改正。（影庫本粘籤）充本州團練使。十五年，知訓授淮南行軍副使、内外馬步軍都指揮使，通判軍府事。居無何，知訓爲大將朱瑾所殺，温以昇代知政事。明年，温册楊渭爲天子，僭稱大吴，改唐天祐十六年爲武義元年。

十八年〔一一〕，渭死，温聞之，自金陵馳歸揚州，夜入廣陵，議有所立。或有希温旨，言及蜀先主遺命諸葛亮之事，温厲聲曰：「若楊氏無男，有女當立矣，無得異議。」由是羣心乃定，遂迎丹陽王溥於潤州，以其年六月十八日即僞位，改元爲順義。自是温父子愈盛，中外共專其國，楊氏主祭而已。温累官至竭忠定難建國功臣、大丞相、都督中外諸軍事〔一二〕、諸道都統、鎮海寧國等軍節度、宣歙池等州管内營田觀察等使、開府儀同三司、守太師、中書令、金陵尹，封東海王〔一三〕，食邑一萬户，實封五百户。僞順義七年改乾貞元年，即後唐天成二年。其年十月二十三日，温卒，僞贈大元帥，追封齊王，謚曰忠武。

昪前夢温負登山，逾月温卒〔二四〕，昪乃僞授輔政興邦功臣，知内外左右事〔二五〕、開府儀同三司、守太尉、中書令、宣城公。昪自平朱瑾之亂，遂執吴政。天成四年，僞吴改大和元年〔二六〕。是歲，昪出鎮金陵〔二七〕，尋封東海王。至清泰二年改天祚元年，天祚，原本作「天福」，今從十國春秋改正。（影庫本粘籤）其年以金陵爲齊國〔二八〕，封昪爲齊王，乃追謚温爲忠武王，廟號太祖。昪又進位太尉、録尚書事，留鎮金陵，以其子景總政事於揚州。未幾，僞加昪九錫，建天子旌旗，改金陵爲西都，以揚州爲東都。昪開國依齊、梁故事，用徐玠爲齊國右丞相，宋齊丘爲左丞相，以爲謀主。僞吴天祚三年，楊溥遜位於昪，國號大齊，改元爲昪元，建都於金陵，時晉氏天福二年也。昪乃册楊溥爲讓皇，其册文曰「受禪老臣知誥，謹上册皇帝爲高尚思玄弘古讓皇」云〔二九〕。仍以其子遥領平盧軍節度使，遷於海陵。

昪自云唐玄宗第六子永王璘之裔，唐天寶末，安禄山連陷兩京，玄宗幸蜀，詔以璘爲山南、嶺南、黔中、江南四道節度採訪等使。璘至廣陵，大募兵甲，有窺圖江左之意，後爲官軍所敗，死於大庾嶺北，故昪指之以爲遠祖。因還姓李氏，始改名昪，國號大唐，尊徐温爲義祖。昪僭位凡七年，子景立。永樂大典卷一萬三百九十一。

景，本名璟，及將臣於周，以犯廟諱，故改之。昪之長子也，案釣磯立談云：烈祖一日晝寢，夢一黃龍出殿之西楹，矯首內向，如窺伺狀。烈祖驚起，使人偵之，顧見玄宗方倚楹而立，遣人候上動靜，於是立嫡之意遂決。昪卒，乃襲僞位，改元爲保大〔三〇〕。以仲弟遂爲皇太弟，季弟達爲齊王，仍於父柩前設盟約，兄弟相繼。景僭號之後，屬中原多事，北土亂離，雄據一方，行餘一紀。其地東暨衢、婺，南及五嶺，西至湖湘，北據長淮，凡三十餘州，廣袤數千里，盡爲其所有，近代僭竊之地，最爲强盛〔三一〕。又嘗遣使私賂北戎，俾爲中國之患，自固偷安之計。案南唐書云：契丹遣二使來告曰：「晉少主逆命背約，自貽廢黜，吾主欲與唐繼先世之好，將册君爲中原主。」嗣主曰：「孤守江淮，社稷已固，與梁宋阻隔。若爾主不忘先好，惠賜行人，受賜多矣，其他不敢拜命之辱。」

周顯德二年冬，世宗始議南征，以宰臣李穀爲前軍都部署。是冬，周師圍壽春。三年春，世宗親征淮甸，大敗淮寇於正陽，遂進攻壽州。尋又今上敗何延錫於渦口，擒皇甫暉於滁州。滁州，原本作「涂州」，今從歐陽史改正。（影庫本粘籤）景聞之大懼，遣其臣鍾謨、李德明等奉表於世宗，乞爲附庸之國，仍歲貢百萬之數，又進金銀器幣及犒軍牛酒。未幾，又遣其臣孫晟、王崇質等奉表修貢，且言：「景願割濠、壽、泗、楚、光、海等六州之地，隸於大朝，乞罷攻討。」世宗未之許。時李德明等見周師急攻壽春，慮不能保，乃奏云：「寬臣等五日之誅，容臣等自往江南，取本國表章，舉江北諸州，盡獻於大朝。」世宗許其行，久之，德明等不至，乃權議迴鑾，唯留偏師數千圍守壽春而已。

四年春，世宗再駕南征。三月，大敗江南援軍於紫金山，尋下壽州，乃命班師。是歲冬十月，世宗復臨淮甸，連下濠、泗二郡，進攻楚州。明年春正月，拔之，遂移幸揚州，駐大軍於迎鑾，將議濟江〔三二〕。景聞之，自謂亡在朝夕，乃欲謀傳位其世子，使稱藩於周。案南唐書：正月，改元交泰。遣其臣陳覺奉表陳情，且順世宗之旨焉。覺至，世宗召對於御幄。是時，江北諸州唯廬、舒、蘄、黄四郡未下，世宗因謂覺曰：「江南國主若能以江北之地盡歸於我，則朕亦不至窮兵黷武。」覺聞命忻然，即遣人過江取景表，以廬、舒、蘄、黄等四州來上，乞畫江爲界，仍歲貢地征數十萬。世宗許之，乃還京。自是景始行大朝正朔，上章稱「唐國主臣景」，累遣使修貢，亦不失外臣之禮焉。

皇朝建隆二年夏，景以疾卒於金陵，時年四十六。以其子煜襲僞位，其後事具皇家日曆。永樂大典卷一萬三百九十一。五代史補：李昪，本爲徐温所養，温殺張顥〔三三〕，權出於己，自稱大丞相、中書令、都統。及出居金陵，以嫡子知訓爲丞相，昪爲潤州節度。昪始爲宣州，忽得潤州，甚怏怏，將白温辭之。宋齊丘素與昪善，因謂昪曰：「知訓驕倨，不可大用，殆必有損足焚巢之患。宣州去江都遠，難爲應，潤州方隔一水爾，有急則可以立功，慎勿辭也。」昪聞之釋然，遂行，至潤州。未幾，知訓果爲朱瑾所殺。是夜，江都亂，火光亘天，昪望之曰：「宋公之言中矣。」遂引軍渡江，盡誅朱瑾之黨。後解甲去備，以待徐温。温至，且喜且怒，謂昪曰：「猶幸汝在潤州，不然吾家大事將去矣。汝於兄弟中有大功者耶！」即日用昪爲左僕射，知政事，以代知訓。昪善於撫御，内外之心翕然而歸之，故徐温卒未幾而江南遂爲昪所有。先是，江南童謡云：「東海鯉魚飛上天。」東海即徐之望也，李者鯉也，蓋言李昪一旦自温家起而爲君爾。初，昪既蓄異志，且欲諷動僚屬。雪天大會，酒酣，出一令，須借雪取古人名，仍詞理通貫。時齊丘、徐融在坐，昪舉杯爲令曰：「雪下紛紛，便是白起。」齊丘曰：「着屐過街，必須雍齒。」融意欲挫昪等，遽曰：「明朝日出，爭奈蕭何。」昪大怒，是夜收融投於江，自是與謀者惟齊丘而已。宋齊丘，豫章人。父嘗在鍾傳幕下，齊丘素落魄，父卒，家計蕩盡，已在窮悴，朝夕不能度。時姚洞天爲淮南騎將，素好士，齊丘欲謁之，且囊空無備紙筆之費，計無所出，但於逆旅杜門而坐，如此殆數日。鄰房有散樂女尚幼，問齊丘曰：「秀才何以數日不出？」齊丘以實告，女歎曰：「此甚小事，秀才何吝一言相示耶！」乃惠以數緡。齊丘用市紙筆，爲詩詠以投洞天，其略曰：「某學武無成，攻文失志，歲華蹭蹬，身事蹉跎。胸中之萬仞青山，壓低氣宇；頭上之一輪紅日，燒盡風雲。加以天步凌遲，皇綱廢絶，四海淵黑，中原血紅，挹飛蒼走黄之辨，有出鬼没神之機。」洞天怒其言大，不即接見。齊丘窘急，乃更其啓，翌日復至，其略曰：「有生不如無生，爲人不若爲鬼。」又云：「其爲誠懇萬端，只爲饑寒兩字。」洞天始憫之，漸加以拯救。徐温聞其名，召至門下。及昪之有江南也，齊丘以佐命功，遂至將相，乃上表以散樂女爲妻，以報宿惠，許之。韓熙載仕江南，官至諸行侍郎。晚年不羈，女僕百人，每延請賓客，而先令女僕與之相見，或調戲，或毆擊，或加以爭奪靴笏，無不曲盡，然後熙載始緩步而出，習以爲常。復有醫人及燒煉僧數輩，每來無不升堂入室，與女僕等雜處。僞主知之，雖怒，以其大臣，不欲直指其過，因命待詔畫爲圖以賜之，使其自愧，而熙載視之安然。沈彬，宜春人。能爲歌詩，格高逸，應進士不第，遂遊長沙。會武穆方霸，彬獻頌德詩云：「金翅動身摩日月，銀河轉浪洗乾坤。」武穆覽而壯之，欲辟之在幕府，以其有足疾，遂止。彬由是往來衡湘間，自稱進士。邊鎬之下湖南也，後主聞其名，召歸金陵，令爲縣宰，彬辭不就，遂授金部郎中致仕，年八十九。初，彬既致仕，營別業於鍾山，庭有古柏可百餘尺，一旦爲迅雷所擊，仆於地，自成四片。彬視之欣然，謂子庭瑞曰：「此天所以賜吾也，汝宜成之。」庭瑞曰：「雷擊之木，恐非祥，不宜爲棺。」彬怒曰：「吾命，汝安得違之耶！」庭瑞懼，遂如教，卒竟用此棺。及葬，掘地未及丈餘，又得石槨，上有篆文四字云「沈彬之槨」，其制度大小與棺正相稱，遂葬之，時人異焉。僧謙光，金陵人也。素有才辨，江南國主以國師禮之。然無羈檢，飲酒如常，國主無以禁制，而又於諸肉中尤嗜鵝、鼈，國主常以從容語及釋氏果報，且問曰：「吾師莫有志願否？寡人固欲聞之。」謙光對曰〔三四〕：「老僧無他願，但得鵝生四隻腿，鼈長兩重裙足矣。」國主大笑。顯德中，政亂，國主猶晏然不以介意。一旦，因賞花，命謙光賦詩，因爲所諷，詩云：「擁衲對芳叢，由來事不同。鬢從今日白，花似去年紅。豔冶隨朝露，馨香逐曉風。何須對零落，然後始知空。」

王審知，王審知傳，永樂大典僅存一條，今考册府元龜所引薛史，考其事蹟，前後排比成篇，謹附識于此。（影庫本粘籤）字信通，光州固始人。父恁，世爲農民。册府元龜卷二百一十九。唐廣明中，黄巢犯闕，江淮盜賊蜂起，有賊帥王緒者，自稱將軍，陷固始縣。審知兄潮，時爲縣佐，緒署爲軍正。蔡賊秦宗權以緒爲光州刺史，尋遣兵攻之〔三五〕，緒率衆渡江，所在剽掠，自南康轉至閩中，入臨汀，自稱刺史。緒多疑忌，部將有出己之右者皆誅之。潮與豪首數輩共殺緒，其衆求帥，乃刑牲歃血爲盟，植劍於前，祝曰：「拜此劍動者爲將軍。」至潮拜，劍躍於地，衆以爲神異，即奉潮爲帥。時泉州刺史廖彦若爲政貪暴，軍民苦之，聞潮爲理整肅，耆老乃奉牛酒，遮道請留。潮因引兵圍彦若，歲餘克之，又平狼山賊帥薛藴，兵鋒日盛。唐光啓二年，福建觀察使陳巖表潮爲泉州刺史。大順中，巖卒，子壻范暉自稱留後〔三六〕，潮遣審知將兵攻之。踰年，城中食盡，乃斬暉而降，由是盡有閩嶺五州之地。潮即表其事，昭宗因建威武軍於福州，以潮爲節度、福建管内觀察使，審知爲副。册府元龜卷二百二十三。案：王審知德政碑作詔授潮節度，累加檢校右僕射，無審知爲副事。（舊五代史考異）

審知爲觀察副使，有過，潮猶加捶撻，審知無怨色。潮寢疾，舍其子延興、延虹、延豐、延休，命審知知軍府事。十二月丁未，潮薨，審知以讓其兄審邽，案：王審知德政碑作仲兄審邽，此作審邽，當以碑爲正。（舊五代史考異）審邽以審知有功，辭不受。審知自稱福建留後，表於朝廷。永樂大典卷一萬四千五百三十六。唐末，爲威武軍節度、福建觀察使，累遷檢校太保，封瑯琊郡王。梁朝開國，累加中書令，封閩王。案王審知德政碑云：潮付公以戎旅，仍具表奏，尋加刑部尚書、威武軍留後。俄授金紫光禄大夫、右僕射、本軍節度使。又改光禄大夫、檢校司空，轉特進、檢校司徒。又轉檢校太保、琅邪郡王，食邑四千户，食實封一百户。（舊五代史考異）是時，楊氏據江淮，故閩中與中國隔越，審知每歲遣使朝貢〔三七〕，汎海至登、萊抵岸，往復頗有風水之患，漂没者十四五。後唐莊宗即位，遣使奉貢，制加功臣，進爵邑。册府元龜卷二百三十二。

審知起自隴畝，以至富貴，每以節儉自處，選任良吏，省刑惜費，輕徭薄斂，與民休息，三十年間，一境晏然。册府元龜卷二百二十九。同光元年，審知卒〔三八〕。子延翰嗣，爲弟延鈞所殺。册府元龜卷二百一十九。

延鈞，審知次子。後唐長興三年，上言吴越國王錢鏐薨，乞封爲吴越王，不報。册府元龜卷二百一十九。未幾，自稱帝，國號大閩，改元龍啓，然猶稱藩於朝廷。册府元龜卷二百二十二。清泰二年，遇弒。子昶嗣。册府元龜卷二百一十九。

昶，嗣僞位，朝廷因授昶福建節度使。晉天福三年，遣使貢奉至闕〔三九〕，止稱閩王。其子繼恭稱節度使，晉祖乃下制封昶爲閩王。册府元龜卷二百三十二。改元通文〔四〇〕，後遇弒〔四一〕。審知少子延羲嗣〔四二〕。册府元龜卷二百一十九。

延羲，嗣僞位，改元永隆，在位六年遇弒。兄延政〔四三〕，自稱帝於福州，晉開運三年，爲李景所滅。册府元龜卷二百一十九。五代史補：王潮之來福建也，值連帥陳巖卒，子婿范暉自稱留後，潮攻拔之，盡有其地，遂爲福建觀察使。至其弟審知立〔四四〕，雖天下多事，猶能修其職貢，朝廷嘉之，封閩王。審知卒，子延鈞嗣〔四五〕，無識，輒改審知制度，僭稱大閩，改元龍啓，其後爲子昶殺。昶多行不道，閩人殺之，立從父延羲，改元永隆。延羲不恤政事，國亂，爲其將連重遇所殺，王氏之族遂滅。先是，梁朝有王霸者，即王氏之遠祖，爲道士。居於福州之怡山時，愛一皂莢樹，因其下築壇，爲朝禮之所，其後丹成，沖虛而去。霸嘗云：「吾之子孫，當有王於此方者。」乃自爲讖，藏之於地。唐光啓中，爛柯道士徐景玄因於壇東北隅取土，獲其詞，曰：「樹枯不用伐，壇壞不須結。不滿一千年，自有系孫列。」又曰：「後來是三王，潮水蕩禍殃。巖逢二乍間，未免有銷亡。子孫依吾道，代代封閩疆。」議者以爲「潮蕩禍殃」，謂王潮除其禍患以開基業也；「巖逢二乍間」，謂陳巖逢王潮，未幾而亡，土地爲其所有也；「代代封閩疆」，謂潮與審知也，代代蓋兩世之稱，明封崇不過潮與審知兩世耳。初，王潮嘗假道於洪州，時鍾傳爲洪州節度使，以王潮若得福建，境土相接，必爲己患，陰欲誅之。有僧上藍者，通於術數，動皆先知，大爲鍾所重。因入謁，察傳詞氣，驚曰：「令公何故起惡意，是欲殺王潮否？」傳不敢隱，盡以告之。上藍曰：「老僧觀王潮與福建有緣，必變，彼時作一好世界。令公宜加禮厚待，若必殺之，令公之福去矣。」於是傳加以援送。及審知之嗣位也，楊行密方盛，常有吞東南之志氣。審知居常憂之，因其先人嘗爲上藍所知，乃使人齎金帛往遺之，號曰「送供」，且問國之休咎。使回，上藍以十字爲報，其詞曰：「不怕羊入屋，只怕錢入腹。」審知得之，歎曰：「羊者楊也，腹者福也，得非福州之患，不在楊行密而在錢氏乎？今內外將吏無姓錢者，必爲子孫後世之憂矣。」至延羲爲連重遇所殺，諸將爭立，江南乘其時命查文徽領兵伐之，經年不能下。會兩浙救兵至，文徽腹背受敵，遂大敗。自是福州果爲錢氏所有，入腹之讖始應。蓋國之興衰，皆冥數先定矣。徐寅，登第歸閩中，途徑大梁，因獻太祖遊大梁賦。時梁祖與太原武皇爲讎敵，武皇眇一目，而又出自沙陀部落，寅欲曲媚梁祖，故詞及之，云：「一眼匈奴〔四六〕，望英威而膽落。」未幾，有人得其本示太原者，武皇見而大怒。及莊宗之滅梁也，四方諸侯以爲唐室復興，奉琛爲慶者相繼。王審知在閩中，亦遣使至，遽召其使問曰：「徐寅在否？」使不敢隱，以無恙對，莊宗因慘然曰：「汝歸語王審知，父母之讎，不可同天。徐寅指斥先帝，今聞在彼中，何以容之？」使回，具以告，審知曰：「如此則主上欲殺徐寅爾，今殺則未敢奉詔，但不可以用矣。」即日戒閽者不得引接，徐寅坐是終身止於祕書正字。江爲，建州人，工於詩。乾祐中，福州王氏國亂，有故人任福州官屬，恐禍及，一旦亡去，將奔江南，乃間道謁爲。經數日，爲且與草投江南表。其人未出境，遭邊吏所擒，仍於囊中得所撰表章，於是收爲與奔者，俱械而送。爲臨刑，詞色不撓，且曰：「嵇康之將死也，顧日影而彈琴，吾今琴則不暇彈，賦一篇可矣。」乃索筆爲詩曰：「衙鼓侵人急，西傾日欲斜。黄泉無旅店，今夜宿誰家？」聞者莫不傷之。黄滔，在閩中爲王審知推官。一旦饋之魚，時滔方與徐寅對談，遂請爲代謝牋。寅援筆而成，其略曰：「銜諸斷索，才從羊續懸來；列在瑚盤，便到馮驩食處。」時人大稱之。

史臣曰：昔唐祚横流，異方割據，行密以高材捷足啓之於前，李昪以履霜堅冰得之於後，以僞易僞，逾六十年。洎有周興薄伐之師，皇上示懷柔之德，而乃走梯航而入貢，奉正朔以來庭，如是則長江之險，又何足以恃哉！審知僻據一隅，僅將數世，始則可方於吴芮，終則竊効於尉佗，與夫穴蜂井蛙，亦何相遠哉！五紀之亡，蓋其幸也。永樂大典卷六千八百四十八。

校勘記

〔一〕鄭綮嘗典廬州　「廬州」二字原闕，據北夢瑣言卷七補。

〔二〕願以揚州帥之　「帥」，彭校作「歸」。

〔三〕高駢遂署師鐸爲行軍司馬　「遂」字原闕，據册府卷二二三補。

〔四〕入揚州軍府　「入」下册府卷二二三有「據」字。

〔五〕時秦畢來自東塘　「畢」，原作「軍」，據殿本、劉本、彭校、通曆卷一五、册府卷二二三改。

〔六〕悖然有拒命之意　「之」字原闕，據殿本、孔本、册府卷二二三補。

〔七〕兼揚州大都督府長史　「督」字原闕，據殿本、劉本補。

〔八〕自濠梁班師　「濠梁」，原作「濛梁」，據殿本、劉本、邵本校改。按本書卷一梁太祖紀一：「葛從周行及濠梁，聞師古之敗，亦命班師。」

〔九〕行密　句下殿本、劉本有「北侵」二字。

〔一〇〕遣大將張歸厚禦之而退　「遣」字原闕，據殿本、劉本、孔本補。「大將」二字原闕，據孔本補。

〔一一〕略地於盧壽之境　「地」字原闕，據殿本、劉本、孔本補。

〔一二〕留其子知訓等於揚州　「留」字原闕，據通曆卷一五、新五代史卷六一吴世家、通鑑卷二六九補。

〔一三〕居以秉政　通曆卷一五作「居中秉政」。

〔一四〕渭僭號凡三年而卒　新五代史卷六一吴世家、九國志卷一皆云其卒於武義二年五月，稱帝僅二年。

〔一五〕僞謚爲惠帝　「僞」字原闕，據通曆卷一五補。

〔一六〕乃館其使　「館」，通曆卷一五同，殿本、劉本作「謝」。

〔一七〕慮楊氏爲變　「楊氏」，原作「其」，據殿本、孔本、通曆卷一五改。

〔一八〕然亡上加草爲芒　「加」字原闕，據殿本、舊五代史考異卷五、五代史補卷一補。

〔一九〕僞授温昇州大都督府長史　「温」字原闕，據彭校、册府卷二二三補。

〔二〇〕充鎮海軍節度副大使　「度」，原作「都」，據殿本、劉本、孔本校、邵本、彭校、通曆卷一五、册府卷二二三改。

〔二一〕十八年　新五代史卷六一吴世家、九國志卷一繫其事於武義二年五月，按武義二年即天祐十七年。

〔二二〕都督中外諸軍事　「事」，原作「使」，據殿本、劉本、册府卷二一九及本卷上文改。

〔二三〕封東海王　「封」字原闕，據册府卷二一九、卷二二三補。

〔二四〕逾月温卒　「月」，殿本作「年」。

〔二五〕知内外左右事　「事」，册府卷二二三作「軍」。

〔二六〕僞吴改大和元年　「大和」，原作「太和」，據邵本、新五代史卷六一吴世家改。按王仁遇墓誌

（拓片刊北京圖書館藏中國歷代石刻拓本匯編第三十六册）記其卒於吴大和七年六月，則當以「大和」爲正。

〔二七〕是歲昪出鎮金陵　新五代史卷六二南唐世家、馬令南唐書卷一繫其事於大和三年。按通鑑卷二七七：「（長興二年）癸亥，徐知誥至金陵」，長興二年即大和三年。

〔二八〕其年以金陵爲齊國　新五代史卷六二南唐世家繫其事於天祚三年。

〔二九〕高尚思玄弘古讓皇　「尚」字原闕，據殿本、劉本、新五代史卷六二南唐世家、通鑑卷二八一補。

〔三〇〕改元爲保大　「保大」，原作「保太」，據殿本、劉本、彭校、通曆卷一五、册府卷二一九、新五代史卷六二南唐世家、通鑑卷二八三改。

〔三一〕最爲强盛　「强盛」，原作「疆盛」，據殿本、劉本、邵本、通曆卷一五改。影庫本批校：「『彊』訛『疆』。」

〔三二〕將議濟江　「江」，原作「北」，據殿本、劉本、邵本校、通曆卷一五、宋史卷四七八南唐李氏世家改。

〔三三〕張顥　原作「張鎬」，據殿本、劉本、新五代史卷六一吴世家及本卷正文改。影庫本粘籤：「張鎬，通鑑作張顥，考五代史補前後俱作『鎬』，今姑仍其舊。」

〔三四〕吾師莫有志願否寡人固欲聞之謙光對曰　以上十七字原闕，據五代史補卷五補。

〔三五〕尋遣兵攻之　「之」，册府卷二二三無，册府卷二一九作「緒」。

〔三六〕子壻范暉自稱留後　「子壻」，通鑑卷二五八敍其事作「妻弟」，通鑑考異曰：「薛史、閩中録、閩書皆云范暉，巖壻，餘書皆云妻弟。林仁志王氏啓運圖載監軍程克諭表云妻弟，此最得實，今從之。」陳巖墓誌（拓片刊隋唐五代墓誌匯編北京大學卷第二册）云：「夫人錢塘范氏。」

〔三七〕審知每歲遣使朝貢　「遣使」二字原闕，據册府卷二三二補。

〔三八〕同光元年審知卒　新五代史卷六八閩世家、通鑑卷二七四繫其事於同光三年。王審知墓誌（拓片刊文物一九九一年第五期）云其「同光三年十二月十二日，薨于威武軍之使宅」。

〔三九〕遣使貢奉至闕　「使」，原作「奉」，據殿本、劉本、孔本、册府卷二三二改。

〔四〇〕改元通文　「通文」，原作「通大」，據册府卷二一九、新五代史卷六八閩世家、通鑑卷二八〇改。

〔四一〕後遇弑　通鑑卷二七七考異引薛史：「福州城中有王霸壇、鍊丹井，壇旁有皂莢木，久枯，一旦忽生枝葉。井中有白龜浮出，掘地得石，銘有『王霸裔孫』之文。昶以爲己應之，於壇側建寶皇宫。」按此則係舊五代史王昶傳佚文，清人失輯，姑附於此。

〔四二〕審知少子延羲嗣　「延羲」，原作「延義」，據殿本、劉本、邵本校、册府卷二一九、王審知墓誌改。本卷下文同。另據王審知墓誌，延羲爲其第九子，下尚有三弟。

〔四三〕兄延政　王審知墓誌記延政爲延羲弟。

〔四四〕至其弟審知立　「弟」，原作「子」，據殿本及本卷正文改。

〔四五〕子延鈞嗣　「子」，原作「弟」，據殿本、劉本、邵本校及本卷正文改。

〔四六〕一眼匈奴　「匈奴」，五代史補卷二作「胡奴」。

舊五代史卷一百三十五

僭僞列傳第二

劉守光 劉陟 子玢 晟 晟子鋹 劉崇

劉守光，深州樂壽人也。其父仁恭，初隨父晟客於范陽，晟以軍吏補新興鎮將，事節度使李可舉。李可舉，原本作「斯舉」，今從新唐書改正。（影庫本粘籤）仁恭幼多智機，數陳力於軍中。李全忠之攻易定也，别將于晏圍易州，累月不能拔，仁恭穴地道以陷之，軍中號曰「劉窟頭」，稍遷裨校。仁恭志大氣豪，自言嘗夢大佛幡出於指端，或云年四十九當領旄節。此言頗泄，燕帥李匡威惡之，不欲令典軍，改爲府掾，出爲景城令。屬瀛州軍亂，殺郡守，仁恭募白丁千人討平之，匡威壯其才，復使爲帳中爪牙，令將兵戍蔚州。兵士以過期不代，思歸流怨，會李匡儔奪兄位，戍軍擁仁恭爲帥，欲攻幽州，比至居庸關，爲府兵所敗，仁恭挈族奔於太原。武皇遇之甚厚，賜田宅以處之，出爲壽陽鎮將，從征吐渾。仁恭數進畫於蓋寓，言幽州可圖之狀，願得步騎萬人，即指期可取，武皇從之。洎仁恭舉兵，屢不剋捷。

唐乾寧元年十一月，武皇親征匡儔。十二月，破燕軍於威塞，進拔嬀州，收居庸。二六日，匡儔棄城而遁，武皇令李存審與仁恭入城撫勞，封府庫，即以仁恭爲幽州節度使，留腹心燕留德等十餘人分典軍政〔一〕，武皇乃還。二年七月，武皇討王行瑜，師於渭北，上章請授仁恭節鉞。九月，天子以仁恭爲檢校司空、幽州盧龍軍節度使。三年，羅弘信背盟，武皇遣李存信攻魏州，徵兵於燕，仁恭託以契丹入寇，俟敵退聽命。四年七月，武皇聞兗、鄆俱陷，復徵兵於仁恭，數月之間，使車結轍，仁恭辭旨不遜。武皇以書讓之〔二〕，仁恭覽書嫚駡，拘其使人，晉之戍兵在燕者皆拘之，復以厚利誘晉之驍將，由是亡命者衆矣。八月，武皇討仁恭。九月五日，次安塞軍。九日，渡木瓜澗，木瓜澗，原本作「木梳澗」，考通鑑、歐陽史及薛史唐武皇紀俱作「木瓜」，今改正。（影庫本粘籤）大爲燕軍所敗，死傷大半。既而仁恭告捷於梁祖，梁祖聞之喜，因表仁恭加平章事。仁恭又遣使於武皇，自陳邊將擅興之罪，武皇以書報之。仁恭既絕於晉，恒懼討伐，募兵練衆，常無虛月。

光化元年三月，令其長子守文襲滄州〔三〕，盧彥威委城而遁，遂兼有滄、景、德三郡，以守文爲留後，請節鉞於朝。昭宗怒其擅興，不時與之。會中使至范陽，仁恭私之曰：「旄節吾自有，但要長安本色耳，何以累章見阻，爲吾言之。」其悖戾如此。仁恭兵鋒益盛，每戰多捷，以爲天贊，遂有吞噬河朔之志。

二年正月，仁恭率幽、滄步騎十萬，號三十萬，將兼併魏博、鎮、定。師次貝州，一鼓而拔，無少長皆屠之，清水爲之不流。羅紹威求援於汴，汴將李思安、葛從周赴之，思安屯內黃。仁恭兵圍魏州，聞汴軍在內黃，戒其子守文曰：「李思安怯懦，汝之智勇，比之十倍，當先殄此鼠輩，次擒紹威。」守文與單可及率漁陽精甲五萬，夾清水而上。思安設伏於內黃清水之左，袁象先設伏於內黃清水之右。思安逆戰於繁陽城，繁陽，原本作「鄱陽」，今從通鑑改正。（影庫本粘籤）僞不勝，徐退，燕人追躡，至於內黃，思安步兵成列，迴擊之。燕人將引退，左右伏兵發，燕軍大敗。臨陣斬單可及，守文單騎僅免，五萬之衆無生還者。時葛從周率邢洺之衆入魏州，與賀德倫、李暉出擊賊營。是夜，仁恭燒營遁走，汴人長驅追擊，自魏至長河數百里，殭屍蔽地，敗旗折戟，纍纍於路。鎮人又邀擊於東境，燕軍復敗。仁恭自是垂翅不振者累年。

汴人乘勝攻滄州，仁恭率師援之，營於乾寧軍。汴將氏叔琮逆戰，燕軍逗撓，退保瓦橋，乃卑辭厚禮乞師於晉，武皇遣兵逼邢洺以應之。十月，汴人陷瀛、鄚二州，案：鄚，原本訛「鄭」，今據歐陽史改正。（舊五代史考異）晉將周德威將兵出飛狐，仁恭復脩好於晉。

天祐三年七月，梁祖自將兵攻滄州，營於長蘆。仁恭師徒屢喪，乃酷法盡發部内男子十五已上、七十已下，各自備兵糧以從軍，閭里爲之一空。部内男子無貴賤，並黥其面，文曰「定霸都」，士人黥其臂，文曰「一心事主」。繇是燕薊人士例多黥涅，或伏竄而免。仁恭閱衆，得二十萬，進至瓦橋。汴人深溝高壘以攻滄州，内外阻絶，仁恭不能合戰，城中大饑，人相篡啖，析骸而爨，丸土而食，轉死骨立者十之六七。自七月至十月，仁恭遣使求援於晉，前後百餘輩，武皇乃徵兵於燕，仁恭遣都將李溥夏侯景、監軍張居翰、書記馬郁等，案：原本作「馬都」，今據薛史列傳改正。（舊五代史考異）以兵三萬來會。十二月，合晉師以攻潞州，降丁會，乃解滄州之圍。

是時，天子播遷，中原多故，仁恭嘯傲薊門，志意盈滿，師道士王若訥，祈長生羽化之道。幽州西有名山曰大安山，仁恭乃於其上盛飾館宇，僭擬宫掖，聚室女豔婦，窮極侈麗。又招聚緇黄，「招聚緇黄」句，原本作「紫黄」，今改正。（影庫本粘籤）合仙丹，講求法要。又以墐泥作錢，令部内行使，盡斂銅錢於大安山巔，案：銅錢，原本作「銅鏄」，引用錯謬，今據歐陽史改正。（舊五代史考異）鑿穴以藏之，藏畢即殺匠石以滅其口。案莊子，石乃匠者之名，詞家引用泛作工匠解者非，乃紀事之文，亦沿其誤，殊乖史體，今姑仍原文而駁正於此。（舊五代史考異）又禁江表茶商，自擷山中草葉爲茶，以邀厚利。改山名爲大恩山。仁恭有嬖妾曰羅氏，美姿色，其子守光烝之，事洩，仁恭怒，笞守光，謫而不齒。

四年四月，汴將李思安以急兵攻幽州，營於石子河。仁恭在大安山，城中無備，守光自外帥兵來援，登城拒守。汴軍既退，守光乃自爲幽州節度，令其部將李小喜、元行欽將兵攻大安山。仁恭遣兵拒戰，爲小喜所敗，乃擄仁恭歸幽州，囚於別室。仁恭左右，迨至婢媵，與守光不協者畢誅之。其兄守文在滄州，聞父被囚，聚兵大哭，諭之曰：「『哀哀父母，生我劬勞』。自古豈有子讎父者，吾家生此梟獍，吾生不如死。」即率滄德之師討之。守光逆戰於雞蘇，爲守文所敗。既而守文詐悲，「詐悲」二字，與上下文義似有複互，考册府元龜所引薛史與永樂大典同，今仍其舊。（影庫本粘籤）單馬立於陣場，泣諭於衆曰：「勿殺吾弟！」時守光驍將元行欽識之，被擒，滄兵失帥自潰。守光乃縶兄於別室，圍以叢棘，乘勝進攻滄州。滄州賓佐孫鶴、吕兗已推守文子延祚爲帥，守光攜守文於城下，攻圍累月。城中乏食，米斗直三萬，人首一級亦直十千，軍士食人，百姓食墐土，驢馬相遇，食其鬉尾，士人出入，多爲强者屠殺。久之，延祚力窮，以城降於守光，守文尋亦遇害。

守光性本庸昧，以父兄失勢，謂天所助，淫虐滋甚，每刑人必以鐵籠盛之，薪火四逼，又爲鐵刷剟剔人面。嘗衣赭黄袍，顧謂將吏曰：「當今海内四分五裂，吾欲南面以朝天下，諸君以爲何如？」賓佐有孫鶴者，上文已云滄州賓佐孫鶴，此又云賓佐有孫鶴者，前後語氣，似覺參差。蓋孫鶴自滄州城破，即歸于守光，薛史兼采諸家傳録，未及改從畫一也，謹附識于此。（影庫本粘籤）骨鯁方略之士也，率先對曰：「王西有并汾之患，北有契丹之虞，乘時觀釁，專待薄人，彼若結黨連衡，侵我疆埸，地形雖險，勢不可支，甲兵雖多，守恐不暇，縱能却敵，未免生憂。王但拊士愛民，補兵完賦，義聲馳於天下，諸侯自然推戴。今若恃兵與險，未見良圖。」守光不悦。及梁軍據深、冀，王鎔乞師於守光，孫鶴勸守光出援軍以圖霸業，守光不從。及莊宗有柏鄉之捷，守光謀攻易定，諷動鎮人，欲爲河朔元帥。莊宗乃與鎮州節度使王鎔、易定節度使王處直、昭義節度使李嗣昭、振武節度使周德威、天德軍節度使宋瑶，宋瑶，原本作「守瑶」，今從通鑑改正。（影庫本粘籤）同遣使奉册，推守光爲尚父，以稔其惡。守光不悟，謂藩鎮畏己，仍以諸鎮狀送梁祖，言：「臣被晉王等推臣爲尚父，堅辭不獲，又難拒違。臣竊料所宜，不如陛下與臣河北道都統，則并、鎮之叛，不足平殄矣。」梁祖知其詐，優答之。仍命閤門使王瞳〔四〕、供奉官史彦羣等使於燕〔五〕，册守光爲河北道採訪使。

六月〔六〕，梁使至，守光令所司定尚父採訪使儀注，所司取唐朝册太尉禮以示之。守光曰：「此儀注中何無郊天改元之事？」梁使曰：「尚父雖尊，猶是人臣。」守光怒，投於地，謂將吏曰：「方今天下鼎沸，英雄角逐，朱公創號於夷門，楊渭假名於淮海，王建自尊於巴蜀，茂貞矯制於岐陽，皆因茅土之封，自假帝王之制，然兵虚力寡，疆場多虞。我大燕地方二千里，帶甲三十萬，東有魚鹽之饒，北有塞馬之利，我南面稱帝，誰如我何！今爲尚父，孰當帝者？公等促具帝者之儀，予且爲河朔天子。」燕之將吏竊議，以爲不可。守光置斧鑕於庭，令將佐曰：「今三方協贊，予難重違，擇日而帝矣。從我者賞，横議者誅！」孫鶴對曰：「滄州破敗，僕乃罪人，大王寬容，乃至今日，不敢阿旨，以悞家國，苟聽臣言，死且無悔。」守光大怒，推之伏鑕，令軍士割其肉生噉之。鶴大呼曰：「百日之外，必有急兵矣！」守光命窒其口，寸斬之，有識爲之嗟惋。乃悉召部内官吏，教習朝儀，邊人既非素習，舉措失容，相顧誚笑。

八月十三日，守光僭號大燕皇帝，改年曰應天。以梁使王瞳、判官齊涉爲宰相，史彦羣爲御史大夫。僞册之日，契丹陷平州。莊宗聞之大笑，監軍張承業曰：「惡不積不足以滅身，老氏所謂『將欲取之，必先與之』，今守光狂蹶，請遣使省問，以觀其釁。」十月，莊宗令太原少尹李承勳往使。承勳至，守光怒不稱臣，械之於獄。

十二月，莊宗遣周德威出飛狐，會鎮、定之師以討之。德威攻圍歷年，屬郡皆下。守光堅保幽州，求援於梁，北誘契丹，救終不至。十年十月，守光遣使持幣馬見德威乞降，又乘城呼曰：「予俟晉王至即出城。」十一月，莊宗親征。二十三日，至幽州，單騎臨城，召守光曰：「丈夫成敗，須決所向，公將何如？」守光曰：「某俎上肉耳！」莊宗愍之，折弓爲盟，許其保全，守光辭以佗日，莊宗乃令諸軍攻之。二十四日，四面畢攻，莊宗登燕太子墓觀之。俄而數騎執仁恭并其孥來獻，檀州遊奕將李彥暉於燕樂縣獲守光，并妻李氏、祝氏，男繼珣、繼方、繼祚等來獻。初，守光城破後，攜其妻子將走關南依劉守奇。沿路寒瘡足踵，經日不食。至燕樂縣，匿於坑谷，令妻祝氏乞食於田父張師造家。張師造，原本作「師追」，今從通鑑改正。（影庫本粘籤）怪婦人異狀〔七〕，詰之，遂俱擒焉。莊宗方晏府第，引仁恭、守光至席，父子號泣謝罪，莊宗慰撫之曰：「往事不復言，人誰無過，改之爲貴。」乃歸之傳舍。是月己卯，晉人執守光及仁恭，露布表其罪，驅以班師。

十一年正月，至晉陽，仁恭父子荷校於露布之下，父母唾面罵守光曰：「逆賊，破家如是！」守光俯首不顧。自范陽范陽，原本作「樊陽」，今從歐陽史改正。（影庫本粘籤）至晉陽，涉千餘里，所在聚觀，呼守光爲「劉黑子」，略無愧色。莊宗以仁恭、守光徇於都城，即告南宮七廟，禮畢，守光與李小喜、鄭藏斐、劉延卿及其二妻皆伏誅。李小喜者，本晉之小校，先奔於燕，守光以爲愛將。守光雖凶淫出於天性，然而稔惡侈毒，抑亦小喜贊成。守光將敗，前一日來降。守光將死，大呼曰：「臣之悞計，小喜熒惑故也，若罪人不死，臣必訴於地下！」莊宗急召小喜至，令證辯。小喜瞋目叱守光曰：「囚父殺兄，烝淫骨肉，亦我教耶！」莊宗怒小喜失禮，先斬之。守光慟哭曰：「王將定天下，臣精於騎，何不且留指使。」二妻讓之曰：「皇帝，事勢及此，生不如死！」即延頸就戮。守光猶哀訴不已。既誅，命判官司馬揆備轊櫝祭醊，瘞於城西三里龍山下。令副使盧汝弼、李存霸拘送仁恭至代州，於武皇陵前刺心血以祭，誅於鴈門山下。自仁恭乾寧二年春入幽州，至天祐十年，父子相承，十九年而滅。永樂大典卷九千九百九〔八〕。

劉陟，即劉龑，初名陟。其先彭城人，祖仁安〔九〕，仕唐爲潮州長史，因家嶺表。父謙，素有才識。唐咸通中，宰相韋宙出鎮南海，謙時爲牙校，職級甚卑，然氣貌殊常，宙以猶女妻之。妻以非其類，堅止之，宙曰：「此人非常流也，他日我子孫或可依之。」謙後果以軍功拜封州刺史、兼賀水鎮使，賀水，原本作「架水」，今從十國春秋改正。（影庫本粘籤）甚有稱譽。

謙之長子曰隱，案：梁開平初，封大彭郡王。梁祖郊禋禮畢，進封南海王〔一〇〕。（舊五代史考異）即韋氏女所生也，幼而奇特。及謙卒，賀水諸將有無賴者，幸變作亂，隱定計誅之。連帥劉崇龜聞其才，署爲右都校，復領賀水鎮，俄奏兼封州刺史，用法清肅，威望頗振。唐昭宗以嗣薛王知柔石門扈蹕功，授清海軍節度使。詔下，有府之牙將盧琚、譚玘謀不稟朝命，隱舉部兵誅琚、玘以聞。知柔至，深德之，辟爲行軍司馬，委以兵賦。唐昭宗命宰相徐彥若代知柔，復署前職。彥若在鎮二年，臨薨，手表奏隱爲兩使留後，昭宗未之許，命宰相崔遠爲節度使。遠行及江陵，聞嶺表多盜，懼隱違詔，遲留不進。會遠復入相，乃詔以隱爲留後，然久未即真。及梁祖爲元帥，隱遣使持重賂以求保薦，梁祖即表其事，遂降旄節。梁開平初，恩寵殊厚，遷檢校太尉、兼侍中，封大彭郡王。梁祖郊禋禮畢，加檢校太師、兼中書令，又命兼領安南都護，充清海靜海兩軍節度使，進封南海王。案：東都事略不載隱封南海王，宋史不載隱封大彭郡王，與薛史互有詳略。考五代會要，劉隱進封南海王在開平四年。開平四年三月卒。

陟，隱之弟也，隱卒，代據其位。及梁末帝嗣位，務行姑息之政，乃盡以隱之官爵授陟。先是，邕州葉廣略、容州龐巨源〔一〕，或自擅兵賦，數侵廣之西鄙，陟舉兵討之，邕、容皆敗，因附庸於陟。又交州土豪曲承美亦專據其地，送款於梁，因正授旄鉞。陟不平之，遣將李知順伐之，執承美以獻，陟自是盡有嶺表之地。及聞錢鏐册封吳越王，陟恥稱南海之號，乃嘆曰：「中原多故，誰爲真主，安能萬里梯航而事僞庭乎！」梁貞明三年八月，陟乃僭號於廣州，國號大漢，僞改元爲乾亨。明年，僭行郊禮，赦其境內，及改名龑。陟僭位之後，廣聚南海珠璣，西通黔蜀，得其珍玩，窮奢極侈，娱僭一方，與嶺北諸藩歲時交聘。及聞莊宗平梁，遣僞宮苑使宮苑，原本作「宮萱」，今從十國春秋改正。（影庫本粘籤）何詞來聘，稱「大漢國主致書上大唐皇帝」。莊宗召見於鄴宮，問南海事狀，且言本國已發使臣，大陳物貢，期今秋即至。初，陟聞莊宗兵威甚盛，故令何詞來視虚實，時朝政已紊，莊宗亦不能以道制御遠方，南海貢亦不至，自是與中國遂絶。

唐同光三年冬，白龍見於南海，改僞乾亨九年爲白龍元年〔一三〕，陟又改名龔，以符龍之瑞也。白龍四年春，又改大有元年。是歲，陟僭行籍田之禮。陟之季年，有梵僧善占算之術，謂陟不利名龔，他年慮有此姓敗事，陟又改名龑。「龑」讀爲「儼」，古文無此字，蓋妄撰也。

陟性雖聰辯，然好行苛虐，至有炮烙、刳剔、截舌、灌鼻之刑，一方之民，若據爐炭。惟厚自奉養，廣務華靡，末年起玉堂珠殿，飾以金碧翠羽，嶺北行商，或至其國，皆召而示之，誇其壯麗。每對北人自言家本咸秦，恥爲蠻夷之主；又呼中國帝王爲「洛州刺史」，其妄自尊大，皆此類也。晉天福七年夏四月，陟以疾卒，凡僭號二十六年，年五十四。僞謚爲天皇大帝，廟號高祖，陵曰康陵。子玢嗣。永樂大典卷九千九百九。

玢，陟長子也。初封賓王，又封秦王。陟卒，遂襲僞位〔一三〕，僞號光天。玢性庸昧，僭位之後，大恣荒淫。尋爲其弟晟等所弒〔一四〕，在位一年，僞謚爲殤帝。永樂大典卷九千九百九。

晟，陟第二子也。僞封勤王，又封晉王。玢之立也，多行淫虐，人皆惡之，晟因與其弟僞越王昌等同謀弒玢，自立爲帝，改元爲應乾，又改爲乾和。晟率性荒暴，得志之後，專以威刑御下，多誅滅舊臣及其昆仲，數年之間，宗族殆盡〔一五〕。又造生地獄，凡湯鑊、鐵床之類，無不備焉。人有小過，咸被其苦。及湖南馬氏昆弟尋戈，晟因其釁，遣兵攻桂林管内諸郡及郴、連、原本脱「連」字，今據歐陽史增入。（影庫本粘籤）梧、賀等州，皆克之，自此全有南越之地。周顯德五年秋八月，晟以疾卒，僞謚曰文武光聖明孝皇帝，廟號中宗，陵曰昭陵。是歲，晟以六月望夜晏於甘泉宫，是夕月有蝕之，測在牛女之度〔一六〕，晟自覽占書，既而投之於地，曰：「自古誰能不死乎〔一七〕！」因縱長夜之飲〔一八〕，至是而卒。永樂大典卷九千九百九。

鋹，晟長子也。僞封衛王。衛王，原本作「僞王」，今從十國春秋改正。（影庫本粘籤）晟卒，乃襲僞位，時年十七，改元爲大寶。鋹性庸懦，不能治其國，政事咸委於閹官，復有宫人具冠帶、預職官、理外事者，由是綱紀大壞。先是，廣州法性寺有菩提樹一株，高一百四十尺，大十圍，傳云蕭梁時西域僧真諦之所手植，蓋四百餘年矣。皇朝乾德五年夏，爲大風所拔。是歲秋，鋹之寢室屢爲雷震，識者知其必亡。皇朝開寶三年夏，王師始議南征。四年二月五日，王師壓廣州，鋹盡焚其府庫，將赴火而死。既而不能引決，尋爲王師所擒，舉族遷於京師。皇上赦而不誅，仍賜爵爲恩赦侯。其後事具皇家日曆。陟始自梁貞明三年僭號，歷三世四主，至皇朝開寶四年，凡五十五年而亡。永樂大典卷九千九百九。

劉崇，太原人，漢高祖之從弟也。少無賴，好陸博意錢之戲。弱冠隸河東軍。唐長興中，遷虢州軍校。漢祖鎮并汾，奏爲河東步軍都指揮使。逾年，授麟州刺史，復爲河東馬步軍都指揮使兼三城巡檢使，三城，原本作「三成」，今從通鑑改正。（影庫本粘籤）遥領泗州防禦使。漢祖起義於河東，以崇爲特進、檢校太尉、行太原尹。是歲五月，漢祖南行，以崇爲北京留守，尋加同平章事。隱帝嗣位，加檢校太師、兼侍中。乾祐二年九月，加兼中書令。時漢隱帝以幼年在位，政在大臣，崇亦招募亡命，繕完兵甲，爲自全之計，朝廷命令，多不稟行，徵斂一方，略無虛日，人甚苦之。三年十一月，隱帝遇害，朝廷議立崇之子徐州節度使贇爲主，會周太祖爲軍衆所推，降封贇爲湘陰公。崇乃遣牙將李䛒奉書求贇歸藩，會贇已死，唯以優辭答之。

周廣順元年正月，崇僭號於河東，稱漢，改名旻，仍以乾祐爲年號，署其子承鈞爲侍衛親軍都指揮使、太原尹，以判官鄭珙〔一九〕、趙華爲宰相，副使李瓌、代州刺史張暉爲腹心。尋遣承鈞率兵攻晉、隰二州，不克而退。九月，崇自領兵由陰地關寇晉州，乞師於契丹，契丹以五千騎助之，合兵以攻平陽，又分兵寇昭義。周太祖遣樞密使王峻等率大軍以援晉絳，崇聞周師至，遂焚營而遁。是歲，晉絳大雪，崇駐軍六十餘日，邊民走險自固，兵無所掠，士有饑色，比至太原，十亡三四。二年二月，崇遣兵三千餘衆寇府州，爲折德扆所破，其所部岢嵐軍爲德扆所取。德扆，原本作「德戾」，今從歐陽史改正。（影庫本粘籤）崇自僭稱之後〔二〇〕，以重幣求援於契丹〔二一〕，仍稱侄以事之，契丹僞册崇爲英武皇帝〔二二〕。及周世宗嗣位，崇復乞師於契丹，以圖入寇，契丹遣將楊袞合勢大舉，來迫潞州。

顯德元年三月，周世宗親征，與崇戰於高平，大敗之。崇與親騎十數人踰山而遁，中夜迷懵，不知所適，刼村民使爲鄉導，誤趨晉州路，行百餘里方覺。崇怒，殺鄉導者，得佗路而去，乃易名號，被毛褐，張樺笠而行。至沁州，與從者三五騎止於郊舍，寒餒尤甚，潛令告僞刺史李廷誨，廷誨饋盤飧、解衣裘而與之。每至屬邑，縣吏奉食，匕箸未舉，聞周師至，即蒼黄而去。崇年老力憊，伏於馬上，日夜奔竄，僅能支持。距太原一舍，其子承鈞夜以兵百人迎之而入。及周師臨城下，崇氣懾，自固閉壘不出。月餘，世宗乃旋軍。

顯德二年十一月，崇以病死，其子承鈞襲僞位。鈞之事跡，具皇家日曆。永樂大典卷九千九百九。

史臣曰：守光逆天反道，從古所無，迨至臨刑，尚求免死，非唯惡之極也，抑亦愚之甚也。劉晟據南極以稱雄，屬中原之多事，洎乎奕世，遇我昌朝，力憊而亡，不泯其嗣，亦其幸也。劉崇以亡國之餘，竊僞王之號，多見其不知量也。今元惡雖斃，遺孽尚存，勢蹙民殘，不亡何待！永樂大典卷九千九百九。

校勘記

〔一〕燕留德　新五代史卷三九劉守光傳作「燕留得」。

〔二〕武皇以書讓之　通曆卷一五作「武皇微以書讓之」。

〔三〕今其長子守文襲滄州　「守文」二字原闕，據通曆卷一五、新五代史卷三九劉守光傳、新唐書卷二一二劉仁恭傳、通鑑卷二六一補。

〔四〕王瞳　原作「王曈」，據殿本、新五代史卷三九劉守光傳、通鑑卷二六八、通鑑卷二六八考異引莊宗列傳劉守光傳、編遺録改。本卷下一處同。

〔五〕史彦羣　原作「史彦璋」，據通鑑卷二六八考異引薛史改。按通鑑考異：「莊宗列傳劉守光傳云：『朱温命僞閤門使王曈、供奉官史彦章等使燕，册守光爲河北道采訪使。』……朱温傳亦云『史彦章』，莊宗實録作『史彦璋』。編遺録、薛史皆作『史彦羣』，今從之。」本卷下一處同。

〔六〕六月　通鑑卷二六八、考異引莊宗實録繫其事於天祐八年六月。

〔七〕怪婦人異狀　通鑑卷二六九敍其事作「師造怪婦人異狀」。

〔八〕永樂大典卷九千九百九　檢永樂大典目録，卷九九〇九爲「嚴」字韻「華嚴經九十六」，與本則内容不符，恐有誤記。疑出自卷九〇九九「劉」字韻「姓氏二十七」。本卷以下六則引永樂大典卷九千九百九同。

〔九〕祖仁安　「仁安」，通曆卷一五、册府卷二一九、隆平集卷一二、宋史卷四八一南漢劉氏世家同，新五代史卷六五南漢世家、通鑑卷二七〇、九國志卷九、東都事略卷二三作「安仁」。劉隱女劉華墓誌（拓片刊文物一九七五年第一期）：「曾祖諱安。」

〔一〇〕進封南海王　以上五字原闕，據殿本考證、劉本考證補。

〔一一〕龐巨源　隆平集卷一二同，新五代史卷六五南漢世家、通鑑卷二六七、九國志卷一一、東都事略卷二三作「龐巨昭」。

〔三〕改僞乾亨九年爲白龍元年　「九年」，原作「元年」，據通曆卷一五、册府卷二一九、新五代史卷六五南漢世家改。

〔三〕遂襲僞位　「僞」字原闕，據通曆卷一五補。

〔四〕尋爲其弟晟等所弑　「等」字原闕，據殿本、孔本、通曆卷一五補。按本卷下文：「晟因與其弟僞越王昌等同謀弑玢。」

〔五〕宗族殆盡　「宗族」，通曆卷一五作「宗屬」。

〔六〕測在牛女之度　「度」字原係空格，據殿本補。劉本、彭本作「域」，邵本校作「分」。影庫本批校：「『度』字補而未填。」

〔七〕自古誰能不死乎　殿本、孔本作「自古豈有長存者乎」。

〔八〕因縱長夜之飲　「因」字原闕，據殿本補。

〔九〕鄭珙　原作「鄭拱」，據劉本、新五代史卷七〇東漢世家、通鑑卷二九〇、宋史卷四八二北漢劉氏世家改。

〔一〇〕崇自僭稱之後　「僭稱」，通曆卷一五作「僭竊」。

〔二〕以重幣求援於契丹　「契丹」下通曆卷一五有「述律」二字。

〔三〕契丹僞册崇爲英武皇帝　「契丹」，通曆卷一五作「述律」。「英武」，通曆卷一五同，新五代史卷七〇東漢世家、通鑑卷二九〇、遼史卷五世宗紀、宋史卷四八二北漢劉氏世家、劉繼文墓誌（拓片刊遼寧省博物館藏碑誌精粹）作「神武」。

舊五代史卷一百三十六

僭僞列傳第三

王建 子衍 孟知祥 子昶

王建，王建傳，永樂大典闕佚。今考册府元龜僭僞門所引薛史，於王建事蹟頗具首尾，今次第連綴，仍標明册府元龜卷數，以資考核焉。謹附識于此。（影庫本粘籤）字光圖〔一〕，陳州項城人。唐末，隸名於忠武軍。秦宗權據蔡州，懸重賞以募之，建始自行間得補軍候。廣明中，黄巢陷長安，僖宗幸蜀。時梁祖爲巢將，領衆攻襄鄧，宗權遣小校鹿晏弘從監軍楊復光率師攻之〔二〕，建亦預行。是歲，復光入援京師，明年，破賊收京城。初，復光以忠武軍八千人立爲八都，晏弘與建各一都校也。復光死，晏弘率八都迎扈行在，至山南，乃攻剽金、商諸郡縣，得兵數萬，進逼興元，節度使牛叢棄城而去〔三〕，晏弘因自爲留後，以建等爲屬郡刺史〔四〕，不令之任。俄而晏弘正授節旄，恐部下謀己，多行忍虐，繇是部衆離心。建與別將韓建友善，晏弘益猜二建，僞待之厚，引入卧内。二建懼，夜登城慰守陴者，因月下共謀所向，謂韓建曰：「僕射甘言厚德，是疑我也，禍難無日矣，早宜擇利而行。」韓曰：「善。」因率三千人趨行在，僖宗嘉之，賜與巨萬。分其兵爲五都，仍以舊校主之，即晉暉、李師泰、張造與二建也，因號曰「隨駕五都」，田令孜皆録爲假子。及僖宗還宫，建等分典神策軍，皆遥領刺史。

光啓初，從僖宗再幸興元，令孜懼逼，求爲西川監軍，楊復恭代爲觀軍容使。建等素爲令孜所厚，復恭懼不附己，乃出五將爲郡守，以建爲壁州刺史。案通鑑：楊復恭出建爲利州刺史，蜀檮杌作利州防禦使，與薛史異。天子還京，復恭以楊守亮鎮興元，尤畏建侵己，屢召之。建不安其郡，因招合溪洞豪猾，有衆八千，寇閬州，陷之，復攻利州，刺史王珙棄城而去。建播剽二郡，所至殺掠，守亮不能制。東川節度使顧彦朗，初於關輔破賊時與建相聞，每遣人勞問，分貨幣軍食以給之，故建不侵梓、遂。西川節度使陳敬瑄憂其膠固，謀於監軍田令孜。曰：「王八，吾子也，彼無他腸，作賊山南，實進退無歸故也。吾馳咫尺之書，可以坐置麾下。」即飛書招建。建大喜，遣使謂彦朗曰：「監軍阿父遣信見招，僕欲詣成都省阿父，因依陳太師得一大郡，是所願也。」即之梓州見彦朗，留家寄東川，選精甲三千之成都〔五〕。行次鹿頭，或謂敬瑄曰：「建，今之劇賊，鴟視狼顧，專謀人國邑，儻其即至，公以何等處之？彼建雄心，終不居人之下，公如以將校遇之，是養虎自貽其患也。」案蜀檮杌：李乂曰〔六〕：「建，今之姦雄，狼顧久矣，必不爲人下，若爲將校，亦非公之利。」通鑑亦作李乂〔七〕。敬瑄懼，乃遣人止建，遽脩城守。建怒，遂據漢州，領輕兵至成都，敬瑄讓之曰：「若何爲者〔八〕，而犯吾疆理？」建軍吏報曰：「閬州司徒比寄東川〔九〕，而軍容、太師使者繼召，今復拒絶，何也？司徒不惜改轅而東，來北省太師〔一〇〕，反爲拒絶，慮顧梓州復相嫌間，謂我何心故也。使我來報，且欲寄食漢州，公勿復疑。」時光啓三年。居浹旬，建盡取東川之衆，設梯衝攻成都，三日不克而退，復保漢州。月餘，大剽蜀土，進逼彭州，百道攻之，敬瑄出兵來援，建解圍，縱兵大掠，十一州皆罹其毒，民不聊生。

建軍勢日盛，復攻成都，敬瑄患之，顧彥朗亦懼侵己。昭宗即位，彥朗表請雪建，擇大臣爲蜀帥，移敬瑄他鎮，乃詔宰臣韋昭度鎮蜀，以代敬瑄。敬瑄不受代，天子怒，命顧彥朗、楊守亮討之，時昭度以建爲牙内都校，董其部兵。按鑑戒録云：昭度以部兵置行府。及王師無功，建謂昭度曰：「相公興數萬之衆，討賊未効，餉運交不相屬。近聞遷洛以來〔一一〕，藩鎮相噬，朝廷姑息不暇，與其勞師以事蠻方，不如從而赦之，且以兵威靖中原，是國之本也。相公盍歸朝覲，與主上畫之。」昭度持疑未決。一日，建陰令軍士於行府門外擒昭度親吏，臠而食之，建徐啓昭度曰：「蓋軍士乏食，以至於是耳！」昭度大懼，遂留符節與建，即日東還。纔出劍門，建即嚴兵守門，不納東師。

月餘，建攻西川管內八州〔二〕，所至響應，遂急攻成都，田令孜登城謂建曰：「老夫與八哥相厚，太師久以知聞，有何嫌恨，如是困我之甚耶！」建曰：「軍容父子之恩，心何敢忘，但天子付以兵柄，太師孤絶朝廷故也。苟太師悉心改圖，何福如之！」又曰：「吾欲與八哥軍中相款，如何？」曰：「父子之義，何嫌也。」是夜，令孜攜蜀帥符印入建軍授建。建泣謝曰：「太師初心太過，致有今日相戾，既此推心，一切如舊。」翌日，敬瑄啓關迎建，以蜀帥讓之，建乃自稱留後，表陳其事。明年春，制授檢校太傅、成都尹、西川節度副大使、知節度事、管內觀察處置、雲南八國招撫等使，時龍紀元年也〔三〕。移敬瑄於雅州安置，仍以其子爲刺史。既行，建令人殺之於路，令孜仍舊監軍事。數月，或告令孜通鳳翔書問，下獄餓死。案蜀檮杌云：敬瑄廢處雅州，以其子爲刺史。既行，建遣殺於三江。令孜仍監其軍，復以令孜陰附鳳翔，下獄餓死。

建雄猜多機略，意嘗難測，既有蜀土，復欲窺伺東川，又以彥朗婚姻之舊，未果行。會彥朗卒，弟彥暉代爲梓帥，交情稍怠。李茂貞乘其有間，密搆彥暉，因與茂貞連盟，闕征疆吏之間，與蜀人得失。大順末，建出師攻梓州，彥暉求援於鳳翔，李茂貞出師援之，建即圍解。自是兩川交惡者累年〔一四〕。後建大起蜀軍，敗岐、梓之兵於利州，彥暉懼，乞和，請與岐人絶，許之。景福中，山南之師寇東川，彥暉求援於建，建出兵赴之，大敗興元之衆。洎軍旋，建乘虛奄襲梓州，擄彥暉，置於成都，遂兼有兩川，自此軍鋒益熾。天復初〔一五〕，李茂貞、韓全誨劫遷車駕在鳳翔，梁祖攻圍歷年。建外脩好於汴，指茂貞罪狀，又陰與茂貞間使往來，且言堅壁勿和，許以出師赴援，因分命諸軍攻取興元。比及梁祖解圍，茂貞山南諸州皆爲建所有，因自置守將〔一六〕。及茂貞垂翅，天子遷洛陽，建復攻茂貞之秦、隴等州，茂貞削弱不能守。或勸建因取鳳翔，建曰：「此言失策，吾所得已多，不俟復增岐下。茂貞雖常才，然名望宿素，與朱公力爭不足，守境有餘。韓生所謂『入爲扞蔽，出爲席藉』是也〔一七〕。適宜援而固之，爲吾盾鹵耳。」及梁祖將謀强禪，建與諸藩同謀興復，乃令其將康晏率兵三萬會於鳳翔，數與汴將王重師戰，不利而還。趙匡凝之失荆襄也，弟匡明以其帑奔蜀〔一八〕，建因得夔、峽、忠、萬等州。及梁祖開國，蜀人請建行劉備故事，建自帝於成都〔一九〕，冊府元龜卷二百二十三。改元永平。五年，改元通正。是年冬，改元天漢〔二〇〕，又改元光天。在位十二年，年七十二。子衍嗣。冊府元龜卷二百一十九。

衍，王衍傳，永樂大典闕全篇，其散見各韻者惟存兩條，今排比前後，以存其舊。（影庫本粘籤）

建之幼子也。建卒，衍襲僞位，改元乾德。六年十二月，改明年爲咸康。秋九月，衍奉其母、徐妃同遊於青城山，駐於上清宮。時宮人皆衣道服，頂金蓮花冠，衣畫雲霞，望之若神仙，及侍宴，酒酣，皆免冠而退，則其髻髽然。又構怡神亭，以佞臣韓昭等爲狎客，雜以婦人，以恣荒宴，或自旦至暮，繼之以燭。僞嘉王宗壽侍宴，因以社稷國政爲言，言發涕流，至於再三。同宴佞臣潘在迎（在迎，原本作「在凝」，今從九國志改正。（影庫本粘籤））等並奏衍云：「嘉王好酒悲。」因翻恣諧謔，取笑而罷。自是忠正之臣結舌矣。（永樂大典卷三千一百九十三。）

時中國多故，衍得以自安。唐莊宗平梁，遣使告捷於蜀，蜀人恟懼，致禮復命，稱「大蜀國主致書上大唐皇帝」，詞理稍抗，莊宗不能容，遣客省使李嚴報聘，且市宮中珍玩，蜀人皆禁而不出。衍既沖騃，軍國之政，咸委於人。有王宗弼者，爲六軍使，總外任；宋光嗣者，爲樞密使，總內任。洎嚴至蜀，光嗣等曲宴，因言中國近事，嚴亦引近事折之，語在嚴傳。光嗣等聞嚴辯對，畏而奇之。及嚴使還，奏莊宗曰：「王衍騃童耳，宗弼等總其兵柄，但益家財，不卹民事，君臣上下，唯務窮奢。其舊勳故老，棄而不任，蠻蜑之人，痛深瘡痏。以臣料之，大兵一臨，望風瓦解。」莊宗深然之，遂蒐兵括馬，有平蜀之志。唐師未起時，僞東川節度使宋光葆獻計於衍云[二]：「唐國兵强，不早爲謀，後將焉救。請於嘉州沿江造戰艦五百艘，募水軍五千，自江下峽。臣以東師出襄、鄧，水陸俱進，東北沿邊，嚴兵據險。南師出江陵，利則進取，否則退保硤口。又選三蜀驍壯三萬，急攻岐、雍，東據河潼，北招契丹，啗以美利，見可則進，否則據散關以固吾圉，事縱不捷，亦攻敵人之心矣。」衍不從。

唐同光三年九月十日，莊宗下制伐蜀，命興聖宮使魏王繼岌爲都統、樞密使郭崇韜爲行營都招討。其月十八日，魏王統闕下諸軍發洛陽。十一月二十一日，魏王至德陽，衍報云：「比與將校謀歸國，僞樞密使宋光嗣、景潤澄，南北院宣徽使李周輅、歐陽晃等四人異謀熒惑，臣各已處斬，今送納首級。」案蜀檮杌：皇太子開崇賢府，募兵以拒唐師。是日，衍上表曰：「臣衍先人建，久在坤維，受先朝寵澤，一開土宇，將四十年。頃以梁孽興災，洪圖板蕩，不可助逆，遂乃從權，勉徇衆情，止王三蜀，固非獲已，未有所歸。臣輒紹鎡基，且安生聚。臣衍誠惶誠恐，伏惟皇帝陛下，嗣堯舜之業，陳湯武之師，廓定寰區，削平凶逆，梯航垂集，文軌渾同。臣方議改圖，便期納款，遽聞王師致討，實抱驚危。今則將千里之封疆，盡爲王土；冀萬家之臣妾，皆沐皇恩。必當輿櫬乞降，負荆請命。伏惟皇帝陛下，迴照臨之造，施覆幬之仁，别示哀矜，以安反側。儻墳塋而獲祀，實存没以知歸，臣無任望恩虔禱之至。乙酉年十一月日〔三〕，臣王衍上表。」其月二十七日，魏王至成都北五里昇仙橋，僞百官班於橋下，衍乘行輿至，素衣白馬，牽羊，草索係首，面縛銜璧，輿櫬而後。魏王下馬受其璧，崇韜釋其縛，及燔其櫬，衍率僞百官東北舞蹈謝恩。禮畢，拜，魏王、崇韜、李嚴皆答拜。二十八日，王師入成都。自起師至入蜀城，凡七十五日。永樂大典六千八百四十九。按：以下原本殘闕。據歐陽史云：同光四年，衍行至秦川驛，莊宗用伶人景進計，遣宦者向延嗣誅其族。天成二年，封衍順正公，以諸侯葬。五代史補：王建在許下時，尤不逞，嘗坐事遭徒，但無杖痕爾。及據蜀，得馬涓爲從事，涓好詆訐，建恐爲所譏，因問曰：「竊聞外議，以吾曾遭徒刑，有之乎？」涓對曰：「有之。」建恃無杖痕，且對衆，因袒背以示涓曰：「請足下試看，有遭杖責而肌肉如是耶？」涓知其詐，乃撫背而嘆曰：「大奇，當時何處得此好膏藥來。」賓佐皆失色，而涓晏然。王建之僭號也，惟翰林學士最承恩顧，侍臣或諫其禮過，建曰：「蓋汝輩未之見也。且吾在神策軍時，主內門魚鑰，見唐朝諸帝待翰林學士，雖交友不若也。今我恩顧，比當時才有百分之一爾，何謂之過當耶！」論者多之。杜光庭，長安人。應九經舉不第。時長安有潘尊師者，道術甚高，僖宗所重，光庭素所希慕，數遊其門。當僖宗之幸蜀也，觀蜀中道門牢落，思得名士以主張之。駕回，詔潘尊師使於兩街，求其可者。尊師奏曰：「臣觀兩街之衆，道聽塗説，一時之俊即有之，至於掌教之士，恐未合應聖旨。臣於科場中識九經杜光庭，其人性簡而氣清，量寬而識遠，且困於風塵，思欲脱屣名利久矣。以臣愚思之，非光庭不可。」僖宗召而問之，一見大悦，遂令披戴，仍賜紫衣，號曰廣成先生，即日馳驛遣之。及王建據蜀，待之愈厚，又號爲天師。光庭嘗以道德二經注者雖多，皆未能演暢其旨，因著廣成義八十卷，他術稱是，識者多之。

孟知祥，字保裔，邢州龍岡人也。祖察，父道，世爲郡校。伯父方立，終於邢洺節度使，從父遷，位至澤潞節度使。知祥在後唐莊宗同光三年，授西川節度副大使、知節度事。册府元龜卷二百一十九。天成中，安重誨專權用事，以知祥莊宗舊識，方據大藩，慮久而難制，潛欲圖之。是時，客省使李嚴以嘗使於蜀，洞知其利病，因獻謀於重誨，請以己爲西川監軍，庶效方略，以制知祥，朝廷可之。及嚴至蜀，知祥延接甚至，徐謂嚴曰：「都監前因奉使，請兵伐蜀，遂使東西兩川俱至破滅，川中之人，其怨已深。今既復來，人情大駭，固奉爲不暇也。」案：此句疑有舛誤。即遣人拽下階，斬於階前。案歐陽史云：李嚴至境上，遣人持書候知祥，知祥盛兵見之，冀嚴懼而不來，嚴聞之自若。天成二年正月，嚴至成都，知祥置酒召嚴，因責嚴曰：「今諸方鎮已罷監軍，公何得來？」鑑誡録云：李嚴於天成初復來臨護，孟祖加之禮分，從容數其五罪，命劍斬之。與薛史異。其後朝廷每除劍南牧守，皆令提兵而往，或千或百，分守郡城。時董璋作鎮東川已數年矣，亦有雄據之意。會朝廷以夏魯奇鎮遂州、李仁矩鎮閬州，皆領兵數千人赴鎮，復授以密旨，令制禦兩川。董璋覺之，乃與知祥通好，結爲婚家，以固輔車之勢。知祥慮唐軍驟至，與遂、閬兵合，則勢不可支吾，遂與璋協謀，令璋以本部軍先取閬州，知祥遣大將軍李仁罕、趙廷隱率軍圍遂州。長興元年冬，唐軍伐蜀，至劍門。二年二月〔二三〕，以遂、閬既陷，又糧運不接，乃班師。三年，知祥又破董璋〔二四〕，乃自領東西兩川節度使。冊府元龜卷二百二十七。應順元年，以劍南東西兩川節度使〔二五〕、蜀王稱帝於蜀，改元明德。七月卒，年六十一。冊府元龜卷二百一十九〔二六〕。按薛史孟知祥傳，永樂大典原闕，今采冊府元龜僭僞部以存梗概。

昶，知祥之第三子也。按宋朝事實云：昶，初名仁贊。揮麈餘話云：昶，字保元。母李氏，本莊宗之嬪御〔二七〕，以賜知祥。唐天祐十六年歲在己卯十一月十四日，生昶於太原。按花蕊夫人宮詞云：「法雲寺裏中元節，又是官家降誕辰。」是昶以七月十五爲生辰也，與薛史異。及知祥鎮蜀，昶與其母從知祥妻瓊華長公主同入於蜀。知祥僭號，僞冊爲皇太子。知祥卒，遂襲其僞位，時年十六，尚稱明德元年。及僞明德四年冬，僞詔改明年爲廣政元年，是歲即晉天福三年也。僞廣政十三年，僞上尊號爲睿文英武仁聖明孝皇帝。皇朝乾德三年春，王師平蜀，詔昶舉族赴闕，賜甲第於京師，迨其臣下賜賚甚厚，尋冊封楚王。是歲秋，卒於東京，時年四十七。事具皇家日曆。自知祥同光三年丙戌歲入蜀〔二八〕，父子相繼，凡四十年而亡。永樂大典卷一萬三千一百六十一。五代史補：孟知祥之入蜀也，視其險固，陰有割據之志。洎抵成都，值晚，且憇於郊外。有推小車子過者，其物皆以布袋盛之，知祥問曰：「汝車所勝幾袋〔二九〕？」推者曰：「極力不過兩袋。」知祥惡之，後果兩代而亡。知祥與董璋有隙，舉兵討之。璋素勇悍，聞知祥之來也，以爲送死。諸將兩端，李鎬爲知祥判官，深憂之。及將戰，知祥欲示閑暇，自書一字以遺董璋。無何，舉筆輒誤書「董」爲「重」字，不悦久之。鎬在側大喜，且引諸將賀於馬前，知祥不測，曰：「事未可測，何賀耶！」鎬曰：「其『董』字『艸』下施『重』，今大王去『艸』書『重』，是『董』已無頭，此必勝之兆也。」於是三軍欣然，一戰而董璋敗。

史臣曰：昔張孟陽爲劍閣銘云：「惟蜀之門，作固作鎮，世濁則逆，道清斯順。」是知自古坤維之地，遇亂代則閉之而不通，逢興運則取之如俯拾。然唐氏之入蜀也，兵力雖勝，帝道猶昏，故數年間得之復失。及皇上之平蜀也，煦之以堯日，和之以舜風，故比户之民，悦而從化。且夫王衍之遭季世也，則赤族於秦川；孟昶之遇明代也，則受封於楚甸。雖俱爲亡國之主，何幸與不幸相去之遠也。永樂大典卷一萬三千一百六十一。

校勘記

〔一〕字光圖　以上三字原闕，據通曆卷一五、册府卷二一九補。

〔二〕宗權遣小校鹿晏弘從監軍楊復光率師攻之　「攻」，通曆卷一五作「以禦」。

〔三〕牛叢　册府卷二二三同，新唐書卷九僖宗紀、册府卷一七八、通鑑卷二五五敍其事作「牛勗」。按通鑑卷二五三：「（廣明元年四月）牛勗爲山南西道節度使。」

〔四〕以建等爲屬郡刺史　「爲」字原闕，據殿本、劉本、邵本校、彭校、册府卷二二三補。

〔五〕選精甲三千之成都　「三千」，册府卷二二三同，通鑑卷二五七、新五代史卷六三前蜀世家作「二千」。

〔六〕案蜀檮杌李乂曰　「李乂」，原作「李义」，據蜀檮杌卷上改。

〔七〕通鑑亦作李乂　「李乂」，原作「李义」，據通鑑卷二五七改。

〔八〕若何爲者　「若」，殿本、孔本、册府卷二二三作「彼」。

〔九〕閬州司徒比寄東川　「比」，原作「北」，據殿本、劉本、邵本校、册府卷二二三改。

〔一〇〕來北省太師　「來」，彭校、册府卷二二三作「但」，殿本、孔本作「而」。「北」，劉本、邵本校作「此」。

〔一一〕近聞遷洛以來　「遷洛以來」，殿本、孔本、册府卷二二三、錦里耆舊傳卷一作「洛陽以來」。

〔一二〕建攻西川管内八州　「西川」，原作「西州」，據殿本、通曆卷一五改。

〔一三〕時龍紀元年也　新五代史卷六三前蜀世家、通鑑卷二五八繫其事於大順二年。

〔一四〕自是兩川交惡者累年　「兩川」，原作「秦川」，據通曆卷一五改。按册府卷二二三作「爾川」，疑係「兩川」之訛。

〔一五〕天復初　「天復」，原作「天福」，據劉本改。按天福係晉高祖年號，據通鑑卷二六二，李茂貞、韓全誨劫唐昭宗至鳳翔事在天復元年。

〔一六〕因自置守將　「因」字原闕，據册府卷二二三補。

〔一七〕韓生所謂入爲扞蔽出爲席藉是也　「入爲扞蔽出爲席藉」，韓非子存韓作「出則爲扞蔽，入則爲蓆薦」。

〔一八〕弟匡明以其帑奔蜀　「其帑」，通曆卷一五作「妻孥」。按本書卷一七趙匡凝傳敍其事云：「匡明懼，乃舉族上峽奔蜀。」

〔一九〕建自帝於成都　通鑑卷二六六考異引薛史：「天祐五年九月，建自帝於成都，年號武成。」按此則係舊五代史佚文，清人失輯，姑附於此。

〔二〇〕是年冬改元天漢　按新五代史卷六三前蜀世家、通鑑卷二六九敍其事作「改明年元曰天漢」。

〔二一〕宋光葆　原作「宋承葆」，據本書卷三三唐莊宗紀七、册府卷一二三、通鑑卷二七三改。

〔二二〕乙酉年十一月日　「乙酉」，原作「己酉」，據册府卷四二七改。按同光三年爲乙酉年。

〔二三〕二年二月　「二月」二字原闕，據册府卷二二七補。

〔一四〕知祥又破董璋　通鑑卷二七七胡注引薛史孟知祥傳：「知祥親帥其衆與趙廷隱等逆戰於金雁橋，璋軍大敗。」按此則係舊五代史佚文，清人失輯，姑附於此。

〔一五〕劍南東西兩川節度使　「南東」，原作「東南」，據殿本、劉本、本書卷四四唐明宗紀十乙正。「兩」字原闕，據殿本、本書卷四四唐明宗紀十及本卷上文補。

〔一六〕册府元龜卷二百一十九　「二百一十九」，原作「二百二十九」，按此則實出册府卷二一九，據改。

〔一七〕本莊宗之嬪御　「嬪御」，原作「殯御」，據殿本、劉本、孔本、通曆卷一五改。

〔一八〕自知祥同光三年丙戌歲入蜀　「三年」，原作「二年」，據新五代史卷六四後蜀世家徐無黨注引舊五代史、通曆卷一五改。按丙戌歲爲同光四年，孟知祥三年十二月受命，入蜀在四年初。

〔一九〕汝車所勝幾袋　「車所」，原作「力能」，據殿本、孔本、五代史補卷二改。

舊五代史卷一百三十七

外國列傳第一

契丹

契丹者，古匈奴之種也。代居遼澤之中，潢水南岸，南距榆關一千一百里，榆關南距幽州七百里，本鮮卑之舊地也。其風土人物，世代君長，前史載之詳矣。唐咸通末，其王曰習爾之〔一〕，疆土稍大，累來朝貢。光啓中，其王欽德者〔二〕，乘中原多故，北邊無備，遂蠶食諸郡，達靼、奚、室韋之屬，咸被驅役，族帳寖盛，有時入寇。劉仁恭鎮幽州，素知契丹軍勢情僞〔三〕，選將練兵，乘秋深入，踰摘星嶺討之，霜降秋暮，即燔塞下野草以困之。馬多飢死〔四〕，即以良馬賂仁恭，以市牧地。仁恭季年荒恣，出居大安山，契丹背盟，數來寇鈔。時劉守光戍平州，契丹舍利王子率萬騎攻之〔五〕，守光僞與之和，張幄幕於城外以享之，部族就席，伏甲起，擒舍利王子入城。部族聚哭，請納馬五千以贖之，不許，欽德乞盟納賂以求之，自是十餘年不能犯塞。及欽德政衰，有别部長耶律阿保機〔六〕，最推雄勁，族帳漸盛，遂代欽德爲主。先是，契丹之先大賀氏有勝兵四萬，分爲八部，每部皆號大人，内推一人爲主，建旗鼓以尊之，每三年第其名以代之。及阿保機爲主，乃怙强恃勇，不受諸族之代，遂自稱國王。天祐四年，大寇雲中，後唐武皇遣使連和，因與之面會於雲中東城，大具享禮，延入帳中，約爲兄弟，謂之曰：「唐室爲賊所篡，吾欲今冬大舉，弟可以精騎二萬，同收汴洛。」阿保機許之，賜與甚厚，留馬三千匹以答貺。左右咸勸武皇可乘間擄之，武皇曰：「逆賊未殄，不可失信於部落〔七〕，自亡之道也。」乃盡禮遣之。及梁祖建號，阿保機亦遣使送名馬、女口〔八〕、貂皮等求封册。梁祖與之書曰：「朕今天下皆平，唯有太原未伏，卿能長驅精甲，徑至新莊，爲我翦彼寇讎，與爾便行封册。」莊宗初嗣世，亦遣使告哀，賂以金繒，求騎軍以救潞州。契丹答其使曰〔九〕：「我與先王爲兄弟，兒即吾兒也，案：契丹國志作吾朝定兒也〔一〇〕，與薛史異。（舊五代史考異）寧有父不助子耶！」許出師，會潞平而止。

劉守光末年苛慘，軍士亡叛皆入契丹。洎周德威攻圍幽州，燕之軍民多爲寇所掠，既盡得燕中人士，教之文法〔一一〕，由是漸盛。十三年八月，阿保機率諸部號稱百萬，自麟、勝陷振武，長驅雲、朔，北邊大擾。莊宗赴援於代北〔二〕，敵衆方退。十四年，新州大將盧文進爲衆所迫，殺新州團練使李存矩於祁溝關，返攻新、武。周德威以衆擊之，文進不利，乃奔於契丹，引其衆陷新州。周德威率兵三萬以討之，敵騎援新州，德威爲敵所敗，殺傷殆盡，契丹乘勝攻幽州。是時，或言契丹三十萬，或言五十萬，幽薊之北，所在敵騎皆滿。莊宗遣明宗與李存審、閻寶將兵救幽州，遂解其圍，語在莊宗紀中。

十八年十月，鎮州大將張文禮弒其帥王鎔，莊宗討之，時定州王處直與文禮合謀，遣威塞軍使王郁復引契丹爲援。十二月，阿保機傾塞入寇，攻圍幽州，李紹宏以兵城守。契丹長驅陷涿郡，執刺史李嗣弼。進攻易定，至新樂，渡沙河，王都遣使告急〔三〕。時莊宗在鎮州行營，聞前鋒報曰「敵渡沙河」，軍中咸恐，議者請權釋鎮州之圍以避之。莊宗曰：「霸王舉事，自有天道，契丹其如我何！國初，突厥入寇，至于渭北，高祖欲棄長安，遷都樊鄧，太宗曰：『獫狁孔熾，自古有之，未聞遷移都邑。霍去病，漢廷將帥，猶且志滅匈奴，況帝王應運，而欲移都避寇哉！』文皇雄武，不數年俘二突厥爲衞士。今吾以數萬之衆安集山東，王德明厮養小人，阿保機生長邊地，豈有退避之理，吾何面視蒼生哉！爾曹但駕馬同行，看吾破敵〔四〕。」莊宗親御鐵騎五千，至新城北，遇契丹前鋒萬騎，莊宗精甲自桑林突出，光明照日，諸部愕然緩退，莊宗分二廣以乘之，敵騎散退。時沙河微冰，其馬多陷，阿保機退保望都。是夜，莊宗次定州，翌日出戰，遇奚長禿餒五千騎〔一五〕，莊宗親軍千騎與之鬬，爲敵所圍，外救不及，莊宗挺馬奮躍，出入數四，酣戰不解。李嗣昭聞其急也，灑泣而往，攻破敵陣，掖莊宗而歸。時契丹值大雪，野無所掠，馬無芻草〔一六〕，凍死者相望於路，阿保機召盧文進，以手指天，謂之曰：「天未令我到此。」乃引衆北去。莊宗率精兵騎躡其後，每經阿保機野宿之所，布秸在地，方而環之，雖去，無一莖亂者，莊宗謂左右曰：「蕃人法令如是，豈中國所及！」莊宗至幽州，發二百騎偵之，皆爲契丹所獲，莊宗乃還。

天祐末，阿保機乃自稱皇帝〔一七〕，署中國官號。其俗舊隨畜牧，素無邑屋，得燕人所教，乃爲城郭宮室之制于漠北，距幽州三千里，名其邑曰西樓邑，屋門皆東向，如車帳之法。城南別作一城，以實漢人，名曰漢城，城中有佛寺三，僧尼千人。其國人號阿保機爲天皇王。同光中，阿保機深著闢地之志〔一八〕，欲收兵大舉，慮渤海踵其後。三年，舉其衆討渤海之遼東，令禿餒、盧文進據營、平等州，擾我燕薊。

明宗初纂嗣，遣供奉官姚坤案：通鑑考異引莊宗實録作苗坤〔一九〕。（舊五代史考異）奉書告哀，至西樓邑，屬阿保機在渤海，又徑至慎州，崎嶇萬里。既至，謁見阿保機，延入穹廬，阿保機身長九尺，被錦袍，大帶垂後，與妻對榻引見坤。坤未致命，阿保機先問曰：「聞爾漢土河南、河北各有一天子，信乎？」坤曰：「河南天子，今年四月一日洛陽軍變，今凶問至矣。河北總管令公，比爲魏州軍亂，先帝詔令除討，既聞内難，軍衆離心，及京城無主，上下堅册令公，請主社稷，今已順人望登帝位矣。」阿保機號咷，聲淚俱發，曰：「我與河東先世約爲兄弟，河南天子吾兒也。近聞漢地兵亂，點得甲馬五萬騎，比欲自往洛陽救助我兒，又緣渤海未下，我兒果致如此，冤哉！」泣下不能已。又謂坤曰：「今漢土天子，初聞洛陽有難，何不急救〔一〇〕，致令及此！」坤曰：「非不急切，地遠阻隔不及也。」又曰：「我兒既殂，當合取我商量，安得自立！」坤曰：「吾皇將兵二十年，位至大總管，所部精兵三十萬，衆口一心，堅相推戴，違之則立見禍生，非不知禀天皇王意旨，無奈人心何。」其子突欲在側，謂坤曰：「漢使勿多談。」因引左氏牽牛蹊田之説以折坤，坤曰：「應天順人，不同匹夫之義，祇如天皇王初領國事，豈是强取之耶！」阿保機因曰：「理當如此，我漢國兒子致有此難，我知之矣。聞此兒有宫婢二千，樂官千人，終日放鷹走狗，躭酒嗜色，不惜人民，任使不肖，致得天下皆怒。我自聞如斯，常憂傾覆，一月前已有人來報，知我兒有事，我便舉家斷酒，解放鷹犬，休罷樂官。我亦有諸部家樂千人，非公宴未嘗妄舉。我若所爲似我兒，亦應不能持久矣，從此願以爲戒〔一一〕。」又曰：「漢國兒與我雖父子，亦曾彼此讎敵〔一二〕，俱有惡心，與爾今天子彼此無惡〔一三〕，足得歡好。爾先復命，我續將馬三萬騎至幽、鎮以南〔一四〕，與爾家天子面爲盟約，我要幽州，令漢兒把捉，更不復侵入漢界。」又問：「漢家收得西川〔二五〕，信不？」坤曰：「去年九月出兵，十一月十六日收下東西川，得兵馬二十萬，金帛無算。皇帝初即位，未辦送來，續當遣使至矣。」阿保機忻然曰：「聞西川有劍閣〔二六〕，兵馬從何過得？」坤曰：「川路雖險，然先朝收復河南，有精兵四十萬，良馬十萬騎，但通人行處，便能去得，視劍閣如平地耳。」阿保機善漢語，謂坤曰：「吾解漢語，歷口不敢言，懼部人效我，令兵士怯弱故也。」坤至止三日，阿保機病傷寒。一夕，大星殞于其帳前，俄而卒于扶餘城，時天成元年七月二十七日也。其妻述律氏自率衆護其喪歸西樓，坤亦從行，得報而還。既而述律氏立其次子德光爲渠帥，以總國事，尋遣使告哀，明宗爲之輟朝。明年正月，葬阿保機於木葉山，僞謚曰大聖皇帝。

阿保機凡三子，皆雄偉。長曰人皇王突欲，即東丹王也；次曰元帥太子，即德光也；幼曰安端少君。德光本名耀屈之〔二七〕，後慕中華文字，遂改焉。唐天成初，阿保機死，其母令德光權主牙帳，令少子安端少君往渤海國代突欲。突欲將立，而德光素爲部族所服，又其母亦常鍾愛，故因而立之。明宗時，德光遣使梅老等三十餘人來修好，又遣使爲父求碑石，明宗許之，賜與甚厚，并賜其母瓔珞錦綵。自是山北安靜，蕃漢不相侵擾。

三年，德光僞改爲天顯元年。是歲，定州王都作亂，王都，原本作「王郁」，今從通鑑改正。（影庫本粘籤）求援於契丹，德光遂陷平州，遣秃餒以騎五千援都於中山〔二八〕，招討使王晏球破之於曲陽，秃餒走保賊城。其年七月，又遣惕隱率七千騎救定州，王晏球逆戰於唐河北，大破之。幽州趙德鈞以生兵接于要路，生擒惕隱等首領五十餘人，獻于闕下。明年，王都平，擒秃餒及餘衆，斬之。自是契丹大挫，數年不敢窺邊。嘗遣使捺括梅里來求秃餒骸骨，明宗怒其詐，斬之。長興二年，東丹王突欲在闕下，其母繼發使申報，朝廷亦優容之。

長興末，契丹迫雲州，明宗命晉高祖爲河東節度使、兼北面蕃漢總管。清泰三年，晉高祖爲張敬達等攻圍甚急，遣指揮使何福齎表乞師，願爲臣子。德光白其母曰：「兒昨夢太原石郎發使到國，今果至矣，案：契丹國志作太宗夢見真武，使之救晉，與薛史微異。（舊五代史考異）事符天意，必須赴之。」德光乃自率五萬騎由雁門至晉陽，即日大破敬達之衆於城下。尋册晉高祖爲大晉皇帝，約爲父子之國，割幽州管内及新、武、雲、應、朔州之地以賂之，仍每歲許輸帛三十萬。時幽州趙德鈞屯兵于團柏谷，遣使至幕帳，求立己爲帝，以石氏世襲太原，德光對使指帳前一石曰：「我已許石郎爲父子之盟，石爛可改矣。」楊光遠等殺張敬達降於契丹，德光戲謂光遠等曰：「汝輩大是惡漢兒，不用鹽酪，食却一萬匹戰馬。」光遠等大慚。晉高祖南行，德光自送至潞州。時趙德鈞、趙延壽自潞州出降于契丹，德光鎖之，令隨牙帳。晉高祖入洛，尋遣宰相趙瑩致謝于契丹。天福三年，又遣宰臣馮道、左僕射劉昫等持節册德光及其母氏徽號，齎鹵簿、儀仗、法服、車輅於本國行禮。德光大悦，尋遣使奉晉高祖爲英武明義皇帝。

是歲，契丹改天顯十一年爲會同元年，以趙延壽爲樞密使，升幽州爲南京，以趙思温爲南京留守。既而德光請晉高祖不稱臣，不上表，來往緘題止用家人禮，但云「兒皇帝」。晉祖厚齎金帛以謝之。晉祖奉契丹甚至，歲時問遺，慶弔之禮，必令優厚。每敵使至，即於别殿致敬。德光每有邀請，小不如意，則來譴責，晉祖每屈己以奉之，終晉祖世，略無釁隙。

及少帝嗣位，遣使入契丹，德光以少帝不先承禀，擅即尊位，所齎文字，略去臣禮，大怒，形于責讓，朝廷使去，即加譴辱。會契丹迴圖使喬榮北歸〔二九〕，侍衛親軍都指揮使景延廣謂榮曰：「先朝是契丹所立，嗣君乃中國自册，稱孫可矣，稱臣未可。中國自有十萬口横磨劍，（横磨劍，原本作「磨横劍」，今從通鑑改正。（影庫本粘籤））要戰即來。」榮至本國，具言其事，德光大怒，會青州楊光遠叛，遣使搆之。明年冬，德光率諸部南下。開運元年春〔三〇〕，陷祁州，直抵大河，少帝幸澶州以禦之。其年三月，德光敗於陽城，棄其車帳，乘一槖駞奔至幽州。因怒其失律，自大首領已下各杖數百，唯趙延壽免焉。是時，契丹連歲入寇，晉氏疲於奔命，邊民被苦，幾無寧日。晉相桑維翰勸少帝求和於契丹，以紓國難，少帝許之，乃遣使奉表稱臣，卑辭首過。使迴，德光報曰：「但使桑維翰、景延廣自來，并割鎮、定與我，則可通和也。」朝廷知其不可，乃止。時契丹諸部頻年出征，蕃國君臣稍厭兵革，德光母嘗謂蕃漢臣僚曰：「南朝漢兒爭得一向卧耶！自古及今，惟聞漢來和蕃，不聞蕃去和漢，待伊漢兒的當迴心，則我亦不惜通好也。」

三年，樂壽監軍王巒繼有密奏，苦言瀛、鄭可取之狀。十月，少帝遣杜重威、李守貞等率兵經略。十一月，蕃將高牟翰敗晉師於瀛州之北，梁漢璋死之。契丹主聞晉既出兵，自率諸部由易定抵鎮州，杜重威等自瀛州西趨常山，至中渡橋，敵已至矣，兩軍隔滹水而砦焉。十二月十日，杜重威率諸軍降於契丹，語在晉少帝紀中。十二日，德光入鎮州，大犒將士。十四日，自鎮州南行，中渡降軍所釋甲仗百萬計，並令於鎮州收貯；戰馬數萬匹，長驅而北。命張彥澤領二千騎先趨東京，遣重威部轄降兵取邢、相路前進。晉少帝遣子延煦、延寶奉降表於契丹，並傳國寶一紐至牙帳。明年春正月朔日，德光至汴北，文武百官迎於路。是日入宮，至昏復出，次於赤崗。五日，僞制降晉少帝爲負義侯，於黃龍府安置。七日，德光復自赤崗入居於大内，分命使臣於京城及往諸道括借錢帛。僞命以李崧爲西廳樞密使，以馮道爲太傅，以左僕射和凝及北來翰林學士承旨張礪爲宰相。張礪，原本作「章礪」，今從歐陽史改正。（影庫本粘籤）二月朔日，德光服漢法服，坐崇元殿受蕃漢朝賀，僞制大赦天下，改晉國爲大遼國。以趙延壽爲大丞相、兼政事令，充樞密使、兼中京留守。降東京爲防禦州，尋復爲宣武軍。

十五日，漢高祖建號于晉陽，德光聞之，削奪漢祖官爵。是月，晉州、潞州並歸河東。時盜賊所在羣起，攻劫州郡，斷澶州浮梁。契丹大恐，沿河諸藩鎮並以腹心鎮之。三月朔日，德光坐崇元殿，行入閤之禮，覩漢家儀法之盛，大悦。以蕃大將蕭翰爲汴州節度使。十七日，德光北還。初離東京，宿于赤崗，有大聲如雷，起于牙帳之下。契丹自黎陽濟河，次湯陰縣界，有一崗，土人謂之愁死崗。德光憩于其上，謂宣徽使高勳曰：「我在上國，以打圍食肉爲樂，自及漢地，每每不快，我若得歸本土，死亦無恨。」勳退而謂人曰：「其語偷，殆將死矣。」時賊帥梁暉據相州，德光親率諸部以攻之。四月四日，屠其城而去。德光聞河陽軍亂，謂蕃漢臣僚曰：「我有三失：殺上國兵士，打草穀，一失也；天下括錢，二失也；不尋遣節度使歸藩，三失也。」十六日，次于欒城縣殺胡林之側，時德光已得寒熱疾數日矣，命胡人齎酒脯，禱于得疾之地。十八日晡時，有大星落于穹廬之前，若迸火而散。德光見之，西望而唾，連呼曰：「劉知遠滅，劉知遠滅！」是月二十一日卒，時年四十六，主契丹凡二十二年。契丹人破其屍，摘去腸胃，以鹽沃之，載而北去，漢人目之爲「帝羓」焉。

永樂大典卷四千五百五十八〔三二〕。案：以下原本闕佚。據五代會要云：四月十八日，德光卒於欒城。五月，宣遺制，以永康王襲位。永康王者，東丹王之長子，以其月二十一日領部族歸國，改會同十年爲天禄元年，自稱天授皇帝。漢乾祐三年十一月，率騎數萬，陷邢州之内丘縣、深州之饒陽縣〔二〕。周廣順元年正月，太祖命左千牛衛將軍朱憲往修和好，永康王亦遣使報命，獻良馬四匹，太祖復遣尚書左丞田敏、供奉官蔣光遂銜命往聘。其年四月，田敏等迴，永康王遣使獻碧玉金鍍銀裹鞍轡，并馬四十匹。其月，太祖又命左金吾將軍姚漢英、右神武將軍華光裔往使〔三〕。其年九月，永康王爲部下太寧王所弑，德光之子勒所部兵誅太寧王自立，稱應曆元年，號天順皇帝。顯德元年春，太原劉崇將圖南寇，契丹將楊衮率騎萬餘以助之。三月，世宗親征，與崇戰于潞州高平縣之南原，崇軍大敗，契丹衆棄甲而遁。二年三月，命許州節度使王彦超等築壘於李晏口，與契丹兵數千騎戰于安平縣，敗之。

校勘記

〔一〕習爾之　原作「薩勒札」，注云：「舊作『習爾之』，今改正。」按此係輯録舊五代史時所改，今恢復原文。

〔二〕欽德　原作「沁丹」，注云：「舊作『欽德』，今改正。」按此係輯録舊五代史時所改，今恢復原文。

〔三〕素知契丹軍勢情僞　「勢」字原闕，據册府卷三六七補。

〔四〕馬多飢死　册府卷三六七同，新五代史卷七二四夷附録、通鑑卷二六四敍其事作「契丹馬多飢死」。

〔五〕舍利　原作「錫利」，注云：「舊作『舍利』，今改正。」按此係輯録舊五代史時所改，今恢復原文。

〔六〕有别部長耶律阿保機　「長」，册府卷九五六、卷九六七、武經總要前集卷一六下作「酋長」。

〔七〕不可失信於部落　「部落」，册府卷九八〇、通鑑卷二六六作「夷狄」。

〔八〕女口　原作「女樂」，據殿本、孔本、册府卷九九九改。

〔九〕契丹答其使曰　「契丹」二字原闕，據通鑑卷二六六考異引薛史契丹傳補。

〔一〇〕契丹國志作吾朝定兒也　「朝」字原闕，據契丹國志卷一補。按契丹國志卷一：「朝定，猶華言朋友也。」

〔一一〕教之文法　「教」，原作「歸」，據殿本、孔本校、册府卷一〇〇〇改。

〔一二〕莊宗赴援於代北　「北」字原闕，據册府卷九八七補。

〔一三〕王都遣使告急　「王都」，原作「王郁」，據本書卷二九唐莊宗紀三、册府卷九八七、通鑑卷二七一、契丹國志卷一改。按王處直養子名都，孽子名郁，時處直遣郁召契丹犯塞，都劫處直，自爲留後。契丹攻定州，王都告急于晉。

〔一四〕阿保機生長邊地……看吾破敵　「邊地」，孔本校作「賤類」；「破敵」，孔本校作「破虜」。册府卷九八七敍其事云：「阿保機湩酪賤類，唯利是求，犯難而來，其强易弱，一逢挫敗，奔走無路，爾曹輩但箠馬同行，看吾破賊。」

〔一五〕遇奚長禿餒五千騎　「奚長」，孔本校、通鑑卷二七一作「奚酋」。

〔一六〕野無所掠馬無芻草　孔本校作「虜無所掠馬無野草」。

〔一七〕阿保機乃自稱皇帝　「自稱」，孔本校、册府卷九五八、卷九六七作「僭稱」。

〔一八〕阿保機深著闢地之志　「闢地」，孔本校、册府卷六六〇作「亂華」。

〔一九〕通鑑考異引莊宗實録作苗坤　「苗坤」，通鑑卷二七五考異引漢高祖實録作「苗紳」。

〔二〇〕何不急救　「何」字原闕，據册府卷六六〇補。

〔二一〕從此願以爲戒　「從此願」，孔本、册府卷六六〇作「自此得」。

〔二二〕亦曾彼此讎敵　「讎敵」，册府卷六六〇、卷九八〇作「讎掣」。

〔二三〕與爾今天子彼此無惡　「彼此」二字原闕，據册府卷六六〇、卷九八〇補。

〔二四〕我續將馬三萬騎至幽鎮以南　「三」字原闕，據册府卷六六〇、卷九八〇補。新五代史卷七二四夷附録敍其事云：「吾以甲馬三萬，會新天子幽、鎮之間。」

〔二五〕漢家收得西川　「家」字原闕，據册府卷六六〇補。

〔二六〕聞西川有劍閣　「川」字原闕，據劉本、彭校、册府卷六六〇補。

〔二七〕耀屈之　原作「耀衢芝」，注云：「舊作『耀屈之』，今改正。」按此係輯録舊五代史時所改，今恢復原文。

〔二八〕遣禿餒以騎五千援都於中山　「遣」字原闕，據册府卷九八七、新五代史卷七二四夷附録補。

〔二九〕會契丹迴圖使喬榮北歸　「迴圖使」，原作「迴國使」，據劉本、彭校、册府卷四四六、卷九七二改。按通鑑卷二八三：「河陽牙將喬榮從趙延壽入契丹，契丹以爲回圖使。」通鑑胡注：「凡外國與中國貿易者，置回圖務，猶今之回易場也。」

〔三〇〕開運元年春　本卷下文所敍契丹陷祁州、少帝幸澶州及德光敗於陽城事，本書卷八三晉少帝紀三、新五代史卷九晉本紀、通鑑卷二八四皆繫於開運二年二、三月間。

〔三一〕永樂大典卷四千五百五十八　檢永樂大典目録，卷四五五八爲「天」字韻，與本則内容不符，恐有誤記。陳垣舊五代史輯本引書卷數多誤例謂應作卷四三五八「丹」字韻「契丹」。

〔三二〕深州之饒陽縣　「饒陽」，原作「就陽」，據殿本、劉本、五代會要卷二九改。

〔三三〕右神武將軍　「右」，原作「左」，據五代會要卷二九改。

舊五代史卷一百三十八

外國列傳第二

吐蕃　回鶻　高麗　渤海靺鞨　黑水靺鞨　新羅　党項

昆明部落　于闐　占城　牂牱蠻

吐蕃，本漢西羌之地。或云南涼秃髮利鹿孤之後，其子孫以秃髮爲國號，語訛爲吐蕃。國人號其主爲贊普，置大論、小論以理國事。其俗隨畜牧，無常居，然亦有城郭，都城號邏些城。不知節候，以麥熟爲歲首。

唐時屢爲邊患。初，唐分天下爲十道，河西、隴右三十三州，涼州最爲大鎮。天寶置八監，牧馬三十萬，又置都護以控制之。安禄山之亂，肅宗在靈武，悉召河西戍卒收復兩京，吐蕃乘虚取河西、隴右，華人百萬皆陷于吐蕃。開成時，朝廷嘗遣使至西域，見甘、涼、瓜、沙等州城邑如故，陷吐蕃之人見唐使者旌節，夾道迎呼，涕泣曰：「皇帝猶念陷蕃生靈否？」其人皆天寶中陷吐蕃者子孫，其語言小訛，而衣服未改。

至五代時，吐蕃已微弱，回鶻、党項諸羌夷分侵其地，而不有其人民。值中國衰亂，不能撫有，惟甘、涼、瓜、沙四州常自通於中國。甘州爲回鶻牙帳，案：原本脱「帳」字，今據歐陽史增入。（舊五代史考異）而涼、瓜、沙三州將吏猶稱唐官，數來請命。自梁太祖時，常以靈武節度使兼領河西節度，而觀察甘肅威等州，然雖有其名，而涼州自立守將。唐長興四年，涼州留後孫超遣大將拓拔承謙及僧、道士、耆老楊通信等至京師，明宗拜孫超節度使。清泰元年，留後李文謙來請命。後數年，涼州人逐出文謙，靈武馮暉遣牙將吴繼興代文謙爲留後〔一〕，是時天福七年。明年〔二〕，晉高祖遣涇州押牙陳延暉齎詔書安撫涼州，涼州人共劫留延暉，立以爲刺史。至漢隱帝時，涼州留後折逋嘉施來請命，漢即以爲節度使。嘉施，土豪也。周廣順二年，嘉施遣人市馬京師。是時，樞密使王峻用事，峻故人申師厚者，少起盜賊，爲兗州牙將，與峻相友善，後峻貴，師厚弊衣蓬首，日候峻出，拜馬前〔三〕，訴以飢寒，峻未有以發。而嘉施等來請帥，峻即建言：「涼州深入夷狄，中國未嘗命吏，請帥募府率供奉官能往者〔四〕。」月餘，無應募者，乃奏起師厚爲左衛將軍，已而拜河西節度使。師厚至涼州，奏薦押蕃副使崔虎心〔五〕、陽妃谷首領沈念般等及中國留人子孫王廷翰、温崇樂、劉少英爲將吏〔六〕，又自安國鎮至涼州，立三州以控扼諸羌，用其酋豪爲刺史。然涼州夷夏雜處，師厚小人，不能撫有。至世宗時，師厚留其子而逃歸，涼州遂絶於中國。獨瓜、沙二州，終五代常來。

沙州，梁開平中有節度使張奉，自號「金山白衣天子」。至唐莊宗時，回鶻來朝，沙州留後曹義金亦遣使附回鶻以來，莊宗拜義金爲歸義軍節度使、瓜沙等州觀察處置等使。晉天福五年，義金卒，子元德立。至七年，沙州曹元忠、瓜州曹元深皆遣使來。周世宗時，又以元忠爲歸義軍節度使、元恭爲瓜州團練使〔七〕。其所貢硇砂、羚羊角、波斯錦、安西白氎、金星礬、胡同律〔八〕、大鵬砂、毦褐〔九〕、玉團，皆因其來者以名見，而其卒立、世次，史皆失其紀。

而吐蕃不見於梁世。唐天成三年，回鶻王仁喻來朝，吐蕃亦遣使附以來，自此數至中國。明宗嘗御端明殿見其使者，問其牙帳所居，曰：「西去涇州二千里。」明宗賜以虎皮，人一張，皆披以拜，委身宛轉，落其氈帽，髮亂如蓬，明宗及左右皆大笑。至漢隱帝時猶來朝，後遂不復至，史亦失其君世云。永樂大典卷四千二百五十七。案：此傳多與歐陽史同，疑永樂大典傳寫之誤也。今無可復考，姑仍其舊。

回鶻，其先匈奴之種也。後魏時，號爲鐵勒，亦名回紇。唐元和四年，本國可汗遣使上言，改爲回鶻，義取迴旋搏擊，如鶻之迅捷也。本牙在天德西北娑陵水上〔一〇〕，距京師八千餘里。唐天寶中，安禄山犯闕，有助國討賊之功，累朝尚主，自號「天驕」，大爲唐朝之患。會昌初，其國爲黠戛斯所侵，部族擾亂，乃移帳至天德、振武間。時爲石雄、劉沔所襲，破之，復爲幽州節度使張仲武所攻，餘衆西奔，歸于吐蕃，吐蕃處之甘州，由是族帳微弱。其後時通中國，世以中國爲舅，朝廷每賜書詔，亦常以甥呼之。

梁乾化元年十一月，遣都督周易言等入朝進貢，太祖御朝元殿引對，以易言爲右監門衛大將軍同正，以石壽兒、石論思並爲右千牛衛將軍同正，仍以左監門衛上將軍楊沼充押領回鶻還蕃使〔一一〕，案五代會要：以易言爲右監門衛大將軍同正，弟略麥之、石論思並爲左千牛衛將軍同正，李屋珠、安鹽山並爲右千牛衛將軍同正，仍以左監門衛上將軍楊沼爲左驍衛上將軍，充押領回鶻還番使〔一二〕。通事舍人仇玄通爲判官〔一三〕，厚賜繒帛，放令歸國，又賜其入朝僧凝盧、宜李思、宜延籛等紫衣。

後唐同光二年四月，其本國權知可汗仁美遣都督李引釋迦、副使田鐵林〔一四〕、都監楊福安等共六十六人來貢方物，并獻善馬九匹。案：歐陽史作貢玉、馬。莊宗召對於文明殿，乃命司農卿鄭續、將作少監何延嗣持節册仁美爲英義可汗。至其年十一月，仁美卒，其弟狄銀嗣立，遣都督安千等來朝貢[一五]。狄銀卒，案歐陽史：同光四年，狄銀卒。阿咄欲立，亦遣使來貢名馬。天成三年二月，其權知可汗仁裕遣都督李阿山等一百二十人入貢，明宗召對於崇元殿，賜物有差。其年三月，命使册仁裕爲順化可汗。四年，又遣都督掣撥等五人來朝，授掣撥等懷化司戈，遣令還蕃。長興元年十二月，遣使翟未思三十餘人[一六]，進馬八十四、玉一團。四年七月，復遣都督李未等三十人來朝[一七]，進白鶻一聯，明宗召對於廣壽殿，厚加錫賚，仍命解放其鶻。清泰二年七月，遣都督陳福海已下七十八人，進馬三百六十四、玉二十團。八月，敕回鶻朝貢使、密録都督陳福海可懷化郎將，副使達奚相温可懷化司階，監使屈密録阿撥可歸德司戈，判官安均可懷化司戈。

晉天福三年十月，遣使都督李萬金等朝貢[一八]，以萬金爲歸義大將軍，監使雷福德爲順化將軍。四年三月，又遣都督拽里敦來朝，兼貢方物。其月，命衛尉卿邢德昭持節就册爲奉化可汗。案歐陽史：晉高祖時，又加册命。阿咄欲，不知其爲狄銀親疏，亦不知其立卒。而仁裕訖五代常來朝貢，史亦失其紀。五年正月，遣都督石海金等來貢良馬百駟，并白玉團、白玉鞍轡等，謝其封册。

漢乾祐元年五月，遣使李屋等入朝貢馬并白玉、藥物等。七月，以入朝使李屋爲歸德大將軍，副使安鐵山、監使末相温爲歸德將軍，判官翟毛哥爲懷化將軍。周廣順元年二月，遣使并摩尼貢玉團七十有七，白氎、貂皮、氂牛尾、藥物等。先是，晉、漢已來，回鶻每至京師，禁民以私市易〔一九〕，其所有寶貨皆鬻之入官，民間市易者罪之。至是，周太祖命除去舊法，每回鶻來者，聽私下交易，官中不得禁詰，由是玉之價直十損七八。顯德六年二月，又遣使朝貢，獻玉并硇砂等物，皆不納，所入馬量給價錢。時世宗以玉雖稱寶，無益國用，故因而却之。永樂大典卷二萬一千一百九十九。

高麗，高麗傳，永樂大典原本有闕佚，今姑存其舊。（影庫本粘籤）本扶餘之别種。其國都平壤城，即漢樂浪郡之故地，在京師東四千餘里。東渡海至于新羅，西北渡遼水至于營州，南渡海至于百濟，北至靺鞨，東西三千一百里，南北二千里。其官大者號大對盧，比一品，總知國事，三年一代，若稱職者不拘年限。對盧已下，官總十二級〔二〇〕。外置州縣六十餘〔二一〕，大城置傉薩一人，比都督；小城置道使一人〔二二〕，比刺史；其下各有僚佐，分曹掌事。其王以白羅爲冠，白皮小帶，咸以金飾。唐貞觀末，太宗伐之不能下。至總章初，高宗命李勣率軍征之，遂拔其城，分其地爲郡縣。及唐之末年，中原多事，其國遂自立君長，前王姓高氏。唐同光、天成中，累遣使朝貢。永樂大典卷四千四百四十一。周顯德六年，高麗遣使貢紫、白水晶各二千顆〔二三〕。永樂大典卷八千五百三十。

渤海靺鞨，渤海靺鞨諸傳，原本殘闕，今無可采補，姑仍其舊。（影庫本粘籤）其俗呼其王爲「可毒夫」，對面呼「聖王」〔二四〕，牋奏呼「基下」〔二五〕。父曰老王，母曰太妃，妻曰貴妃，長子曰副王，諸子曰王子。世以大氏爲酋長。永樂大典卷二萬五十四。

黑水靺鞨，其俗皆編髮。性凶悍，無憂戚，貴壯而賤老。俗無文字，兵器有角弓、楛矢。永樂大典卷二萬一千一百二十七。

新羅，其國俗重元日〔二六〕，相慶賀，每以是日拜日月之神〔二七〕。婦人以髮繞頭，用綵及珠爲飾，髮甚鬒美。永樂大典卷六千二百一十。

党項，其俗皆土著，居有棟宇，織毛罽以覆之。尚武，其人多壽，至百五十、六十歲，不事生業，好爲盜賊。党項自同光以後，大姓之强者各自來朝貢。明宗時，詔沿邊置場市馬，諸夷皆入市中國，有回鶻、党項馬最多。明宗招懷遠人，馬來無駑壯皆集〔二八〕，而所售過常直〔二九〕，往來館給，道路倍費。其每至京師，明宗爲御殿見之，勞以酒食，既醉，連袂歌呼，道其土風以爲樂，去又厚以賜賚，歲耗百萬計。唐大臣皆患之，數以爲言。乃詔吏就邊場售馬給直，止其來朝，而党項利其所得，來不可止。其在靈慶之間者，數犯邊爲盜。自河西回鶻朝貢中國，道其部落，輒邀劫之，執其使者，賣之他族，以易牛馬。明宗遣靈武康福、邠州藥彥稠等出兵討之。福等擊破阿埋、韋悉、褒勒、强賴、埋厮骨尾，及其大首領連香、李八薩王，都統悉那、埋摩，侍御乞埋、嵬悉逋等族〔三〇〕，殺數千人，獲其牛羊鉅萬計及其所劫外國寶玉等，悉以賜軍士，由是党項之患稍息。其他諸族，散處沿邊界上甚衆，然皆無國邑君長，故莫得而紀次云〔三一〕。永樂大典卷一萬八千二百八十五。

昆明部落，其俗椎髻、跣足。酋長披虎皮，下者披氈。

于闐，其俗好事祆神〔二〕。永樂大典卷八千五百二十。昆明、占城、牂牁蠻傳，永樂大典

全篇已佚，僅存數語，今姑仍其舊。（影庫本粘籤）

占城，本地鳥之大者有孔雀。永樂大典卷八千四百三十九。

牂牁蠻，其國法，劫盗者三倍還贓，殺人者出牛馬三十頭乃得贖死。永樂大典卷五千一百五十。

校勘記

〔一〕吴繼興　新五代史卷七四四夷附録作「吴繼勳」。

〔二〕是時天福七年明年　本書卷八〇晉高祖紀六、册府卷九八〇、通鑑卷二八二皆繫李文謙自焚事於天福六年二月。又據本書卷八〇晉高祖紀六，晉高祖崩於天福七年六月。

〔三〕拜馬前　「拜」字原闕，據新五代史卷七四四夷附録補。按本書卷一一二周太祖紀三敍其事云：「師厚羈旅無依，日于峻馬前望塵而拜。」

〔四〕請帥募府率供奉官能往者　劉本、新五代史卷七四四夷附録作「請募率府率供奉官能往者」。按通鑑卷二九〇敍其事云：「帝以絶域非人所欲，募率府供奉官願行者。」

〔五〕奏薦押蕃副使崔虎心　「押蕃副使」，原作「押衙副使」，據新五代史卷七四四夷附録改。五代會要卷三〇作「押番副使」。

〔六〕陽妃谷首領沈念般等及中國留人子孫王廷翰温崇樂劉少英爲將吏　「王廷翰」、「温崇樂」，册府卷一七〇作「王庭澣」、「温崇業」。

〔七〕元恭爲瓜州團練使　「元恭」，新五代史卷七四四夷附録、册府卷一七〇同。續資治通鑑長編卷三：「（建隆三年正月丙子）加……元忠子延敬爲瓜州防禦使，賜名延恭。」按敦煌榆林窟第七窟供養人題記、莫高窟第四百四十四窟供養人題記、第四百五十四窟供養人題記及伯三八二七+伯三六六〇背面太平興國四年四月歸義軍曹延禄牒作「延恭」。延恭有弟名延禄，兄弟名皆有「延」字。

〔八〕胡同律　以上三字原闕，據孔本校補。新五代史卷七四四夷附録作「胡桐律」。

〔九〕毦褐　原作「旄褐」，據新五代史卷七四四夷附録改。

〔一〇〕娑陵水　原作「婆陵水」，據孔本、新五代史卷七四四夷附録、五代會要卷二八改。按磨延啜碑北面第二行、東面第三行、東面第四行、西面第五行皆有此地名，拉丁文轉寫爲sälängä。

〔一一〕左監門衞上將軍　「上」字原闕，據新五代史卷七四四夷附録、册府卷九八〇、五代會要卷二八補。

〔一二〕充押領回鶻還番使　句下原有小注「通事舍人」四字，按五代會要卷二八：「通事舍人仇玄通爲判官」，「通事舍人」四字係涉正文而衍，據删。

〔一三〕通事舍人仇玄通爲判官　「通事舍人」四字原在上文正文「充押領回鶻還蕃使」下，今據五代會要卷二八移置此處。

〔一四〕田鐵林　原作「鐵林」，據五代會要卷二八、册府卷九七二改。

〔一五〕安千　五代會要卷二八同，新五代史卷五唐本紀、卷七四四夷附録、五代會要（四庫本）卷二八作「安千想」。

〔一六〕翟末思　新五代史卷六唐本紀作「翟末斯」，五代會要卷二八作「翟來思」。

〔一七〕復遣都督李未等三十人來朝　「李未」，邵本、五代會要卷二八、册府卷九七二、新五代史卷六唐本紀作「李末」。「三十人」，册府卷九七二作「三十一人」。

〔一八〕李萬金　原作「李萬全」，據本書卷七七晉高祖紀三、册府卷九七二、卷九七六（宋本）、新五代史卷八晉本紀改。本卷下一處同。

〔一九〕禁民以私市易　「民」下原有「吏」字，據殿本、五代會要卷二八删。

〔二〇〕官總十二級　「十二級」，五代會要卷三〇、舊唐書卷一九九上高麗傳、御覽卷七八三引唐書同，通鑑卷一九八胡注引薛史作「十一級」。

〔二一〕外置州縣六十餘　「十」字原闕，據通鑑卷一九八胡注引薛史、五代會要卷三〇、舊唐書卷一九九上高麗傳補。「外置」，通鑑卷一九八胡注引薛史作「列置」，五代會要卷三〇作「置外」。

〔二二〕小城置道使一人　「道使」，五代會要卷三〇、舊唐書卷一九九上高麗傳、御覽卷七八三引唐書同，通鑑卷一九八胡注引薛史作「運使」。

〔二三〕高麗遣使貢紫白水晶各二千顆　「各」字原闕，據册府卷九七二、五代會要卷三〇補。

〔二四〕對面呼聖王　「王」字原闕，據册府卷九六二、五代會要卷三〇、新唐書卷二一九渤海傳補。

〔二五〕牋奏呼基下　「奏」，册府卷九六二、五代會要卷三〇作「表」。

〔二六〕其國俗重元日　「元日」，原作「九日」，據殿本、孔本、五代會要卷三〇、舊唐書卷一九九上新羅傳改。

〔二七〕每以是日拜日月之神　「是日」，原作「是月」，據五代會要卷三〇、舊唐書卷一九九上新羅傳、新唐書卷二二〇新羅傳改。

〔二八〕馬來無駑壯皆集　「集」，新五代史卷七四四夷附録作「售」。

〔二九〕而所售過常直 「售」，孔本、新五代史卷七四四夷附録作「讎」。

〔三〇〕侍御乞埋嵬悉逋等族 「族」，五代會要卷二九敍其事作「六人」，册府卷三九八敍其事作「六十人」。

〔三一〕明宗時詔沿邊置場市馬……故莫得而紀次云 按此段文字與新五代史卷七四四夷附録同，疑係誤輯新五代史。

〔三二〕其俗好事祆神 「祆神」，原作「妖神」，據五代會要卷二九、舊唐書卷一九八于闐傳改。

舊五代史卷一百三十九

志一

天文志

案：薛史天文志序，永樂大典原闕，然其日食、星變諸門，事蹟具存，較歐陽史司天考爲詳備。今考五代會要所載星變、物異諸門，與司天考互有詳略。蓋五代典章散佚，各記所聞，未能畫一也。參考諸書，當以薛史爲得其實焉。

日食

梁太祖開平五年〔一〕，正月丙戌朔，日有蝕之。時言事諸臣，多引漢高祖末年日蝕於歲首，太祖甚惡之，於是素服避正殿，百官各守本司。是日，有司奏：「雲初陰晦，事同不蝕。」百僚奉表稱賀。

末帝龍德三年，十月辛未朔，日有蝕之。

唐莊宗同光三年，四月癸亥朔，時有司奏：「日蝕在卯，主歲大旱。」

明宗天成元年，八月乙酉朔，日有蝕之。

二年，八月己卯朔，日有蝕之。

三年，二月丁丑朔，日食。其日陰雲不見，百官稱賀。

長興元年，六月癸巳朔，日食。其日陰冥不見，至夕大雨。

二年，十一月甲申朔，先是，司天奏：「朔日合蝕二分，伏緣所蝕微少，太陽光影相鑠，伏恐不辨虧闕，請其日不入閤，百官守司。」從之。

晉高祖天福二年，正月乙卯，先是，司天奏：「正月二日，太陽虧蝕，宜避正殿，開諸營門，蓋藏兵器，半月不宜用軍。」是日太陽虧，十分內食三分，在尾宿十七度。日出東方，以帶蝕三分，漸生，至卯時復滿。

三年，正月戊申朔，司天先奏，其日日蝕。至是日不蝕，內外稱賀。

四年，七月庚子朔，時中書門下奏：「謹按舊禮：日有變，天子素服避正殿，太史以所司救日於社，陳五兵、五鼓、五麾，東戟西矛，南弩南弩，原本作「西弩」，今據五代會要改正。（影庫本粘籤）北楯，中央置鼓，服從其位，百職廢務，素服守司，重列于庭，每等異位，向日而立，明復而止。今所司法物，咸不能具，去歲正旦日蝕，唯謹藏兵仗，皇帝避正殿素食，百官守司。今且欲依近禮施行。」從之。

七年，四月甲寅朔，「甲寅朔」下原本疑有脫文，今無別本可考，姑仍其舊。（影庫本粘籤）是日百官守司，太陽不蝕，上表稱賀。

八年，四月戊申朔〔二〕，日有蝕之。

少帝開運元年，九月庚午朔，日有蝕之。

二年，八月甲子朔，日有蝕之。

三年，二月壬戌朔〔三〕，日有蝕之。

漢隱帝乾祐三年，十一月甲子朔，日有蝕之。

周太祖廣順二年，四月丙戌朔，日有蝕之。

月食

梁太祖開平四年，十二月十四日夜，先是，司天奏：「是日月食，不宜用兵。」時王景仁方總大軍北伐，追之不及。至五年正月二日，果爲後唐莊宗大敗於柏鄉。

唐莊宗同光三年，三月戊申，月食。九月甲辰，月食。

明宗天成三年，十二月乙卯，月食。

四年，六月癸丑望，月食。十二月庚戌，月食。

晉高祖天福二年，七月丙寅，月食。

五年，十一月丁丑，月食鶉首之分。

少帝開運元年〔四〕，三月戊子，月食。九月丙戌，月食。

漢高祖天福十二年，十二月乙未，月食。

周世宗顯德三年，正月戊申，月食。

五年，十一月辛未，月食。

月暈

唐明宗天成元年，十一月〔五〕，月暈匝火、木。

彗孛

梁太祖乾化二年，四月甲戌夜，彗見於靈臺之西。

唐明宗天成三年，十月庚午夜，西南有孛，長丈餘，東南指，在牛宿五度〔六〕。

末帝清泰三年，九月己丑〔七〕，彗出虛、危，長尺餘，形細微，經天壘、哭星。

晉高祖天福六年，九月〔八〕，有彗星長丈餘。

八年，十月庚戌夜，有彗見於東方，西指，尾長一丈，在角九度。

周太祖顯德三年〔九〕，正月壬戌夜，有星孛於參角，其芒指於東南。

五星淩犯

梁太祖開平二年，正月乙亥，歲星犯月。

乾化二年，五月壬戌，熒惑犯心大星〔一〇〕，去心四度，順行。占曰：「心爲帝王之星。」其年六月五日，帝崩。案歐陽史：正月丙申，熒惑犯房第二星。與薛史異，五代會要與薛史同。

唐莊宗同光二年，八月戊子，熒惑犯星。

三年，三月丙申，熒惑犯上相。四月甲子〔一一〕，熒惑犯左執法。六月丙寅，歲犯右執法。九月己亥，熒惑在江東〔一二〕，犯第一星。案歐陽史：九月丙辰，太白、歲相犯。薛史不載，疑有闕文。

明宗天成元年，八月癸卯，太白犯心大星。辛亥，熒惑犯上將。九月庚午，熒惑犯右執法。己卯，熒惑犯左執法。十月戊子，熒惑犯上相。十二月〔一三〕，熒惑犯氐。

二年，正月甲戌，熒惑、歲相犯。二月辛卯，熒惑犯鍵閉。三月，熒惑犯上相〔一四〕。六月辛丑，熒惑犯房。九月壬子，歲犯房。

三年，正月壬申，太白、熒惑合於奎。閏八月癸卯〔一五〕，熒惑犯上將。乙卯，熒惑犯右肩。庚午，太白犯左執法〔一六〕。九月庚辰，鎮、歲合於箕。辛巳，太白、熒惑合於軫。十月壬寅，熒惑犯房，太白、歲相犯於斗。

四年，三月壬辰，歲犯牛。九月丙子，熒惑入哭星。

長興元年，六月乙卯，太白犯天罇。十一月壬戌，熒惑犯氐。十二月丙辰，熒惑犯天江。

二年，正月乙亥，太白犯羽林。四月甲寅，熒惑犯羽林。八月〔一七〕，辰犯端門。十一月丙戌，太白犯鍵〔一八〕。

三年，四月庚辰，熒惑犯積尸。九月庚寅，太白犯哭星〔一九〕。十一月己亥，太白犯壁壘。

四年，八月己未五鼓三籌，熒惑近天高星，歲星近司怪，太白近軒轅大星。案歐陽史：九月辛巳，太白犯右執法。薛史不載。

末帝清泰元年，六月甲戌，太白犯右執法。

晉天福元年〔二〇〕，三月壬子，熒惑犯積尸。

四年，四月辛巳，太白犯東井北轅。甲午〔二一〕，太白犯五諸侯。五月丁未，太白犯輿鬼中星。

六年，八月辛卯，太白犯軒轅〔二二〕。九月己卯，熒惑犯上將。

八年，八月丙子，熒惑犯右掖。十月丙辰，熒惑犯進賢。

開運元年，二月壬戌，太白犯昴。己巳，熒惑犯天鑰。四月丁巳，太白犯五諸侯〔二三〕。七月甲申，太白犯東井。八月甲辰，熒惑入南斗。十月壬戌，熒惑犯哭星〔二四〕。案：此條歐陽史不載。十二月〔二五〕，太白犯辰。

二年，八月甲戌，歲犯東井。九月甲寅，太白犯南斗魁。十一月甲午朔，太白犯哭星。

漢天福十二年，十月己丑，太白犯亢距星。

乾祐元年，八月己丑，鎮星入太微西垣。戊戌，歲犯右執法。十月丁丑，歲犯左執法。

二年，九月壬寅，太白犯右執法。庚戌，太白犯鎮。丁卯，太白犯歲。十一月〔二六〕，鎮星始出太微之左掖門。自元年八月己丑，鎮星入太微垣，犯上將、左右執法、內屏、謁者，勾己案：原本作「甸已」，今從歐陽史改正。往來〔二七〕，凡四百四十三日方出左掖。

三年，六月乙卯，鎮犯左掖。七月甲申，熒惑犯司怪。八月癸卯，太白犯房。庚戌，太白犯心大星。十月辛酉，太白犯歲。

周廣順元年，二月丁巳，歲犯咸池〔二八〕。己未，熒惑犯五諸侯。三月甲子，歲守心。己卯，熒惑犯鬼。壬午，熒惑犯天尸。四月甲午，歲犯鈎鈐〔二九〕。

二年七月〔三〇〕，熒惑犯井鉞。八月乙未，熒惑犯天罇。九月辛酉，熒惑犯鬼。庚戌，熒惑掩右執法〔三一〕。十月壬辰，太白犯進賢。

三年，四月乙丑，熒惑犯靈臺〔三二〕。五月辛巳〔三三〕，熒惑犯上將。

顯德六年，六月庚子，熒惑與心大星合度〔三四〕，光芒相射。先是，熒惑勾己于房心間，凡數月，至是與心大星合度，是夜順行。案：此條歐陽史不載。

星晝見

唐同光三年，六月己巳，太白晝見。

天成元年，七月庚申，太白晝見。

長興二年，五月己亥〔三五〕，歲星晝見。案：歐陽史作癸亥，太白晝見。閏五月己巳〔三六〕，歲星晝見。八月戊子〔三七〕，太白晝見。

三年，十月壬申，太白晝見。

四年，五月癸卯，太白晝見〔三八〕。

清泰元年，五月己未，太白晝見。

漢天福十二年，四月丙子，太白晝見〔三九〕。

乾祐二年，四月壬午，太白晝見〔四〇〕。

周廣順二年，二月庚寅，太白經天。

流星

梁乾化元年，十一月甲辰，東方有流星如數升器，出畢宿口，曳光三丈餘，有聲如雷。

唐長興二年，九月丙戌夜二鼓初，東北方有小流星入北斗魁滅。至五鼓初，西北方次北有流星，狀如半升器，初小後大，速流如奎滅，尾迹凝天，屈曲似雲而散，光明燭地。又東北有流星如大桃，出下台星，西北速流，至斗柄第三星旁滅。五鼓後至明，中天及四方有小流星百餘，流注交横。

應順元年春，案：原本訛「廣順」，今據歐陽史改正。（舊五代史考異）二月辛未夜，有大星如五升器，流於東北，有聲如雷。

清泰元年，九月辛丑夜五鼓初，有大星如五斗器，西南流〔四一〕，尾迹長數丈，色赤〔四二〕，移時盤屈如龍形，蹙縮如二鏵，相鬬而散。又一星稍小，東流，有尾迹，凝成白氣，食頃方散。

晉天福三年，三月壬申夜四鼓後，東方有大流星，狀如三升器，其色白，尾迹長尺餘〔四三〕，屈曲流出河鼓星東三尺，流丈餘滅〔四四〕。

周顯德元年，正月庚寅子夜後，東北有大星墜，有聲如雷，牛馬震駭，六街鼓人方寐而驚，以爲曉鼓，乃齊伐鼓以應之，至曙方知之。三月，高平之役，戰之前夕，有大流星如日，流行數丈，墜於賊營之所。

雲氣

梁開平二年，三月丁丑夜，月有蒼白暈，又有白氣如人形十餘，皆東向，出於暈内。九月乙酉，平旦，西方有氣如人形甚衆，皆若俯伏之狀，經刻乃散。

唐同光二年，日有背氣，凡十二。

三年，九月丁未夜〔四五〕，遍天陰雲，北方有聲如雷，四面雞雉皆雊，俗謂之「天狗落」。

是歲，日有背氣，凡十三。是月，司天監奏：「自七月三日陰雲大雨，至九月十八日後方晴，三辰行度行度，原本作「在度」，今從五代會要改正。（影庫本粘籤）災祥，數日不見。」閏十二月庚午〔四六〕，日有黑氣，似日，交相錯磨，測在室十度。

天成二年，十二月壬辰，西南有赤氣，如火燄燄，約二千里。占者云：「不出二年，其下當有大兵。」

長興三年，六月，司天監奏：「自月初至月終，每夜陰雲蔽天，不辨星月。」

應順元年，四月九日，白虹貫日，是時閔帝遇害。

晉天福初，高祖將建義於太原，日傍多有五色雲，如蓮芰之狀。

二年，正月丙辰一鼓初，北方有赤氣，向西至戌亥地，東北至丑地已來向北，闊三丈餘，狀如火光。赤氣內見紫微宮共北斗諸星，其氣乍明乍暗。至三點後，後有白氣數條，相次西行，直至三鼓後散。

漢乾祐二年，十二月，日暈三重，上有背氣。

周顯德三年，十二月庚午，白虹貫日，氣暈勾環。永樂大典卷三千二百七。

校勘記

〔一〕梁太祖開平五年　「開平五年」，原作「乾化元年」，據五代會要卷一〇、文獻通考卷二八三改。影庫本粘籤：「『元年，原本作『五年』，考乾化無五年，通鑑、歐陽史俱作『元年』。今改正。』按開平五年五月改元乾化元年，此敍正月事，粘籤稱原本作「五年」，正指開平五年。

〔二〕八年四月戊申朔　「八年四月」，原作「八月」，據本書卷八一晉少帝紀一、五代會要卷一〇、新五代史卷五九司天考、通鑑卷二八三改。按天福七年八月壬子朔，八年四月戊申朔。

〔三〕二月壬戌朔　「二月」，原作「三月」，據本書卷八四晉少帝紀四、五代會要卷一〇、新五代史卷五九司天考、通鑑卷二八五改。按二月壬戌朔，三月壬辰朔。

〔四〕少帝開運元年　「元年」，原作「二年」，據五代會要卷一〇、新五代史卷五九司天考改。按開運二年三月丁酉朔，無戊子，九月甲午朔，無丙戌；開運元年三月癸酉朔，戊子爲十六日，九月庚午朔，丙戌爲十七日。

〔五〕十一月　新五代史卷五九司天考、文獻通考卷二八九作「十一月丁丑」。

〔六〕在牛宿五度　「牛宿」，原作「宿」，據五代會要卷一〇、文獻通考卷二八六改。殿本、劉本作「牛」。影庫本粘籤：「在宿五度，『宿』字上當有闕字，今無別本可考，姑仍其舊，附識于此。」

〔七〕九月己丑　「己丑」，原作「乙丑」，據五代會要卷一〇、文獻通考卷二八六改。按是月丁亥朔，無乙丑，己丑爲初三。

〔八〕九月　五代會要卷一〇作「九月壬午」。

〔九〕周太祖顯德三年　「太祖」，五代會要卷一〇無，文獻通考卷二八六作「世宗」。按周太祖卒於顯德元年。

〔一〇〕五月壬戌熒惑犯心大星　據劉次沅考證，閏五月壬戌，熒惑守心大皇。按五月己卯朔，無壬戌；閏五月戊申朔，壬戌爲初三。

〔一一〕四月甲子　「甲子」，原作「甲申」，據新五代史卷五九司天考、文獻通考卷二八九改。據劉次沅考證，熒惑犯左執法在是月甲子。

〔一二〕九月己亥熒惑在江東　據劉次沅考證，是日熒惑在天江東。

〔一三〕十二月　新五代史卷五九司天考作「十二月戊戌」。

〔一四〕三月熒惑犯上相　「三月」，新五代史卷五九司天考、文獻通考卷二八九作「三月己巳」。「上相」，據劉次沅考證，時熒惑在房上相東二度。上相，通常指太微東上相。房北第一、第二星也稱房上相、房次相。

〔一五〕閏八月癸卯　「閏」字原闕，據新五代史卷五九司天考、文獻通考卷二八九補。按八月癸酉朔，無癸卯，閏八月癸卯朔。

〔一六〕庚午太白犯左執法　「左執法」，新五代史卷五九司天考作「右執法」。據劉次沅考證，是日太白犯右執法。

〔一七〕八月　新五代史卷五九司天考、文獻通考卷二八九作「八月丁巳」。

〔一八〕太白犯鍵　「鍵」，文獻通考卷二八九作「鍵閉」。

〔一九〕九月庚寅太白犯哭星　據劉次沅考證，是時無此天象，太白犯哭星在當年十一月庚寅。

〔二〇〕晉天福元年　「晉」，殿本、孔本作「晉高祖」。

〔二一〕甲午　原作「甲申」，據新五代史卷五九司天考、文獻通考卷二八九改。據劉次沅考證，太白犯五諸侯在是月甲午。

〔二二〕八月辛卯太白犯軒轅　據劉次沅考證，太白犯軒轅在是月辛丑。按是月戊子朔，辛卯爲初四，辛丑爲十四日。

〔二三〕四月丁巳太白犯五諸侯　據劉次沅考證，太白犯五諸侯在是月丁卯。按是月癸卯朔，丁巳爲十五日，丁卯爲二十五日。

〔二四〕十月壬戌熒惑犯哭星　據劉次沅考證，熒惑犯哭星在是月壬子。按是月庚子朔，壬戌爲二十三日，壬子爲十三日。

〔二五〕十二月　新五代史卷五九司天考、文獻通考卷二九三下作「十二月癸丑」。

〔二六〕十一月　五代會要卷一一、新五代史卷五九司天考、文獻通考卷二九三下作「十一月辛亥」。按本書卷一〇三漢隱帝紀下繫其事於十一月十二日。是月庚子朔，十二日爲辛亥。

〔二七〕勾已往來　句下新五代史卷五九司天考有「至是歲十一月辛亥而出」十字。

〔二八〕二月丁巳歲犯咸池　據劉次沅考證，是日歲犯東咸。

〔二九〕四月甲午歲犯鈎鈐　據劉次沅考證，歲犯鈎鈐在是月甲辰。按是月壬辰朔，甲午爲初三，甲辰爲十三日。

〔三〇〕二年七月　「七月」，新五代史卷五九司天考作「七月乙丑」。

〔三一〕庚戌熒惑掩右執法　新五代史卷五九司天考作「庚辰太白掩右執法」。按是月甲寅朔，無庚戌，庚辰爲二十七日。

〔三二〕四月乙丑熒惑犯靈臺　據劉次沅考證，熒惑犯靈臺在是月乙亥。按是月庚戌朔，乙丑爲十六日，乙亥爲二十六日。

〔三三〕五月辛巳　原作「五年」，據殿本、新五代史卷五九司天考改。文獻通考卷二八九作「五月」。按廣順無五年。

〔三四〕六月庚子熒惑與心大星合度　據劉次沅考證，熒惑與心大星合度在是月庚寅。按是月乙亥朔，庚子爲二十六日，庚寅爲十六日。

〔三五〕五月己亥　按是月戊午朔，無己亥。

〔三六〕閏五月己巳　「己巳」，文獻通考卷二九三上同，新五代史卷五九司天考作「乙巳」。按是月戊子朔，無己巳，乙巳爲十八日。

〔三七〕八月戊子　「八月」，文獻通考卷二九三上同，新五代史卷五九司天考作「九月」。按八月丙辰朔，無戊子；九月乙酉朔，戊子爲初四。

〔三八〕太白晝見　「晝見」，文獻通考卷二九三上同，永樂大典卷七八五六引五代史作「經天」。

〔三九〕漢天福十二年四月丙子太白晝見　「漢」，永樂大典卷七八五六引五代史、文獻通考卷二九三上作「漢高祖」。「晝見」，永樂大典卷七八五六引五代史作「經天」。

〔四〇〕太白晝見　「晝見」，永樂大典卷七八五六引五代史作「經天」。

〔四一〕西南流　原作「而南流」，據本書卷四六唐末帝紀上、五代會要卷一一、文獻通考卷二九一改。

〔四二〕色赤　原作「亦赤色」，據五代會要卷一一、文獻通考卷二九一改。殿本作「赤色」。

〔四三〕尾迹長尺餘　「長尺餘」，五代會要卷一一、文獻通考卷二九一作「長二丈餘」。

〔四四〕流丈餘滅　五代會要卷一一、文獻通考卷二九一作「東流丈餘滅」。

〔四五〕九月丁未夜　「夜」字原闕，據殿本、五代會要卷一一補。本書卷三三唐莊宗紀七作「丁未夕」。

〔四六〕閏十二月庚午　按是月己丑朔，無庚午。

舊五代史卷一百四十

志二

曆志

案：五代修曆法，如晉馬重績調元曆、周王朴欽天曆，五代會要所載甚略，蓋因知曆者稀，莫能是正也。薛史載欽天曆用數爲歐陽史所本，其字句異同，彼此可互證云。

古先哲王，受命而帝天下者，必先觀象以垂法，治曆以明時，使萬物服其化風，四海同其正朔，然後能允釐下土，欽若上天。故虞舜之紹唐堯，先齊七政；武王之得箕子，首敍九疇。皇極由是而允興，人時以之而不忒。歷代已降，何莫由斯。

粵自軒黃肇正天統，歲躔辛卯，曆法時成。故黃帝始用辛卯曆，顓頊次用乙卯曆，虞用戊午曆，夏用丙寅曆，商用甲寅曆，周用丁巳曆，魯用庚子曆，秦用乙卯曆。漢用太初曆、四分曆、三統曆，凡三本。魏用黄初曆、景初曆，凡二本。晉用元始曆、合元萬分曆，凡二本。宋用大明曆、元嘉曆，凡二本。齊用天保曆、同章曆、正象曆，凡三本。後魏用興和曆、正光曆、正元曆，案：玉海作正統，五代會要作正元。（舊五代史考異）凡三本。梁用大同曆、乾象曆、永昌曆，凡三本。後周用天和曆、丙寅曆、明玄曆，凡三本。隋用甲子曆、開皇曆、皇極曆、大業曆，凡四本。唐用戊寅曆、麟德曆、神龍曆、大衍曆、元和觀象曆、長慶宣明曆、寶應曆〔一〕、正元曆〔二〕、景福崇玄曆，凡九本。

洎梁氏之應運也，乘唐室陵遲之後，黄巢離亂之餘，衆職未修，三辰孰驗。故當時歲曆，猶用宣明、崇玄二法參而成之。

及晉祖肇位，司天監馬重績始造新曆，奉表上之，云：「臣聞爲國者，正一氣之元，宣萬邦之命，爰資曆象〔三〕，以立章程。長慶宣明，雖氣朔不渝，即星躔罕驗；景福崇玄，縱五曆甚正，五曆甚正，疑當作「五緯」。考五代會要與薛史同，今姑仍其舊。（影庫本粘籤）而年差一日。今以宣明氣朔，崇玄星緯，二曆相參，方得符合。自古諸曆，皆以天正十一月爲歲首，歲首，原本闕「首」字，今據五代會要增入。（影庫本粘籤）循太古甲子爲上元，積歲彌多，差闊至甚。臣改法定元，創爲新曆一部二十一卷，案：玉海引崇文總目作二十卷。（舊五代史考異）七章上下經二卷，算草八卷，立成十二卷，取唐天寶十四載乙未，立爲上元〔四〕，以雨水正月朔爲歲首。謹詣閤門上進。」晉高祖命司天少監趙仁錡、張文皓，秋官正徐皓，天文參謀趙延乂、杜昇、杜崇龜等，以新曆與宣明、崇玄考覈得失，俾有司奉而行之，因賜號調元曆，案玉海：調元曆，蓋倣曹士蔿小曆之舊。唐建中時，曹士蔿始變古法，以顯慶五年爲上元，雨水爲歲首。世謂之小曆。（舊五代史考異）仍命翰林學士承旨和凝撰序。

其後數載，法度寖差。至周顯德二年，世宗以端明殿學士、左散騎常侍王朴明於曆算，乃命朴考而正之。朴奉詔歲餘，撰成欽天曆十五卷，上之。表云：

臣聞聖人之作也，在乎識天人之變者也。人情之動，則可以言知之；天道之動，則當以數知之。數之爲用也，聖人以之觀天道焉。歲月日時，由斯而成；陰陽寒暑，由斯而節；四方之政，由斯而行。夫爲國家者，履端立極，必體其元；布政考績，必因其歲；禮動樂舉，必正其朔；三農百工，必授其時；五刑九伐，必順其氣；庶務有爲，必從其日月；日月，原本脱「月」字，今從五代會要增入。（影庫本粘籤）六籍宗之爲大典，百王執之爲要道。是以聖人受命，必治曆數。故得五紀有常度，庶徵有常應，正朔行之於天下也。

自唐而下，凡歷數朝，亂日失天，垂將百載，天之曆數，汩陳而已矣。今陛下順考古道，寅畏上天，咨詢庶官〔五〕，振舉墜典。以臣薄游曲藝，嘗涉舊史，遂降述作之命，俾究推測之要〔六〕，雖非能者，敢不奉詔。乃包萬象以立法，齊七政以立元，測圭箭以候氣，審朓朒以定朔，明九道以步月，校遲疾以推星，考黃道之斜正，辨天勢之昇降，而交蝕詳焉。

夫立天之道，曰陰與陽，陰陽各有數，合則化成矣。陽之策三十六，陰之策二十四，奇偶相命，兩陽三陰，同得七十二，同則陰陽之數合。七十二者，化成之數也，化成則謂之五行之數。五之得朞之數，過者謂之氣盈，不及謂之朔虛。至於應變分用，無所不通，所謂包萬象矣。故以七十二爲經法，經者常也，常用之法也。百者數之節也，隨法進退，不失舊位，故謂之通法。以通法進經法，得七千二百，謂之統法。自元入經，先用此法，統曆之諸法也。以通法進統法，得七千二百萬，案：下文以通法進全率，得大率七千二百萬，則此云七千二百萬者，乃大率之數，以言全率，蓋傳寫之訛。據統法七千二百，通法一百，以通法進統法，當云得七十二萬。氣朔之下，收分必盡，謂之全率。以通法進全率，得七千二百萬，謂之大率，而元紀生焉。元者，歲、月、日、時皆甲子〔七〕，日、月、五星合在子正之宿，當盈縮先後之中，所謂七政齊矣。

古之植圭於陽城者，以其近洛故也，蓋尚慊其中，乃在洛之東偏。開元十二年，遣使天下候影，南距林邑國，北距橫野軍，中得浚儀之岳臺，應南北弦，居地之中。皇家建國，定都於梁。今樹圭置箭，測岳臺晷漏，以爲中數。晷漏正，則日之所至，氣之所應得之矣。

日月皆有盈縮。日盈月縮，則後中而朔；月盈日縮，則先中而朔。自古朓朒之法，率皆平行之數，入曆既有前次，而又衰稍不倫。皇極舊術〔八〕，則迂迴而難用，降及諸曆，則疏遠而多失。今以月離朓朒，隨曆較定，日躔朓朒，臨用加減，所得者入離定日也。一日之中，分爲九限，逐限損益，衰稍有倫。朓朒之法，可謂審矣〔九〕。

赤道者，天之紘帶也〔一〇〕，其勢圓而平，紀宿度之常數焉。黃道者，日軌也，其半在赤道內，半在赤道外，去赤道極遠二十四度〔一一〕。當與赤道近〔一二〕，則其勢斜；當去赤道遠，則其勢直。當斜則日行宜遲，當直則日行宜速。故二分前後加其度，二至前後減其度。九道者，月軌也，其半在黃道內，半在黃道外，去黃道極遠六度〔一三〕。出黃道謂之正交，入黃道謂之中交。若正交在秋分之宿，中交在春分之宿，則比黃道益斜；若正交在春分之宿，春分之宿，原本作「之分」，今據五代會要改正。（影庫本粘籤）中交在秋分之宿，則比黃道反直；若正交、中交在二至之宿，則其勢差斜。故較去二至、二分遠近，以考斜正，乃得加減之數。自古雖有九道之說，蓋亦知而未詳，空有祖述之文，全無推步之用。今以黃道一周，分爲八節，一節之中，分用九道，盡七十二道而復，使日月二軌無所隱其斜正之勢焉〔一四〕。九道之法，所謂明矣。

星之行也，近日而疾，遠日而遲，去日極遠，勢盡而留。自古諸曆，分段失實，隆降無准，今日行分尚多，次日便留，自留而退，唯用平行，仍以入段行度爲入曆之數，皆非本理，遂至乖戾。今校定逐日行分，積逐日行分以爲變段。於是自疾而漸遲〔一五〕，勢盡而留，自留而行，亦積微而後多。別立諸段變曆，以推變差，俾諸段變差際會相合。星之遲疾，可得而知之矣。

自古相傳，皆謂去交十五度以下，則日月有蝕，殊不知日月之相掩，與闇虛之所射，其理有異焉。今以日月徑度之大小，校去交之遠近，以黄道之斜正，天勢之升降，度仰視、旁視之分數，則交虧得其實矣。

乃以一篇步日，一篇步月，一篇步星，案：以下脱「一篇步發斂」五字。下云「以卦候没滅爲之下篇」者，言爲步發斂之下篇。歐陽史約其文，稱「謹以步日、步月、步星、步發斂爲四篇」，是也。以卦候没滅爲之下篇，都四篇，爲曆經一卷，曆十一卷，草三卷，顯德三年七政細行曆一卷。

臣檢討先代圖籍，今古曆書，皆無蝕神首尾之文，蓋天竺胡僧之祆説也。近自司天卜祝小術〔一六〕，不能舉其大體，遂爲等接之法。蓋從假用以求徑捷，於是乎交有逆行之數，後學者不能詳知，便言曆有九曜，以爲注曆之恒式，今並削而去之。

昔在唐堯，欽若昊天，陛下親降聖謨，考曆象日月星辰，唐堯之道也，其曆謹以「顯德欽天」爲名。天道玄遠，非微臣之所盡知，但竭兩端，以奉明詔。疏略乖謬，甘俟罪戾。

世宗覽之，親爲製序，仍付司天監行用，以來年正旦爲始，自前諸曆並廢。案玉海：欽天于朔分之下，立小分謂之杪。說者謂前代謂曆朔餘未有杪者。若可用杪，何待求日法以齊朔分也。（舊五代史考異）其曆經一卷，今聊紀於後，以備太史氏之周覽焉。永樂大典卷二萬八百一十七。

顯德欽天曆經

演紀上元甲子，距今顯德三年丙辰，積七千二百六十九萬八千四百五十二。

欽天統法：七千二百

欽天經法：七十二

欽天通法：一百

欽天步日躔術

歲率：二百六十二萬九千七百六十四十

軌率：二百六十二萬九千八百四十四八十

朔率：二十一萬二千六百二十二十八

歲策：三百六十五　一千七百六十四十

軌策：三百六十五　一千八百四十四八十

歲中：一百八十三〔一七〕四千四百八十二十

軌中：一百八十二　四千五百二十二四十

朔策：二十九　三千八百二十二十八

氣策：一十五　一千五百七十三三十五

象策：七　二千七百五十五七

周紀：六十

歲差：八十四四十

辰則：六百　八刻二十四分

案：以上題稱步日躔術，及後步月離術、步五星術，合爲曆經四篇者之三，又皆僅列用數而不及推步。據歐陽史云：「舊史亡其步發斂一篇，而在者三篇，簡略不完。」然則薛史原文固已闕矣。

欽天步月離術

離率：一十九萬八千三百九十三　九

交率：一十九萬五千九百三十七〔一八〕九十七　五十六

離策〔一九〕：一十七　三千九百九十三　九

案：歐陽史作離策二十七，此云一十七，當是傳寫之訛。以統法除離率，得二十七日及餘分。

交策：二十七　一千五百二十七　九十七　五十六

望策：一十四　五千五百一十　一十四

交中：一十三　四千四百六十三　九十八　七十八

案：四千四百，歐陽史作四千三百，據交策半之爲交中，當從歐陽史。

離朔：一　七千二十七　一十九

交朔：二　二千二百九十二　三十　四十四

小數「三十」，歐陽史作「三十二」，以統法推之，當作「三十」，今仍薛史之舊。（影庫本粘籤）

中准：一千七百三十六

中限：四千七百八十

平離：九百六十三

程節：八百

欽天步五星術

歲星

周率：二百八十七萬一千九百七十六 六

變率：二十四萬二千二百一十五 六十六

曆率：二百六十二萬九千七百六十一 七十八

案：七百六十一，歐陽史訛作九百六十六，非也。據曆率半之爲曆中。彼此互訂，此條足正歐陽史之訛。

周策：三百九十八　六千三百七十六 六

曆中：一百八十二　四千四百八十 九十六

案：歐陽史小分作八十九，此云九十六，非也。據曆中倍之爲曆率，倍九十六，適得大分一，小分七十八。

變段[一〇]　變日　變度　變曆

晨見	一十七	三三十七	二三十四
順遲	二十五	二九	一二十九
退遲	一十四	一一十二	空二十八
退疾	二十七	四三十八	一三十七
後留	二十六三十二		
順疾	九十	一十六六十三	一十一一十三
順疾	九十	一十六六十三	一十一一十三
前留	二十六三十二		
退疾	二十七	四三十八	一三十七
退遲	一十四	一一十二	空二十八
順遲	二十五	二九	一二十九
夕伏	一十七	三三十七	二三十四

熒惑

周率：五百六十一萬五千四百二十二一十一

變率：二百九十八萬五千六百六十一七十一

曆率：二百六十二萬九千七百六十

周策：七百七十九　六千六百二十二 一十一

曆中：百八十二　四千四百八十

變段	變日	變度	變曆
晨見	七十三	五十三 六十八	五十 五十八
順疾	七十三	五十一 一	四十八 三
次疾	七十一	四十六 六十九	四十四 一十七〔二〕
次遲	七十一	四十五 三十三	四十二 五十八
順遲	六十二	一十九 二十九	一十八 二十
前留	八 六十九		
退遲	一十	一 五十八	空 四十四
退疾	二十一	七 四十六	二 四十
退疾	二十一	七 四十六	二 四十
退遲	一十	一 五十八	空 四十四〔三〕
後留	八 六十九		

順遲	六十二	一十九二十九	一十八二十
次遲	七十一	四十五三十三	四十二五十八
次疾	七十一	四十六六十九	四十四一十七
順疾	七十三	五十一一	四十八三
夕伏	七十三	五十三六十八〔二三〕	五十五十八

鎮星

周率：二百七十二萬二千一百七十六九十

變率：九萬二千四百一十六五十

曆率：二百六十二萬九千七百五十九八十

周策：三百七十八　五百七十六九十

曆中：一百八十二　四千四百七十九九十

變段	變日	變度	變曆
晨見	一十九	二七	一一十四
順疾	六十五	六三十八	三五十一
順遲	一十九	空六十三	空三十五

前留	三十七三		
退遲	一十六	空四十三	空一十四
退疾	三十三	二三十五	空六十
退疾	三十三	二三十五	空六十
退遲	一十六	空四十三	空一十四
後留	三十七三		
順遲	一十九	空六十三	空三十五
順疾	六十五	六三十八	三五十一
夕伏	一十九	二七	一一十四

太白

周率：四百二十萬四千一百四十三九十六

變率：四百二十萬四千一百四十三九十六

曆率：二百六十二萬九千七百五十五十六

周策：五百八十三　六千五百四十三九十六

案：原本作周策五百八十三萬，考周率滿統法得周策五百八十三日及餘分〔二四〕，「萬」字係衍文，歐陽史亦無「萬」字，今删去。

曆中：一百八十二　四千四百七十五二十八

案：原本作曆中一百八十二萬，考曆率半之滿統法得曆中一百八十二日及餘分，「萬」字係衍文，歐陽史亦無「萬」字，今删去。

變段	變日	變度	變曆
夕見	四十二	五十三四十	五十一一十七
順疾	九十六	一百二十一五十七	一百一十六三十九
次疾	七十三	八十三十七	七十七二〔二五〕
次遲	三十三	三十四一	三十二四十
順遲	二十四	一十一六十一	一十一二十四
前留	六六十九		
退遲	四	一二十二	空三十一
退疾	六	三六十五	一二十二
夕伏	七	四四十	一三十七
晨見	七	四四十	一三十七

退疾	六	三六十五	一二十二
退遲	四	一二十二	空三十一
後留	六六十九		
順遲	二十四	一十一六十一	一十一二十四
次遲	三十三	三十四一	三十二四十
次疾	七十三	八十三十七	七十七二〔二六〕
順疾	九十六	一百二十一五十七	一百一十六三十九
晨伏	四十二	五十三四十	五十一一十七

辰星

周率：八十三萬四千三百三十五五十二

變率：八十三萬四千三百三十五五十二

曆率：二百六十二萬九千七百六十四十四

周策：一百一十五　六千三百三十五五十二

曆中：一百八十二　四千四百八十二二十二

變段	變日	變度	變曆

夕見	一十七	三十四一	二十九五十四
順疾	一十一	一十八二十四	一十六四
順遲	一十六	一十一四十三	一十一十
前留	二六十八		
夕伏	一十一	六	二
晨見	一十一	六	二
後留	二六十八		
順遲	一十六	一十一四十三	一十一十
順疾	一十一	一十八二十四	一十六四
晨伏	一十七	三十四一	二十九五十四

校勘記

〔二〕寶應曆　「寶應」，玉海卷一〇引五代史曆志作「寶應五紀」。按新唐書卷二五曆志一、卷二九曆志五記此曆名亦作「寶應五紀」。

〔三〕正元曆　「正元」，玉海卷一〇引五代史曆志作「建中正元」。按新唐書卷二五曆志一、卷二九曆志五記此曆名亦作「建中正元」。

〔三〕爰資曆象　「象」字原闕，據五代會要卷一〇補。按本書卷九六馬重績傳、新五代史卷五七馬重績傳載其上奏云：「曆象，王者所以正一氣之元，宣萬邦之命。」

〔四〕立爲上元　「上元」，原作「近元」，據殿本、劉本、本書卷九六馬重績傳、五代會要卷一〇、新五代史卷五七馬重績傳、卷五八司天考改。影庫本批校：「立爲近元，應作『上元』。」

〔五〕咨詢庶官　「庶官」，原作「度官」，據殿本、劉本、五代會要卷一〇、新五代史卷五八司天考改。

〔六〕俾究推測之要　「推測」，殿本、五代會要卷一〇作「迎推」。影庫本批校：「案會要，『推測』應作『迎推』。」

〔七〕歲月日時皆甲子　「日」字原闕，據五代會要卷一〇、新五代史卷五八司天考補。殿本作「歲日月時皆甲子」。

〔八〕皇極舊術　「術」，原作「述」，據五代會要卷一〇、新五代史卷五八司天考改。

〔九〕可謂審矣　「可謂」，原作「所謂」，據五代會要卷一〇、新五代史卷五八司天考改。

〔一〇〕天之紘帶也　「紘」，原作「弦」，據五代會要卷一〇、新五代史卷五八司天考改。

〔一一〕去赤道極遠二十四度　「赤道」二字，五代會要卷一〇、新五代史卷五八司天考無。

〔一二〕當與赤道近　「近」，原作「交」，據五代會要卷一〇、新五代史卷五八司天考改。

〔一三〕去黃道極遠六度　「黃道」二字，五代會要卷一〇、新五代史卷五八司天考無。

〔一四〕使日月二軌無所隱其斜正之勢焉　「二」，原作「之」，據殿本、孔本、五代會要卷一〇、新五代史卷五八司天考改。

〔一五〕於是自疾而漸遲　「而漸」，原作「漸而」，據五代會要卷一〇、新五代史卷五八司天考乙正。

〔一六〕近自司天卜祝小術　「近」，原作「只」，據殿本、劉本、五代會要卷一〇、新五代史卷五八司天考改。

〔一七〕一百八十三　新五代史卷五八司天考作「一百八十二」。

〔一八〕一十九萬五千九百三十七　新五代史卷五八司天考作「一十九萬五千九百二十七」。

〔一九〕離策　原作「策離」，據新五代史卷五八司天考乙正。

〔二〇〕變段　新五代史卷五八司天考記此表變段順序爲：晨見、順疾、順遲、前留、退遲、退疾、退疾、退遲、後留、順遲、順疾、夕伏。變段下有關數據順序亦與之相對應。據術，新五代史記載比較準確。

〔二一〕一十七　原作「一十六」，據殿本、孔本、新五代史卷五八司天考改。

〔二二〕四十四　原作「四十」，據殿本、孔本、新五代史卷五八司天考改。影庫本批校：「『空』下小注應作『四十四』。」

〔二三〕六十八　原作「六十六」，據殿本、孔本、新五代史卷五八司天考改。

〔二四〕考周率滿統法得周策五百八十三日及餘分　「周策」，原作「周率」，據孔本、殿本考證改。

〔二五〕七十七一　永樂大典卷七八五六引五代史作「七十七三」，新五代史卷五八司天考作「七十七二」。

〔二六〕七十七一　孔本、永樂大典卷七八五六引五代史作「七十七三」。

舊五代史卷一百四十一

志三

五行志

昔武王克商，以箕子歸，作洪範。其九疇之序，一曰五行，所以紀休咎之徵，窮天人之際。故後之修史者，咸有其説焉。蓋欲使後代帝王見災變而自省，責躬修德，崇仁補過，則禍消而福至，此大略也。今故按五代之簡編，記五行之災沴，追爲此志，以示將來。其於京房之舊説，劉向之緒言，則前史敘之詳矣，此不復引以爲證焉。

水淹風雨

梁開平四年十月，梁、宋、輝、亳水〔一〕，詔令本州開倉賑貸。十一月，大風，下詔曰：

「自朔至今，異風未息，宜命祈禱。」

唐同光二年七月，汴州雍丘縣大雨風，拔樹傷稼。曹州大水，平地三尺。八月，江南大雨溢漫〔二〕，流入鄆州界。鄆州，原本作「陳州」，今從五代會要改正。（影庫本粘籤）十一〔三〕，中書門下奏：「今年秋，天下州府多有水災，百姓所納秋税，請特放加耗。」從之。

三年六月至九月，大雨，江河崩決，壞民田。七月，洛水泛漲，壞天津橋，漂近河廬舍，艤舟爲渡，覆没者日有之。鄴都奏，御河漲，於石灰窯口開故河道，以分水勢。鞏縣河堤破，壞倉廒。八月，敕：「如聞天津橋未通往來，百官以舟檝濟渡，因兹傾覆，兼踣泥塗。自今文武百官，三日一趨朝，宰臣即每日中書視事。」

四年正月，敕：「自京以東〔四〕，案：此句疑有脱誤。幅圓千里，水潦爲沴，流亡漸多。宜自今月三日後〔五〕，避正殿，減常膳，徹樂省費，以答天譴。應去年經水災處鄉村，有不迨及逃移人户〔六〕，夏秋兩税及諸折科，委逐處長吏切加點檢〔七〕，並與放免，仍一年内不得雜差遣。應在京及諸縣，有停貯斛斗，並令減價出糶，以濟公私，如不遵守，仰具聞奏。」

長興元年夏，鄜州上言，大水入城，居人溺死。

二年六月壬戌，汴州上言，大雨，震文宣王廟講堂。十一月壬子，鄆州上言，黄河暴漲，漂溺四千餘户〔八〕。

三年四月，棣州上言，水壞其城。是月己巳〔九〕，鄆州上言，黄河水溢岸，闊三十里，東流。五月丁亥，申州大水〔一〇〕，平地深七尺。是月戊申，襄州上言，漢水入城，壞民廬舍，又壞均州郛郭，水深三丈，居民登山避水，仍畫圖以進。是月甲子〔一一〕，洛水溢，壞民廬舍。三年七月，諸州大水，宋、亳、潁尤甚。宰臣奏曰：「今秋宋州管界，水災最盛，人户流亡，粟價暴貴。臣等商量，請於本州倉出斛斗，依時估出糶〔一二〕，以救貧民。」從之。是月，秦州大水，溺死窯谷内居民三十六人。夔州赤甲山崩，案：原本訛「求甲」，今據五代會要改正。（舊五代史考異）大水漂溺居人。

清泰元年九月，連雨害稼。詔曰：「久雨不止，禮有祈禳〔一三〕，禜都城門，三日不止，乃祈山川，告宗廟社稷。宜令太子賓客李延範等禜諸城門，太常卿李懌等告宗廟社稷。」

晉天福初，高祖將建義於太原，城中數處井泉暴溢。

四年七月，西京大水，伊、洛、瀍、澗皆溢，壞天津橋。八月，河決博平，甘陵大水。

六年九月，河決於滑州，一概東流，居民登丘塚，爲水所隔。詔所在發舟檝以救之。兗州、濮州界皆爲水所漂溺，命鴻臚少卿魏玭、將作少監郭廷讓〔一四〕、右領軍衛將軍安濬〔一五〕、右驍衛將軍田峻於滑、濮、澶、鄆四州，檢河水所害稼，并撫問遭水百姓。兗州又奏，河水東流，闊七十里。至七年三月，命宋州節度使安彦威率丁夫塞之。河平，建碑立廟於河決之所。

開運元年六月，黄河、洛河泛溢，壞堤堰〔一六〕，鄭州原武、滎澤縣界河決。

周廣順二年七月，暴風雨，京師水深二尺，壞牆屋不可勝計。諸州皆奏大雨，所在河渠泛溢害稼。

三年六月，諸州大水，襄州漢江漲溢入城，城内水深一丈五尺〔一七〕，倉庫漂盡，居人溺者甚衆。

地震

唐同光二年十一月，鎮州地震。鎮州，原本作「真州」，今從五代會要改正。（影庫本粘籤）

三年十一月二十五日夜〔一八〕，魏博、徐宿地大震〔一九〕。

天成三年七月〔二〇〕，鄭州地震〔二一〕。

長興二年六月，太原地震，自二十五日子時至二十七日申時〔二二〕，二十餘度。左補闕李詳上疏曰：

臣聞天地之道，以簡易示人；鬼神之情，以禍福爲務。王者祥瑞至而不喜，災異見而輒驚，罔不寅畏上玄，思答天譴。臣聞北京地震，日數稍多。臣曾覽國書，伏見高宗時，晉州地震，上謂羣臣曰：「豈朕政教之不明，使晉州地震耶？」侍中張行成奏曰：「天陽也，地陰也，天陽君象，地陰臣象，君宜轉動，臣宜安靜。今晉州地震，彌旬不休，將恐女謁任事，臣下陰謀。且晉州是陛下本封，今地震焉，尤彰其應。伏願深思遠慮，以杜未萌。」又開元中，秦州地震，尋差官宣慰，兼降使致祭山川，所損之家，委量事安置奏聞。

伏惟陛下中興唐祚，起自晉陽，地數震於帝鄉，理合思於天誡。況聖明御宇，于今六年，歲稔時康，人安俗阜。臣慮天意恐陛下忘創業艱難之時，有功成矜滿之意。伏望特委親信，兼選勳賢，且往北京慰安，密令巡察〔二三〕，問黎民之疾苦，嚴山川之祭祀，然後鑒前朝得喪之本，採歷代聖哲之規，崇不諱之風，罷不急之務。

明宗深嘉之，錫以三品章服〔二四〕。十一月，雄武軍上言，洛陽地震。

三年八月，秦州地大震〔二五〕。

漢乾祐二年四月丁丑，幽、定、滄、營、深、貝深、貝，原本作「清具」，今從文獻通考改正。（影庫本粘籤）等州地震，幽、定尤甚。

周廣順三年十月，魏、邢、洺邢、洺，原本作「邢洛」，今從文獻通考改正。（影庫本粘籤）等州地震數日，凡十餘度，魏州尤甚。

者知其必敗。

蟲魚禽獸

梁龍德末，許州進緑毛龜，宮中造室以畜之，命之曰「龜堂」。識者以爲不祥之言。

唐天祐十八年二月，張文禮叛於鎮州，時野水變，其色如血，游魚多死，浮於水上，識者知其必敗。

十九年，定州王處直卒。先是，處直自爲德政碑，建樓於衙城内，言有龍見。或覩之，其狀乃黄么蜥蜴也。處直以爲神異，造龍牀以安之。又城東麥田中，有羣鵲數百，平地爲巢〔二六〕，處直以爲己德所感。識者竊論曰：「蟲蛇陰物，比藏山澤，今據屋室，人不得而有也。鵲巢於樹，固其所也；今止平地，失其所也〔二七〕。南方爲火，火主禮，禮之壞則羽蟲失性，以文推之，上失其道，不安於位之兆也。」果爲其子都所廢。

應順元年閏正月丙寅辰時，唐閔帝幸至德宮，初出興教門，有飛鳶自空而落，死於御前。是日，大風晦冥。

清泰元年十月辛未巳時，有雉金色，自南飛入中書，止於政事堂之上，吏驅之不去，良久又北飛。是日，民家得之。

二年，鄴西李固鎮，有大鼠與蛇鬭於橋下，鬭及日之申〔二八〕，蛇不勝而死。

三年三月戊午，有蛇鼠鬭於洛陽師子門外，而鼠殺蛇。夏四月戊子，熊入市，形如人，搏人。又一熊自老君廟南走向城，會車駕幸近郊，從官射之而斃。

漢乾祐三年正月，有狐出明德樓，獲之，比常狐毛長，腹別有二足。

周廣順三年六月，河北諸州旬日内無烏〔二九〕，既而聚澤潞之間山谷中，集於林木，壓樹枝皆折。是年，人疾疫死者甚衆。至顯德元年，河東劉崇爲周師所敗，伏尸流血，故先萌其兆。

顯德元年三月，潞州高平縣有鵲巢於縣郭之南平地，巢中七八雛。

蝗

梁開平元年六月，許、陳、汝、蔡、潁五州蝝生，有野禽羣飛蔽空，食之皆盡。

唐同光三年九月，鎮州奏，飛蝗害稼。

晉天福七年四月，山東、河南、關西諸郡蝗害稼，至八年四月，天下諸州飛蝗害田，食草木葉皆盡。詔州縣長吏捕蝗。華州節度使楊彦詢（案：原本作「彦珣」，今從列傳改正。（舊五代史考異））雍州節度使趙瑩命百姓捕蝗一斗，以禄粟一斗償之。時蝗旱相繼，人民流移，饑者盈路，關西餓殍尤甚，死者十七八。朝廷以軍食不充，分命使臣諸道括粟麥，晉祚自茲衰矣。

漢乾祐元年七月，青、鄆、兖、齊、濮〔三〇〕、沂、密、邢、曹皆言蝝生。開封府奏，陽武、雍丘、襄邑等縣蝗，開封尹侯益遣人以酒肴致祭，尋爲鸜鵒食之皆盡。敕禁羅弋鸜鵒，以其有吞蝗之異也。

二年五月，博州奏，有蝝生，化爲蝶飛去。宋州奏，蝗一夕抱草而死，差官祭之。

火

唐天成四年十一月，汝州火，燒羽林軍營五百餘間。先是，司天奏，熒惑入羽林，飭京師爲火備，至是果應。

長興二年四月辛丑，汴州封禪寺門扉上欻然火起，延燒近舍。是月，衞州奏，黎陽大火。先是，下詔於諸道，令爲火備，至是驗之。

三年十二月壬戌，懷州軍營内，三處火光自起，人至即滅，並不焚燒舍宇。明宗謂侍臣曰：「火妖乎？」侍臣曰：「恐妖人造作，宜審詰之。」

晉天福三年十一月，襄州奏，火燒居民千餘家。

九年春，左龍武統軍皇甫遇從少帝禦契丹於鄆州北，將戰之夕，有火光熒熒然，生於牙竿之上。

周顯德五年四月，吴越王錢俶奏，十日夜，杭州火，焚燒府署殆盡。世宗命中使賫詔撫問。

草木石冰

梁開平三年春正月〔三一〕，潞州軍前李思安奏，壺關縣庶穰鄉庶穰，原本作「康穰」，考五代會要作庶穰，薛史晉高祖紀亦作「庶」，今改正。（影庫本粘籤）村人因伐樹倒，自分爲兩片，内有六字，皆如左書，曰「天十四載石進」，乃圖其狀以進。梁祖異之，命示百官，莫有詳其義者。及晉高祖即位，人以爲雖有國姓〔三二〕，計其甲子則二十有九年矣。識者曰：「『天』字取『四』字中兩畫加之於傍，則『丙』字也；『四』字去中間兩畫加『十』字，則『申』字也。晉祖即位之年，乃丙申也。」

唐天祐五年，長柳巷田家有殭桃樹，伐已經年〔三三〕，舊坎猶在，其仆木一朝屹然而起，行數十步，復於舊坎，其家駭異，倉皇散走。議者以漢昭帝時，上林仆木起生枝，時蟲蠹成文而宣帝興。今木理成文，仆而重起，乃莊宗中興之兆也。

同光元年冬十二月辛卯，亳州亳州，原本作「濠州」，今從五代會要改正。（影庫本粘籤）太清宫道士上言，玄元皇帝殿前枯檜再生一枝，畫圖以進。

清泰末年，末帝先人墳側古佛刹中石像，忽然摇動不已，觀者咸訝焉。

晉開運元年七月一日，少帝御明德門，宣赦改元。是日，遇大雷雨，門内有井亭，亭有石盆，有走水槽，槽有龍首，其夕悉飄行數十步，而龍首斷焉。識者曰：「石，國姓也，此兆非祥，石氏其還乎？其絶乎？」

二年正月，汴州封丘門外，壕水東北隅水上有文，若大樹花葉芬敷之狀，相連數十株，宛若圖畫，傾都觀之。識者云：「唐景福中，盧彦威鎮浮陽〔三四〕，壕水有樹文亦如此，時有高尼辭郡人曰：『此地當有兵難。』至光化中，其郡果爲燕帥劉仁恭所陷。」

三年九月，大水，太原葭蘆茂盛，最上一葉如旗狀，皆南指。十二月己丑，雨木冰。是月戊戌，霜霧大降，草木皆如冰。

漢乾祐元年八月，李守貞叛于河中，境内蘆葉皆若旗旐之狀〔三五〕。

周廣順三年春，樞密使王峻遥鎮青州，有司制旄節以備迎授。前夕，其節有聲。主者曰：「昔後唐長興中，安重誨授河中，其節亦有聲，斯亦木之妖也。」永樂大典卷八千六百十九。（孔本）

校勘記

〔一〕梁宋輝亳水　「梁宋輝亳」，五代會要卷一一作「青宋冀亳」，文獻通考卷二九六作「滑宋許亳」。

〔二〕江南大雨溢漫　殿本作「大雨河水溢漫」。按本書卷三二唐莊宗紀六：「（同光二年八月）宋州大水，鄆、曹等州大風雨。」

〔三〕十一月　五代會要卷一一作「十二月」。

〔四〕自京以東　「東」，原作「來」，據五代會要卷一一、册府卷九二改。

〔五〕宜自今月三日後　「今月」，原作「今年」，據五代會要卷一一、册府卷九二改。

〔六〕有不迨及逃移人户　「不迨」，原作「不給」，據孔本、册府卷九二、卷四九一改。五代會要卷一一作「不逮」。

〔七〕委逐處長吏切加點檢　「逐處」，原作「諸處」，據孔本、五代會要卷一一、册府卷九二改。

〔八〕二年六月壬戌汴州上言大雨震文宣王廟講堂……漂溺四千餘户　按此則殿本、劉本繫於下文「是月甲子」下，無「二年」二字。

〔九〕是月己巳　「是月」，原作「是日」，據殿本、劉本、孔本改。

〔一〇〕申州大水　「申州」下殿本、劉本有「奏」字。

〔一一〕是月甲子　本書卷四三唐明宗紀九敍其事云：「（長興三年六月）甲子……洛水漲泛二丈，廬舍居民有溺死者。」按五月壬午朔，無甲子；六月壬子朔，甲子爲十三日。

〔三〕依時估出糶　「估」字原闕，據五代會要卷一一、册府卷一〇六補。

〔三〕禮有祈禳　「祈禳」，原作「所禳」，據殿本、劉本、五代會要卷一一、册府卷一四五改。

〔四〕郭廷讓　五代會要卷一一同，册府卷一六二、五代會要（四庫本）卷一一作「霍廷讓」。

〔五〕右領軍衛將軍　原作「右金吾衛將軍」，據殿本、孔本改。五代會要卷二作「右領衛將軍」，册府卷一六二作「左領軍衛將軍」。

〔六〕壞堤堰　「壞」字原闕，據五代會要卷一一、文獻通考卷二九六補。

〔七〕城内水深一丈五尺　「一丈」二字原闕，據本書卷一一三周太祖紀四、五代會要卷一一補。

〔八〕三年十一月二十五日夜　本書卷三三唐莊宗紀七敍其事云：「（同光三年十一月戊戌）徐州、鄴都上言：十月二十五日夜，地大震。」

〔九〕魏博徐宿地大震　「宿」，五代會要卷一〇作「泗」。

〔一〇〕天成三年七月　「三年」，五代會要卷一〇作「二年」。

〔二〕鄭州地震　「州」字原闕，據劉本、五代會要卷一〇補。

〔三〕自二十五日子時至二十七日申時　「子時」，五代會要卷一〇作「未時」。

〔三〕密令巡察　「察」字原闕，據五代會要卷一〇、册府卷五四七補。

〔四〕錫以三品章服　「三品」，五代會要卷一〇、册府卷一〇一作「四品」，册府卷五四九作「五品」。

〔三五〕秦州地大震　「大」字原闕，據殿本、孔本補。

〔三六〕有羣鵲數百平地爲巢　「數百」、「爲巢」，册府卷九五一作「數十」、「共巢」。

〔三七〕鵲巢於樹固其所也今止平地失其所也　以上十六字原闕，據册府卷九五一補。

〔三八〕鬬及日之申　「申」，原作「中」，據本書卷七五晉高祖紀一改。按本書卷七五晉高祖紀一下文云「後唐末帝果滅于申」。

〔三九〕河北諸州旬日内無烏　「河北」，五代會要卷一一、文獻通考卷三一二作「河南河北」。

〔三〇〕濮　原作「漢」，據殿本、劉本、五代會要卷一一、文獻通考卷三一四改。

〔三一〕梁開平三年春正月　本書卷七五晉高祖紀一繫其事於唐天祐四年。按天祐四年即開平元年，至晉高祖即位正二十九年。

〔三二〕人以爲雖有國姓　「國姓」，原作「圖姓」，據册府卷二一一改。

〔三三〕伐已經年　「伐已」二字原闕，據御覽卷九六七引後唐史、册府卷二一一補。

〔三四〕盧彦威鎮浮陽　「鎮」字原闕，據五代會要卷一一補。

〔三五〕漢乾祐元年八月李守貞叛于河中境内蘆葉皆若旗旒之狀　以上二十四字原闕，據殿本、劉本、孔本補。　影庫本批校：「原本尚有『漢乾祐元年』一條，今脱去。」

舊五代史卷一百四十二

志四

禮志上

案：禮志序，永樂大典原闕。

梁開平元年夏四月，太祖初受禪，乃立四廟於西京，從近古之制也。

唐同光二年六月，太常禮院奏：「國家興建之初，已於北都置廟，今克復天下，遷都洛陽，却復本朝宗廟。按禮無二廟之文，其北都宗廟請廢。」乃下尚書省集議。禮部尚書王正言等奏議曰：「伏以都邑之制，宗廟爲先〔一〕。今卜洛居尊，開基御宇，事當師古，神必依人。北都先置宗廟，不宜並設。況每年朝享，禮有常規，時日既同，神何所據。竊聞近例，亦有從權。如神主已修，迎之藏於夾室；若廟宇已崇，虛之以爲恒制。若齊桓公之廟二主，禮無明文，古者師行，亦無遷於廟主。昔天后之崇鞏、洛，禮謂非宜；漢皇之戀豐、滕，豐、滕，原本作「封藤」，今從漢書改正。（影庫本粘籤）事無所法。況本朝故事，禮院具明，洛邑舊都，嵩丘正位，豈宜遠宮闕之居，建祖宗之廟。事非可久，理在從長，其北都宗廟，請准太常禮院申奏停廢。」從之。

天成元年，中書舍人馬縞奏曰：「伏見漢晉已來，諸侯王宗室承襲帝統，除七廟之外，皆別追尊親廟。漢光武皇帝立先四代於南陽，其後桓帝已下，亦皆上考前修，追崇先代。乞依兩漢故事，別立親廟。」詔下尚書省，集百官定議。禮部尚書蕭頃等議曰：「伏見方册所載，聖概所存，將達蘋藻之誠，宜有楶棁之制。臣等集議，其追尊位號及建廟都邑，乞特降制命，依馬縞所議。」

天成二年〔二〕，中書門下又奏：「伏以兩漢以諸侯王入繼帝統，則必易名上謚，廣孝稱皇，載於諸王故事，孝德皇、孝仁皇、孝元皇是也。伏乞聖慈，俯從人願，許取皇而薦號，兼上謚以尊名，改置園陵，仍增兵衛。」遂詔太常禮院定其儀制焉。太常博士王丕等引漢桓帝入嗣，尊其祖河間孝王曰孝穆皇帝、父蠡吾侯案：原本訛「蠡愚」，今據後漢書改正。（舊五代史考異）曰孝崇皇帝爲例〔三〕，請付太常卿定謚。刑部侍郎、權判太常卿馬縞復議曰：「伏准兩漢故事，以諸侯王宗室入承帝統，則必追尊父祖，修樹園陵，西漢宣帝、東漢光武，孝饗之道，故事具存。自安帝入嗣，遂有皇太后令，別崇謚法，追曰某皇，所謂孝德、孝穆之類是也。前代惟孫皓自烏程侯繼嗣，追封父和爲文皇帝，事出非常，不堪垂訓。今據禮院狀，漢安帝以下，若據本紀，又不見『帝』字。伏以謚法『德象天地曰帝』，伏緣禮院已曾奏聞，難將兩漢故事，便述尊名，請詔百官集議。」時右僕射李琪等議曰：「伏覩歷代已來，宗廟成制，繼襲無異，沿革或殊。馬縞所奏，禮有按據，乞下制命，令馬縞虔依典册，以述尊名。」

時明宗意欲兼加「帝」字，乃下詔曰：「朕聞開國承家〔四〕，得以制禮作樂，故三皇不相襲，五帝不相沿，隨代創規，於禮無爽〔五〕，矧或情關祖禰，事繫烝嘗。且追謚追尊，稱皇與帝，既有減增之字，合陳褒貶之辭。大約二名俱爲尊稱，若三皇之代故不可加『帝』，五帝之代不可言『皇』。爰自秦朝，便兼二號。至若玄元皇帝，事隔千祀，宗追一源，猶顯册於鴻名，豈須遵於漢典。況朕居九五之位，爲億兆之尊，不可總二名於眇躬，惜一字於先代，苟隨執議，何表孝誠。可委宰臣與百官詳定，集兩班於中書，逐班各陳所見。」唯李琪等請於祖禰二室先加「帝」字。宰臣合衆議奏曰：「恭以朝廷之重，宗廟爲先，事繫承祧，義符致美。且聖朝追尊之日，即引漢氏舊儀，在漢氏封崇之時，復依何代故事？理關凝滯，未叶聖謨；道合變通，方爲民則。且王者功成治定，制禮作樂，正朔服色，尚有改更，尊祖奉先，何妨沿革。若應州應州，原本作「慮州」，今從五代會要改正。（影庫本粘籤）必立別廟，即地遠上都。今據開元中追尊臯陶爲德明皇帝，涼武昭王爲興聖皇帝，皆立廟於京都。臣等商量，所議追尊四廟，望依御札並加『皇帝』之號，兼請於洛京立廟。」敕：「宜於應州舊宅立廟，餘依所奏。」案文獻通考：後唐之所謂七廟者，以沙陀之獻祖國昌、太祖克用、莊宗存勗而上繼唐之高祖、太宗、懿宗、昭宗。此所謂四廟者，又明宗代北之高、曾、祖、父也。

其年八月，太常禮院奏：「莊宗神主以此月十日祔廟，七室之內，合有祧遷。」中書門下奏議，請祧懿祖一室。後下百僚集議，禮部尚書蕭頃等奏，請從中書所奏，從之。

應順元年正月，中書門下奏：「太常以大行山陵畢祔廟。今太廟見饗七室，高祖、太宗、懿宗、昭宗、獻祖、太祖、莊宗，大行升祔，禮合祧遷獻祖，請下尚書省集議。」太子少傅盧質等議曰：「臣等以親盡從祧，垂於舊典，疑事無質，素有明文。頃莊宗皇帝再造寰區，復隆宗廟，追三祖於先遠，復四室於本朝，式遇祧遷，旋成沿革。及莊宗升祔，以懿祖從祧，蓋非嗣立之君，所以先遷其室。光武滅新之後，始有追尊之儀，比祗在於南陽〔六〕，元不歸於太廟，引事且疏於故實，此時須稟於新規〔七〕。將來升祔先廟，次合祧遷獻祖，既協隨時之義，又符變禮之文。」從之。時議以懿祖賜姓於懿宗，以支庶繫大宗例〔八〕，宜以懿祖爲始祖〔九〕，次昭宗可也，不必祖神堯而宗太宗。若依漢光武，則宜於代州立獻祖而下親廟，其唐廟依舊禮行之可也，而議謚者忘咸通咸通，原本作「感通」，今據新唐書改正。（影庫本粘籤）之懿宗，又稱懿祖，父子俱「懿」，於理可乎！將朱耶三世與唐室四廟連敍昭穆，非禮之甚也。議祧者不知受氏於唐懿宗而祧之，今又及獻祖。以禮論之，始祧昭宗，次祧獻祖可也，而懿祖如唐景皇帝，豈可祧乎？

晉天福二年正月，中書門下奏：「皇帝到京，未立宗廟，望令所司速具制度典禮以聞。」從之。二月〔一〇〕，太常博士段顒議曰：

夫宗廟之制，歷代爲難，須考禮經，以求故事。謹按尚書舜典曰：「正月上日，受終於文祖。」此是堯之廟也，猶未載其數。又按郊祀録曰：「夏立五廟，商立六廟，周立七廟。漢初立祖宗廟於郡國，共計一百六十七所。後漢光武中興後，別立六廟。魏明帝初立親廟四，後重議，依周法立七廟。晉武帝受禪，初立六廟，後復立七廟。宋武帝初立六廟，齊朝亦立六廟。隋文帝受命，初立親廟四，至大業元年，煬帝欲遵周法，議立七廟。次屬傳禪於唐，武德元年六月四日，始立四廟於長安，至貞觀九年〔一一〕，命有司詳議廟制，遂立七廟，至開元十一年後，創立九廟。又按禮記喪服小記曰：「王者禘其祖之所自出，以其祖配之，而立四廟。」鄭玄注云：高祖以下至禰四世，即親盡也，更立始祖爲不遷之廟，共五廟也。又按禮記祭法及王制、孔子家語、春秋穀梁傳並云：天子七廟，諸侯五廟，大夫三廟，士一廟。此是降殺以兩之義。又按尚書咸有一德曰：「七世之廟，可以觀德。」又按疑義云：天子立七廟，或四廟，蓋有其義也。如四廟者，從禰至高祖已上親盡〔一二〕，故有四廟之理。又立七廟者，緣自古聖王，祖有功，宗有德，更封立始祖，即於四親廟之外，或祖功宗德，不拘定數，所以有五廟〔一三〕、六廟，或七廟、九廟，欲後代子孫觀其功德，故尚書云「七世之廟，可以觀德」矣。又按周捨案：原本訛「周拾」，今據新唐書禮志改正。（舊五代史考異）論云：「自江左已來，晉、宋、齊、梁相承，多立七廟。」今臣等參詳，唯立七廟〔一四〕，即並通其理。伏緣宗廟事大，不敢執以一理定之，故檢七廟、四廟二件之文，俱得其宜，他所論者，並皆勿取。伏請下三省集百官詳議。

敕旨：「宜依。」左僕射劉昫等議曰：

臣等今月八日伏奉敕命，於尚書省集議太常博士段顒所議宗廟事。伏以將敷至化，以達萬方，克致平和，必先宗廟。故禮記王制云：「天子七廟，諸侯五廟，大夫三廟。」疏云：「周制之七者，太祖廟及文王、武王之祧，與親廟四。太祖，后稷也。商六廟，契及湯與二昭、二穆。夏則五廟，無太祖〔一五〕，禹與二昭、二穆而已。自夏及周，少不減五，多不過七。」又云：「天子七廟，皆據周也。有其人則七，無其人則五。若諸侯廟制，雖有其人，則不過五。此則天子、諸侯七、五之異明矣。」至於三代已後，魏、晉、宋、齊、隋及唐初，多立六廟或四廟，蓋於建國之始，不盈七廟之數也。今欲請立自高祖已下四親廟，其始祖一廟，未敢輕議，伏俟聖裁。

御史中丞張昭遠奏議曰：

臣前月中預都省集議宗廟事，伏見議狀，於親廟之外，請別立始祖一廟，近奉中書門下牒，再令百官於都省議定聞奏者。

臣讀十四代史書，見二千年故事，觀諸家宗廟，都無始祖之稱，唯商、周二代，以稷、契爲太祖。禮記曰：「天子七廟，三昭、三穆，與太祖之廟而七。」鄭玄注：「此周制也。七者，太祖后稷及文王、武王與四親廟。」又曰：「商人六廟，契及成湯與二昭、二穆也。夏后氏立五廟，不立太祖，唯禹與二昭、二穆而已。」據王制鄭玄所釋，即商、周以稷、契爲太祖，夏后氏無太祖〔一六〕，亦無追謚之廟。自商、周以來，時更十代，皆於親廟之中，以有功者爲太祖，無追崇始祖之例。具引今古，即恐詞繁，事要證明，須陳梗概。漢以高祖父太上皇執嘉無社稷功，不立廟號，高帝自爲高祖。魏以曹公相漢，垂三十年，始封於魏，故爲太祖。晉以宣王輔魏有功，立爲高祖，以景帝始封晉，始封，原本作「始討」，今據文改正。（影庫本粘籤）故爲太祖。宋氏先世，官閥卑微，雖追崇帝號，劉裕自爲高祖。南齊高帝之父，位至右將軍，生無封爵，不得爲太祖，高帝自爲太祖。梁武帝父順之，佐佑齊室，封侯，位至領軍、丹陽尹，雖不受封於梁，亦爲太祖。陳武帝父文讚，生無名位，以武帝功，梁室贈侍中，封義興公，義興，原本作「漾興」，今從陳書改正。（影庫本粘籤）及武帝即位，亦追爲太祖。周閔帝以父泰相西魏，經營王業，始封於周，故爲太祖。隋文帝父忠〔一七〕，輔周室有大功，始封於隋，故爲太祖。唐高祖神堯祖父虎爲周八柱國，隋代追封唐公，故爲太祖。唐末梁室朱氏有帝位，亦立四廟，朱公先世無名位，雖追册四廟，不立太祖，朱公自爲太祖。此則前代追册太祖，不出親廟之成例也。

王者祖有功而宗有德，漢、魏之制，非有功德不得立爲祖宗，商、周受命，以稷、契有大功於唐、虞之際，故追尊爲太祖。自秦、漢之後，其禮不然，雖祖有功，仍須親廟。今亦粗言往例，以取證明。秦稱造父之後，不以造父爲始祖；漢稱唐堯、劉累案：原本作「劉里」，今據漢書改正。（舊五代史考異）之後，不以堯、累爲始祖；魏稱曹參之後，不以參爲始祖；晉稱趙將司馬卬之後，不以卬爲始祖；宋稱漢楚元王之後，不以元王爲始祖；齊、梁皆稱蕭何之後，不以蕭何爲始祖；陳稱太丘長陳寔之後，不以寔爲始祖；元魏稱李陵之後，不以陵爲始祖；後周稱神農之後，不以神農爲始祖；隋稱楊震之後，不以楊震爲始祖；唐稱皋陶、老子之後，不以皋陶、老子爲始祖。唯唐高宗則天武后臨朝，革唐稱周，又立七廟，仍追册周文王姬昌爲始祖，此蓋當時附麗之徒，不諳故實，武立姬廟，乖越已甚，曲臺之人，到今嗤誚。臣遠觀秦、漢，下至周、隋，禮樂衣冠，聲明文物，未有如唐室之盛。武德議廟之初，英才間出，如溫、魏、顏、虞通今古，封、蕭、薛、杜達禮儀，制度憲章，必有師法。

夫追崇先王、先母之儀，起於周代，據史記及禮經云：「武王纘太王、王季、文王之緒，一戎衣而有天下，尊爲天子，宗廟饗之。周公成文、武之德，追王太王、王季，祀先公以天子之禮。」又曰：「郊祀后稷以配天。」據此言之，周武雖祀七世，追爲王號者，但四世而已。故自東漢以來，有國之初，多崇四廟，從周制也。況商因夏禮，漢習秦儀，無勞博訪之文，宜約已成之制。請依隋、唐有國之初，創立四廟，推四世之中名位高者爲太祖。謹議以聞。

敕：「宜令尚書省集百官，將前議狀與張昭遠所陳，速定奪聞奏〔一八〕。」左僕射劉昫等再奏議曰：

臣等今月十三日，再於尚書省集百官詳議。夫王者祖武宗文，郊天祀地，故有追崇之典，以申配饗之儀。切詳太常禮院議狀，唯立七廟四廟，即並通其理，其他所論，並皆勿取。七廟者，按禮記王制曰：「天子七廟，三昭、三穆與太祖之廟而七。」鄭玄注云：「此周制也。」詳其禮經，即是周家七廟之定數。四廟者，謂高、曾、祖、禰四世也。按周本紀及禮記大傳皆曰：武王即位，追王太王、王季、文王。以后稷爲堯稷官，故追尊爲太祖。此即周武王初有天下追尊四廟之明文也。故自漢、魏已降，迄於周、隋，創業之君，追謚不過四世，約周制也。此禮行之已久，事在不疑。今參詳都省前議狀，請立四廟外，别引始祖，取裁未爲定議。續准敕據御史中丞張昭遠奏，請創立四廟之外，無别封始祖之文。況國家禮樂刑名，皆依唐典，宗廟之制，須約舊章，請依唐朝追尊獻祖宣皇帝、懿祖光皇帝、案：原本作「義祖」，今從新唐書改正。（舊五代史考異）太祖景皇帝、代祖元皇帝故事，追尊四廟爲定。

從之。

七年七月，太常禮院奏：「國朝見饗四廟：靖祖、肅祖、睿祖、憲祖。今大行皇帝將行升祔，按會要：唐武德元年，立四廟於長安；貞觀九年，高祖神堯皇帝崩，命有司詳議廟制，議以高祖神主并舊四室祔廟。今先帝神主，請同唐高祖升祔。」從之。

漢天福十二年閏七月，時漢高祖已即位，尚仍天福之號，太常博士段顒奏議曰：「伏以宗廟之制，歷代爲難，須按禮經，旁求故實，又緣禮貴隨時，損益不定。今參詳歷代故事，立高、曾、祖、禰四廟，更上追遠祖光武皇帝爲始祖，百代不遷之廟，居東向之位，共爲五廟，庶符往例，又合禮經。」詔尚書省集百官議。吏部尚書竇貞固等議云：「按禮記王制云：『天子七廟，諸侯五廟，大夫三廟。』疏云：『周制之七廟者，太祖及文王、武王之祧，與親廟四。太祖，后稷也。』又云：『天子七廟，皆據周也。有其人則七，無其人則五。』至於光武中興，及歷代多立六廟或四廟，蓋建國之始，未盈七廟之數。又按郊祀錄，王肅云：『德厚者流澤廣，天子可以事六代之義也。』今欲請立高祖已下四親廟。又自古聖王，祖有功，宗有德，即於四親廟之外，祖功宗德，不拘定數。今除四親廟外，更請上追高皇帝、光武皇帝，共立六廟。」從之。案文獻通考：莊宗、明宗既捨其祖而祖唐之祖矣，及敬瑭、知遠崛起而登帝位，俱欲以華胄自詭，故於四親之外，必求所謂始祖而祖之。張昭之言，議正而詞偉矣。至漢初，則段顒、竇貞固之徒，曲爲諂附，乃至上祖高、光，以爲六廟云。

周廣順元年正月，中書門下奏：「太常禮院議『合立太廟室數。若守文繼體，則魏、晉有七廟之文；若創業開基，則隋、唐有四廟之議。聖朝請依近禮，追謚四廟。』伏恐所議未同，請下百官集議。」太子太傅和凝等議：「請據禮官議，立四親廟。」從之。案五代會要：和凝議曰：「恭以肇啓洪圖，惟新黄屋。左宗廟而右社稷，率由舊章；崇祖禰而辨尊卑，載於前史。雖質文互變，義趣各殊，或觀損益之規，或繫興隆之始。陛下體元立極，本義祖仁，開變家成國之基，遵奉先思孝之道，合據禮官議，立四親廟，以叶前文。」從之。

其年四月，中書門下奏：「太常禮院申『七月一日，皇帝御崇元殿，命使奉册四廟。准舊儀，服衮冕即座〔一九〕，太尉引册案入，皇帝降座，引立於御座前南向，中書令奉册案進，皇帝搢珪捧授，册使跪受，轉授舁册官，其進寶授寶儀如册案。』臣等參詳，至時請皇帝降階授册。」從之。

三年九月，將有事於南郊，議於東京别建太廟。時太常禮院言：「准洛京廟室一十五間，分爲四室，東西有夾室，四神門，每方屋一間，各三門，戟二十四〔二〇〕，别有齋宫神廚屋宇。准禮，左宗廟，右社稷，在國城内，請下所司修奉。」從之。

其月，太常禮院奏：「迎太廟社稷神主到京，其日未審皇帝親出郊外迎奉否。檢討故事，元無禮例，伏請召三省官集議。」敕：「宜令尚書省四品已上、中書門下五品已上同參議。」司徒竇貞固、司空蘇禹珪等議：「按吴主孫休即位，迎祖父神主於吴郡，入祔太廟，前一日出城野次，明日常服奉迎，此其例也。」遂署狀言車駕出城奉迎爲是，請下禮儀使草定儀注。至十月，禮儀使禮儀使，原本作「禮俊使」，今從五代會要改正。（影庫本粘籤）奏：「太廟神主將至〔三一〕，前一日儀仗出城掌次〔三二〕，於西御莊東北設神主行廟幄幕，面南。其日放朝，羣臣早出西門，皇帝常服出城詣行宮，羣臣起居畢，就次。神主將至，羣臣班定，皇帝立於班前。神主至，太常卿請皇帝再拜，羣臣俱拜。神主就行廟幄幕座，設常饌，羣臣班於神幄前。侍中就次，請皇帝謁神主。既至，羣臣再拜，皇帝進酒畢再拜，羣臣俱拜。皇帝還幄，羣臣先赴太廟門外立班，俟皇帝至起居。俟神主至，羣臣班於廟門外，皇帝立於班前，太常卿請皇帝再拜，羣臣俱拜。皇帝還幄，羣臣就次，宮闈令安神主於本室訖，羣臣班於廟庭。太常卿請皇帝於四室奠饗，逐室皇帝再拜，羣臣俱拜。四室祔饗畢，皇帝還宮。前件儀注，望付中書門下宣下。」從之。

顯德六年七月，詔以「大行皇帝山陵有期，神主將祔太廟，其廟殿室宇合添修否」。國子司業兼太常博士聶崇義奏議曰：「奉敕，爲大行皇帝山陵有期，神主祔廟，恐殿室間數少，合重添修。今詣廟中相度，若是添修廟殿一間至兩間〔三三〕，並須移動諸神門及角樓宮牆仗舍，及堂殿正面檐栿階道亦須近東〔三四〕，省牲、立班位直至齋宮，漸近迫窄。今重拆廟殿，續更添修，不唯重勞，兼恐未便。竊見廟殿見虛東西二夾室，況未有祧遷之主，欲請不拆廟殿，更添間數，即便將夾室重安排六室位次。所有動移神主，若准舊禮，於殿庭權設行廟幕殿，即恐雨水猶多，難於陳設。伏請權於太廟齋宫內奉安神主，至修奉畢日，庶爲宜稱。又按禮記云：廟成則於中屋刲羊刲羊，原本作「刈羊」，今據經文改正。（影庫本粘籤）以釁之，夾室則用雞。又大戴禮及通典亦有夾室，察文觀義，乃是備廟之制。況新主祔廟，諸經有遷易之文，考古沿今，庶合通禮。伏請遞遷諸室奉安大行皇帝神主，以符禮意。」敕：「依典禮。」永樂大典卷一萬七千五十二。

校勘記

〔一〕都邑之制宗廟爲先　「都邑」，册府卷五九三、五代會要卷二作「宫室」。按禮記曲禮下：「君子將營宫室，宗廟爲先。」

〔二〕天成二年　殿本、五代會要卷二無「天成」二字。

〔三〕父蠡吾侯曰孝崇皇帝爲例　「父」字原闕，據五代會要卷二、後漢書卷七桓帝紀補。

〔四〕朕聞開國承家　「聞」字原闕，據册府卷三一、卷五九三、五代會要卷二補。

〔五〕於禮無爽　「禮」，殿本、孔本、册府卷三一、卷五九三、五代會要卷二作「理」。

〔六〕比祇在於南陽　「比」，原作「此」，據殿本、劉本、孔本、五代會要卷二改。

〔七〕此時須禀於新規　「新規」，原作「所規」，據册府卷五九四、五代會要卷二改。
〔八〕以支庶繫大宗例　「大宗」，原作「太宗」，據劉本、五代會要卷二改。
〔九〕宜以懿祖爲始祖　「懿祖」，原作「懿」，據五代會要卷二、册府（明本）卷五九四改。
〔一〇〕二月　五代會要卷二同，册府卷五九四作「三月」。按本書卷七六晉高祖紀二繫其事於三月。
〔一一〕至貞觀九年　「九年」，原作「元年」，據殿本、孔本、册府卷五九四、五代會要卷二改。按舊唐書卷二五禮儀志五：「貞觀九年高祖崩，將行遷祔之禮，太宗命有司詳議廟制。」
〔一二〕從禰至高祖已上親盡　「上」，原作「下」，據册府卷五九四、五代會要卷二改。
〔一三〕所以有五廟　「廟」字原闕，據册府卷五九四、五代會要卷二補。
〔一四〕唯立七廟　句下册府卷五九四、五代會要（四庫本）卷二及本卷下文有「四廟」二字。
〔一五〕無太祖　「無」字原闕，據册府卷五九四、禮記王制鄭玄注補。
〔一六〕夏后氏無太祖　「氏」字原闕，據彭校、册府卷五九四、五代會要卷二補。
〔一七〕隋文帝父忠　「父忠」二字原闕，據册府卷五九四補。
〔一八〕速定奪聞奏　「速」，原作「連」，據孔本、彭校、册府卷五九四改。
〔一九〕服衮冕即座　「衮」，原作「兖」，據殿本、劉本、孔本、邵本、彭本、五代會要卷三、册府卷五九四改。
〔二〇〕四神門每方屋一間各三門戟二十四　册府卷五九四作「四神門每門屋三間每間一門戟二十

四」，五代會要卷三作「四神門每門屋三間每門戟二十四」。

〔三一〕太廟神主將至　「太廟」，原作「太祖」，據殿本、劉本、孔本、五代會要卷三改。

〔三二〕前一日儀仗出城掌次　「儀仗」，五代會要卷三作「禮儀使」。

〔三三〕若是添修廟殿一間至兩間　「兩間」，五代會要卷三作「五間」。

〔三四〕及堂殿正面檐栿階道亦須近東　「近」字原闕，據五代會要卷三補。

舊五代史卷一百四十三

志五

禮志下

後唐長興元年九月，太常禮院奏：「來年四月孟夏，禘饗于太廟。謹按禮經，三年一祫以孟冬，五年一禘以孟夏〔一〕。已毀未毀之主，並合食于太祖之廟，逐廟功臣，配饗于太廟之庭〔二〕。本朝寶應案：原本訛「寶寧」。考新唐書，寶應係代宗年號，無所謂「寶寧」者，今改正。（舊五代史考異）元年定禮，奉景皇帝爲始封之祖〔三〕。既廟號太祖，百代不遷，每遇禘祫，位居東向之尊，自代祖元皇帝、高祖、太宗已下，列聖子孫，各序昭穆，南北相向，合食于前。聖朝中興，重修宗廟，今太廟見饗高祖、太宗、懿宗、昭宗、獻祖、太祖、莊宗七廟，太祖景皇帝在祧廟之數，不列廟饗。將來禘禮，若奉高祖居東向之尊，則禘饗不及于太祖、代祖；若以祧廟太祖居東向之位，則又違于禮意。今所司修奉祧廟神主及諸色法物已備，合預請參詳，事須具狀申奏。」敕下尚書省集百官詳議。户部尚書韓彦惲等奏議曰：「伏以本朝尊受命之祖景皇帝爲始封之君，百代不遷，長居廟食，自貞觀至于天祐，無所改更，聖祖神孫，左昭右穆。自中興國祚，再議宗祊，以太祖景皇帝在祧廟之數，不列祖宗，欲尊太祖之位，將行東向之儀，爰命羣臣，同議可否。伏詳本朝列聖之舊典，明皇定禮之新規，開元十年，特立九廟，子孫遵守，歷代無虧。今既行定禮之規〔四〕，又以祧太祖之室。昔德宗朝，將行禘祫之禮，顔真卿議請奉獻祖居東向之位，景皇帝暫居昭穆之列，考之於貞元，則以爲誤，行之於今日，正得其禮。今欲請每遇禘祫之歲，暫奉景皇帝居東向之尊，東向，原本作「東白」，今從五代會要改正。（影庫本粘籤）自元皇帝以下，敍列昭穆。」從之。一萬五〔五〕。（孔本）

周廣順三年冬十月〔六〕，禮儀使奏：「郊廟祝文，禮例云古者文字皆書于册，而有長短之差。魏、晉郊廟祝文書于册。唐初悉用祝版，惟陵廟用玉册，玄宗親祭郊廟，用玉爲册。德宗朝，博士陸淳議，准禮用祝版，祭已燔之，可其議。貞元六年親祭，又用竹册，當司准開元禮，並用祝版。梁朝依禮行之，至明宗郊天，又用竹册。今詳酌禮例，祝版爲宜。」從之。

周廣順三年九月，南郊，禮儀使奏〔七〕：「郊祀所用珪璧制度，准禮，祀上帝以蒼璧，祀地祇以黄琮，祀五帝以珪璋琥璜琮，其玉各依本方正色，祀日月以珪璋，祀神州以兩珪有邸。有邸，原本作「有鄐」，今從經文改正。（影庫本粘籤）其用幣，天以蒼色，地以黄色，配帝以白色，日月五帝各從本方之色，皆長一丈八尺。其珪璧之狀，璧圓而琮八方，珪上鋭而下方，半珪曰璋，琥爲虎形，半璧曰璜，其珪璧琮璜皆長一尺二寸。四珪有邸，邸，本也，珪著于璧而整肅也〔八〕。日月星辰以珪璧，五寸。前件珪璧雖有圖様，而長短之説或殊。按唐開元中，玄宗詔曰：『祀神以玉，取其精潔，比來用珉，不可行也。如或以玉難辦，寧小其制度，以取其真。』今郊廟所修珪璧，量玉大小，不必皆從古制，伏請下所司修制。」從之。

顯德四年夏四月，禮官博士等准詔議祭器、祭玉制度以聞。時國子祭酒尹拙引崔靈恩三禮義宗云：「蒼璧所以祀天，其長十有二寸，蓋法天之十二時。」又引江都集禮〔九〕、白虎通等諸書所説，云：「璧皆外圓内方。」又云：「黄琮所以祀地〔一〇〕，其長十寸，以法地之數。其琮外方内圓，八角而有好。」國子博士聶崇義以爲璧内外皆圓〔一一〕，其徑九寸。又按阮氏、鄭玄圖皆云九寸，周禮玉人職又有九寸之璧。及引爾雅云：「肉倍好倍好，原本作「部好」，今從經文改正。（影庫本粘籤）謂之璧，好倍肉謂之瑗，肉好若一謂之環。」郭璞注云：

「好，孔也；肉，邊也。」而不載尺寸之數。崇義又引冬官玉人云「璧好三寸」，爾雅云「肉倍好謂之璧」，兩邊肉各三寸，通好共九寸，則其璧九寸明矣。崇義又云：「黃琮八方以象地，每角各剡出一寸六分，共長八寸，厚一寸。按周禮疏及阮氏圖並無好。」又引冬官玉人云〔二二〕：「琮八角而無好。」崇義又云：「琮璜珪璧，俱是祀天地之器，而爾雅唯言璧環瑗三者有好，其餘璜琮諸器，並不言之，則黃琮八角而無好明矣。」太常卿田敏以下議，以爲尹拙所説雖有所據，而崇義援周禮正文，其理稍優，請從之。其諸祭器制度，亦多以崇義所議爲定。

顯德二年秋八月，兵部尚書張昭上言：「今月十二日，伏蒙宸慈召對：『面奉聖旨，每年祀祭，多用太牢，念其耕稼之勞，更備犧牲之用，比諸豢養，特可愍傷。』令臣尋討故事〔二三〕，可以佗牲代否。臣仰稟綸言，退尋禮籍，其三牲八簋之制，五禮六樂之文，著在典彝，迭相沿襲，累經朝代，無所改更。臣聞古者燔黍捭豚，尚多質略，近則梁武麪牲竹脯，不可宗師，雖好生之德則然，於奉先之儀太劣。蓋禮主于信，孝本因心，黍稷非馨，鬼神饗德，不必牲牢之巨細，籩豆之方圓，苟血祀長保于宗祧，而牲俎何須于繭栗。但以國之大事，儒者久行，易以佗牢，恐未爲便。以臣愚見，其南北郊、宗廟社稷、朝日夕月等大祠，如皇帝親行事，備三牲；如有司攝行事，則用少牢已下。雖非舊典，貴減牲牛。」

是時，太常卿田敏又奏云：

臣奉聖旨爲祠祭用犢事〔一四〕。今太僕寺供犢，一年四季都用犢二十二頭。唐會要武德九年十月詔：「祭祀之意，本以爲民，窮民事神，有乖正直，殺牛不如礿祭，明德即是馨香，望古推今，民神一揆。其祭圜丘、方澤、宗廟已外，並可止用少牢，用少牢者用特牲代。時和年豐，然後克修常禮。」又按會要，天寶六載正月十三日敕文：「祭祀之典，犧牲所備，將有達於虔誠，蓋不資於廣殺。自今後每大祭祀，應用騂犢，宜令所司量減其數，仍永爲恒式。」其年起請，以舊料每年用犢二百一十二頭，今請減一百七十三頭〔一五〕，止用三十九頭，餘祠饗並停用犢。至上元二年九月二十一日敕文：「國之大事，郊祀爲先，貴其至誠，不美多品。黍稷雖設，猶或非馨；牲牢空多，未爲能饗。圜丘、方澤，任依恒式，宗廟諸祠，臨時獻熟，用懷明德之馨，庶合西鄰之祭。」其年起請，昊天上帝、太廟各太牢一，餘祭並隨事市供。若據天寶六載，自二百一十二頭減，用三十九頭；據武德九年，每年用犢十頭，圜丘四〔一六〕，方澤一，宗廟五；據上元二年起請，祇昊天上帝、太廟，又無方澤，則九頭矣。今國家用牛，比開元、天寶則不多，比武德、上元則過其大半。案會要，太僕寺有牧監，牧監，原本作「特監」，今從五代會要改正。（影庫本粘籤）掌孳課之事。乞今後太僕寺養孳課牛，其犢遇祭昊天前三月養之滌宮，取其蕩滌清潔，餘祭則不養滌宮。若臨時買牛，恐非典故。奉敕：「祭祀尚誠，祝史貴信，非誠與信，何以事神。礿祭重於殺牛，黍稷輕於明德，犧牲之數，具載典經。前代以來，或有增損，宜採酌中之禮，且從貴少之文。起今後祭圜丘、方澤、社稷，並依舊用犢；其太廟及諸祠，宜准上元二年九月二十一日制，並不用犢。如皇帝親行事，則依常式。」

後唐同光二年三月十日，祠部奏：「本朝舊儀，太微宮每年五薦獻，其南郊壇每年四祠祭。吏部申奏，請差中書門下攝太尉行事，其太廟及諸郊壇，並吏部差三品已上攝太尉行事。」從之。至其年七月，中書門下奏：「據尚書祠部狀，每年太微宮太微，原本作「太衛」，今從新唐書改正。（影庫本粘籤）五薦獻，南郊壇四祠祭，並宰相攝太尉行事，惟太廟時祭，獨遣庶僚，雖爲舊規，慮成闕禮。臣等商量，今後太廟祠祭，亦望差宰臣行事。」從之。

三年十一月，禮儀使奏：「伏准禮經：『喪三年不祭，惟祭天地社稷爲越紼行事〔一七〕』，此古制也。爰自漢文，益尊神器，務狥公絶私之義，行以日易月之制，事久相沿，禮從順變。今園陵已畢，祥練既除，宗廟不可以乏享，神祇不可以廢祀，宜遵禮意，式展孝思。伏請自貞簡太后升祔禮畢，應宗廟伎樂及羣祀〔一八〕，並准舊施行。」從之。

天成四年九月，太常寺奏：「伏見大祠則差宰臣行事〔一九〕，中祠則差諸寺卿監行事，小祠則委太祝奉禮。今後凡小祠〔二〇〕，請差五品官行事。」從之。

其年十月，中書門下奏：「太微宮、太廟、南郊壇，宰臣行事宿齋，百官皆入白事〔二一〕。伏以奉命行事，精誠齋宿，儻徧見于朝官，涉不虔於祠祭〔二二〕。今後宰臣行事，文武兩班，望令並不得到宿齋處者。」奉敕：「宜依。」

其年十二月，中書門下奏：「今後宰臣致齋内，請不押班，不知印，不起居。或遇國忌，應行事官受誓戒，並不赴行香，並不奏覆刑殺公事。及大祠致齋内，請不開宴。」從之。

長興二年五月，尚書左丞崔偘奏〔二三〕：「大祠、中祠差官行事〔二四〕，皇帝雖不預祭，其日亦不視朝。伏見車駕其日或出，于理不便〔二五〕。今後請每遇大祠、中祠〔二六〕，車駕不出。」從之。

四年二月，太常博士路航奏：「比來小祠已上，公卿皆著祭服行事。近日唯郊廟、太微宮具祭服，五郊迎氣、日月諸祠，並衹常服行事，兼本司執事人等，皆著隨事衣裝，狼藉鞋履，便隨公卿升降于壇墠。按祠部令，中祠以上，應齋郎等升壇行事者，並給潔服，事畢收納。今後中祠已上，公卿請具祭服，執事升壇人並着履〔二七〕，具緋衣、案：原本作「絳衣」，今據五代會要改正。（舊五代史考異）幘子。又臣檢禮閣新儀，太微宮使卯時行事。近年依諸郊廟例，五更初便行事，今後請依舊以卯時。」從之。

清泰元年五月，中書門下奏：「據太常禮院申，明宗聖德和武欽孝皇帝今月二十日祔廟，太尉合差宰臣攝行。緣馮道在假，李愚十八日私忌，在致齋内，今劉昫又奏見判三司事煩，請免祀事。今與禮官參酌，諸私忌日，遇大朝會，入閤宣召，尚赴朝參。今祔饗事大，忌日屬私，致齋日請比大朝會宣召例〔二八〕，差李愚行事。」從之。永樂大典卷一萬七千五十二。（孔本）

晉開運三年六月，西京留司監祭使奏：「以祠祭所定行事官，臨日或遇疾病，或奉詔赴闕，留司吏部郎中一人主判，有闕便依次第定名，庶無闕事。」從之。永樂大典卷一萬七千五十二。（孔本）

天成三年十一月，太常定唐少帝爲昭宣光烈孝皇帝，廟號景宗。博士吕朋龜奏：「謹按禮經，臣不誄君，稱天以謚之，是以本朝故事，命太尉率百僚奉謚册告天于圜丘，迴讀于靈座前，並在七月之内，謚册入陵。若追尊定謚，命太尉讀謚册于太廟，藏册于本廟。伏以景宗皇帝，頃負沈冤，歲月深遠，園陵已修，不祔于廟，則景宗皇帝親在七廟之外。今聖朝申冤，追尊定謚，重新帝號，須撰禮儀。又禮云：君不逾年，不入宗廟。且漢之殤、沖、質，君臣已成，晉之惠、懷、愍，俱負艱難，皆不列廟食，止祀於園寢。臣等切詳故實，欲請立景宗皇帝廟于園所，命使奉册書寶綬，上謚于廟，便奉太牢祀之，其四時委守令奉薦〔二九〕。請下尚書省集三省官詳議施行。」左散騎常侍蕭希甫希甫，原本作「希溥」，今從歐陽史改正。（影庫本粘籤）等議〔三〇〕：「請依禮院所奏。」奉敕：「宜令本州城內選地起廟。」乃于曹州立廟。

四年五月，中書門下奏：「先據太常寺定少帝謚昭宣光烈孝皇帝，廟號景宗者〔三一〕。伏以景宗生曾爲帝，饗乃承祧，既號景宗，合入宗廟，如不入宗廟，難以言宗。於理而論，祧一遠廟，安少帝神主于太廟，即昭穆序而宗祀正。今或且居別廟，即請不言景宗，但云昭宣光烈孝皇帝。兼册文內有『基』字，是玄宗廟諱，雖尋常詔敕皆不迴避，少帝是繼世之孫，不欲斥列聖之諱，今改『基』爲『宗』字。」從之。案五代會要：風俗通陳孔璋云：尊卑有敍，喪祭哀敬，各有攸終，欲令言著而可遵，事施而不犯。禮云：「卒哭之後，宰執木鐸狥于宮，曰捨故而諱新。」故，謂毀廟之主也，恩遠屬絕，名不可諱。今昭宣上去玄宗十四世，奏改册文，非典故也。

八月戊申，明宗服袞冕，御文明殿，追册昭宣光烈孝皇帝。案：歐陽史作四年五月乙酉追諡，與是志定諡册廟月日俱不符。（舊五代史考異）禮畢，册使兵部尚書盧質押册出應天門登車，鹵簿鼓吹前導，入都亭驛〔三〕，翌日，登車赴曹州。時議者以追尊則可，立之爲宗，不入太廟，深爲失禮。夫言宗者，功業纂于祖禰，德澤被于生民，發號申令可也。且輝王纂嗣之日，國命出于賊臣，君父銜冤，母后塗炭，遭罹放逐，鼎祚覆亡，追諡易名，當循故實。如漢之沖、質，晉之閔、懷，但尊稱而無廟號；前代亡國者周赧、漢獻、魏陳留，亦不稱宗；中興之追諡者孺子嬰，光武竟無追宗之典。設如自我作古，酌于人情，則謂之爲「景宣光烈」，深不稱也。古之周景、漢景、周宣、漢宣，皆中興再造之主。至如國朝，太祖曰景皇帝，以受命而有唐室，宣宗皇帝以隔代承運，皇綱復振故也。今輝王亡國墜業，謂之「宣景」，得無謬乎！先是，太常既奏，下尚書省集議，雖有智者，依違不言。至是，既立爲景宗，陵號温陵，乃於曹州置廟，曹州，原本作「趙州」，今據五代會要改正。（影庫本粘籤）以時告享，仍以本州刺史以下爲三獻官。後宰臣知其非，乃奏去廟號。

晉天福四年十一月，太常禮院奏：議立唐廟，引武德年故事，祀隋三帝。今請立近朝莊宗、明宗、閔帝三廟，庶合前規。詔曰：「德莫盛于繼絕，禮莫重于奉先。莊宗立興復之功，明宗垂光大之業，逮乎閔帝，實繼本枝，然則丕緒洪源，皆尊唐室。繼周者須崇后稷，嗣漢者必奉高皇，將啓嚴祠，當崇茂典。宜立唐高祖、太宗及莊宗、明宗、閔帝五廟。」

其月，太常禮院又奏：「唐廟制度，請以至德宮正殿隔爲五室，三分之，南去地四尺，以石爲埳，中容二主。廟之南一屋三門，門戟二十有四；東西一屋一門，門無棨戟。四仲之祭，一羊一豕，如其中祠，幣帛牲牢之類，光禄主之。祠祝之文，不進不署，神廚之具，鴻臚督之。五帝五后，凡十主，未遷者六，未立者四，未謚者三。高祖〔三三〕、太宗與其后暨莊宗、明宗，凡六主〔三四〕，在清化里之寢宮，祭前二日，以殿中繖扇二十，迎置新廟以享祀〔三五〕。閔皇帝、莊宗明宗二后及魯國孔夫人神主四座，請修制祔廟，及三后請定謚法。」從之。永樂大典卷一萬七千五十二。（孔本）

周廣順元年二月〔三六〕，太常禮院上言：「准敕，遷漢廟入昇平宮。其唐、晉兩朝，皆止五廟遷移，今漢七廟，未審總移，爲復祇移五廟？敕宜准前敕，並移于昇平宮。其法物、神廚、齋院、祭服、祭器、饌料，皆依中祠例〔三七〕，用少牢，光禄等寺給；其讀文太祝及奉禮郎，太常寺差。每仲饗，以漢宗子爲三獻。」從之。永樂大典卷一萬七千五十二。（孔本）

校勘記

〔一〕三年一祫以孟冬五年一禘以孟夏　原作「三年一禘以孟冬五年一祫以孟夏」，據殿本、册府（明本）卷五九三改。按本卷上文：「來年四月孟夏，禘饗於太廟。」

〔二〕配饗于太廟之庭　「太廟」，原作「本朝」，據彭校、册府卷五九三改。殿本、劉本、孔本、五代會要卷三作「本廟」。

〔三〕奉景皇帝爲始封之祖　「景皇帝」下原有「高祖太宗」四字，據彭校、册府卷五九三、五代會要卷三删。

〔四〕今既行定禮之規　「定禮」，册府卷五九三、五代會要卷三作「七廟」。

〔五〕一萬五　檢永樂大典目録，卷一〇〇〇五爲「占」字韻「占法五十四　觀梅數」，與本卷内容不符，恐有誤記。按本卷各則皆出自卷一七〇五二「廟」字韻「五代宗廟」。

〔六〕周廣順三年冬十月　五代會要卷四、册府卷五九四繫其事於廣順三年九月。

〔七〕禮儀使奏　「奏」，原作「奉」，據殿本、劉本、册府卷五九四、五代會要卷三改。

〔八〕珪著于壁而整肅也　「整肅」，彭校、册府卷五九四、五代會要卷三作「四出」。

〔九〕江都集禮　原作「江都集」，據五代會要卷三改。按隋書卷七六潘徽傳：「晉王廣……令（徽）與諸儒撰江都集禮一部。」

〔一〇〕黄琮所以祀地　「黄琮」，原作「璜琮」，據殿本、册府（宋本）卷五九四、五代會要卷三改。本卷下一處同。

〔一一〕聶崇義　原作「聶從義」，據殿本、劉本、孔本、彭本、册府卷五九四、五代會要卷三及本卷上下文改。

〔一二〕又引冬官玉人云　「又」，原作「人」，據殿本、劉本、孔本、彭本、册府卷五九四、五代會要卷三改。

〔一三〕令臣尋討故事　「尋討」，原作「等討」，據彭校、册府卷五九四、五代會要卷三改。

〔一四〕臣奉聖旨爲祠祭用犢事　「祠」字原闕，據册府卷五九四、五代會要卷三補。

〔一五〕今請減一百七十三頭　「一百七十三」，原作「一百六十三」，據殿本、劉本、彭校、五代會要卷三改。

〔一六〕圜丘四　「四」字原闕，據五代會要卷三補。

〔一七〕惟祭天地社稷爲越紼行事　「惟祭」二字原闕，據册府卷五九三補。按禮記王制：「喪三年不祭，唯祭天地社稷爲越紼而行事。」

〔一八〕應宗廟伎樂及羣祀　「伎樂」，原作「使樂」，據本書卷三三唐莊宗紀七、五代會要卷四改。

〔一九〕伏見大祠則差宰臣行事　「大祠」，原作「大祀」，據殿本、本書卷四〇唐明宗紀六、册府卷五九三、五代會要卷三改。

〔二〇〕今後凡小祠　「小祠」，原作「小事」，據殿本、本書卷四〇唐明宗紀六、册府（宋本）卷五九三、五代會要卷四改。

〔一一〕百官皆入白事　「入白事」，原作「預人事」，據殿本、劉本、五代會要卷四改。

〔一二〕涉不虔於祠祭　「虔於」，原作「處於」，據殿本、劉本、册府卷五九三、五代會要卷四改。

〔一三〕崔儉　五代會要卷四作「崔居儉」。按新五代史卷五五有崔居儉傳。

〔一四〕大祠中祠差官行事　「中祠」二字原闕，據五代會要卷四補。

〔一五〕于理不便　「理」，五代會要卷四作「禮」。

〔一六〕今後請每遇大祠中祠　「大祠中祠」，原作「大祀中祀」，據殿本、五代會要卷四改。

〔一七〕執事升壇人並着履　「履」字原闕，據五代會要卷四、册府卷五九三補。

〔一八〕致齋日請比大朝會宣召例　「致齋日」，原作「齋日」，據五代會要卷四、册府卷五九四改。

〔一九〕其四時委守令奉薦　「令」字原闕，據彭校、册府卷五九三、五代會要卷三補。

〔二〇〕左散騎常侍　「左」，原作「右」，據五代會要卷三改。　按本書卷三九唐明宗紀五、册府卷六五，天成三年十一月至天成四年六月間，蕭希甫官左散騎常侍。

〔二一〕廟號景宗者　「廟」字原闕，據本書卷四〇唐明宗紀六、册府卷五九三、卷五九六、五代會要卷三補。

〔二二〕都亭驛　原作「都停驛」，據殿本、册府卷三一改。

〔二三〕高祖　原作「高宗」，據殿本、册府卷五九四、五代會要卷三改。

〔三四〕凡六主　「六」字原闕，據册府卷五九四、五代會要卷三補。殿本作「其」。

〔三五〕迎置新廟以享祀　「以享祀」，劉本、彭本作「以享禮」，五代會要卷三、册府卷五九四作「以行享禮」。影庫本批校：「享禮之『禮』字，當是『祀』字之訛。」

〔三六〕周廣順元年二月　句上孔本有「時饗」二字。

〔三七〕皆依中祠例　「中祠」，原作「中神」，據殿本、劉本、册府卷一七四改。影庫本粘籤：「中神，原本作『平神』，今據五代會要改正。」今檢五代會要卷三作「中祀」。

舊五代史卷一百四十四

志六

樂志上

古之王者，理定制禮，功成作樂，所以昭事天地，統和人神，歷代已來，舊章斯在。洎唐季之亂，咸、鎬爲墟；梁運雖興，英、莖掃地。莊宗起於朔野，經始霸圖，其所存者，不過邊部鄭聲而已，先王雅樂，殆將泯絕。當同光、天成之際，或有事清廟，或祈祀泰壇，雖簨簴猶施，而宮商孰辨？遂使磬襄、鼗武，入河、漢而不歸；湯濩、舜韶，混陵谷而俱失。洎晉高祖奄登大寶，思迪前規，爰詔有司，重興二舞。旋屬烽火爲亂，明法罔修〔一〕，漢祚幾何，無暇制作。周顯德五年冬，將立歲仗，有司以崇牙樹羽，宿設於殿庭。世宗因親臨樂懸，試其聲奏，見鐘磬之類，有設而不擊者，訊於工師，皆不能對。世宗惻然，乃命翰林學士、判太常寺事竇儼參詳其制，又命樞密使王朴考正其聲。朴乃用古累黍之法，以審其度，造成律準，其狀如琴而巨，凡設十三弦以定六律、六呂旋相爲宮之義。世宗善之，申命百官議而行之。今亦備紀於後，以志五代雅樂沿革之由焉。

梁開平初，太祖受禪，始建宗廟，凡四室，每室有登歌、酌獻之舞：

肅祖宣元皇帝室曰大合之舞。

敬祖光獻皇帝室曰象功之舞〔二〕。

憲祖昭武皇帝室曰來儀之舞。

烈祖文穆皇帝室曰昭德之舞〔三〕。昭德，原本作「曉往」，今據五代會要改正。（影庫本粘籤）

登歌樂章各一首。案五代會要云：太常少卿楊煥撰。（舊五代史考異）

二年春，梁祖將議郊禋，有司撰進樂名、舞名：

樂曰慶和之樂。

舞曰崇德之舞。崇德，原本作「崇釋」，今據五代會要改正。（影庫本粘籤）

皇帝行奏慶順。

奠玉帛登歌奏慶平。

迎俎奏慶肅。

酌獻奏慶熙。

飲福酒奏慶隆。

送文舞迎武舞奏慶融。

亞獻奏慶和。

終獻奏慶休〔四〕。

樂章各一首。

太廟迎神，舞名開平。

皇帝行、盥手、登歌、飲福酒、徹豆、送神，皆奏樂。奏樂，原本脱「奏」字，今從文獻通考增入。（影庫本粘籤）

樂章各一首。

唐莊宗光聖神閔孝皇帝廟室酌獻，舞武成之舞。原本脱「成」字，今據五代會要增入。（舊五代史考異）

登歌樂章一首。案五代會要云：尚書兵部侍郎崔居儉撰。（舊五代史考異）

明宗聖德和武欽孝皇帝廟室酌獻，舞雍熙之舞。

登歌樂章一首。案五代會要云：太常卿盧文紀撰。（舊五代史考異）

晉高祖聖文章武明德孝皇帝廟室酌獻，舞咸和之舞。

登歌樂章一首。案五代會要云：太子賓客、判太常寺事趙光輔撰。（舊五代史考異）

漢文祖明元皇帝廟室酌獻，舞靈長之舞。

德祖恭僖皇帝廟室酌獻，舞積善之舞。

翼祖昭獻皇帝廟室酌獻，舞顯仁之舞。

顯祖章聖皇帝廟室酌獻，舞章慶之舞。

登歌樂章各一首。案五代會要云：太常卿張昭撰。（舊五代史考異）

高祖睿文聖武昭肅孝皇帝廟室酌獻，酌獻，原本脱「獻」字，今從五代會要增入。（影庫本粘籤）

舞觀德之舞。

登歌樂章一首。

周信祖睿和皇帝廟室酌獻，舞肅雍之舞。

僖祖明憲皇帝廟室酌獻〔五〕，舞章德之舞。

義祖翼順皇帝廟室酌獻，舞善慶之舞。

慶祖章肅皇帝廟室酌獻，舞觀成之舞。

登歌樂章各一首。

太祖聖神恭肅文武孝皇帝廟室酌獻，舞明德之舞。明德，原本脱「明」字，今從五代會要增入。

（影庫本粘籤）

世宗睿武孝文皇帝廟室酌獻，舞定功之舞。

登歌樂章各一首。案五代會要云：太祖廟室樂章，太常卿田敏撰。世宗廟室樂章，翰林學士、判太常寺事竇儼撰。（舊五代史考異）

樂章詞多不録。

右樂章

晉天福四年十二月，禮官奏：「來歲正旦，王公上壽，皇帝舉酒，請奏玄同之樂；再舉酒，奏文同之樂。」從之。

五年，始議重興二舞，詔曰：「正冬二節，朝會舊儀，廢於離亂之時，興自和平之代。將期備物，全繫用心，須議擇人，同爲定制。其正冬朝會禮節、樂章、二舞行列等事宜，差太常卿崔棁、御史中丞竇貞固、刑部侍郎呂琦、呂琦，原本作「呂嶇」，今從歐陽史改正。（影庫本粘籤）禮部侍郎張允與太常寺官一一詳定。禮從新意，道在舊章，庶知治世之和，漸見移風之善。」其年秋，棁等具述制度上奏云：

按禮云：「天子以德爲車，以樂爲御。」「大樂與天地同和，大禮與天地同節。」又曰：「安上治人，莫善於禮，移風易俗，莫善於樂。」故樂書議舞云：夫樂在耳曰聲，在目曰容。聲應乎耳，可以聽知，容藏於心，難以貌覩。故聖人假干戚羽旄以表其容，發揚蹈厲以見其意，聲容和合〔六〕，則大樂備矣。

又按義鏡，問鼓吹十二按合於何所？答云：周禮鼓人掌六鼓四金，漢朝乃有黄門鼓吹。崔豹古今注云：因張騫使西域，得摩訶兜勒一曲，李延年增之，分爲二十八曲。梁置鼓吹清商令二人。唐又有掆鼓〔七〕、金鉦、大鼓、長鳴、歌簫、笳、笛，合爲鼓吹十二按，大享會則設於懸外。此乃是設二舞及鼓吹十二按之由也。

今議一從令式，排列教習。文舞郎六十四人，分爲八佾，每佾八人。左手執籥。

禮云：「葦籥，伊耆氏之樂也。」周禮有籥師教國子。爾雅曰：籥如笛，三孔而短，大者七孔，謂之簅。歷代已來，文舞所用，凡用籥六十有四。右手執翟，周禮所謂羽舞也。書云：「舞干羽於兩階。」翟，山雉也，以雉羽分析連攢案：原本訛「運攢」，今據五代會要改正。（舊五代史考異）而爲之。二人執纛前引，數於舞人之外。舞人冠進賢冠，服黄紗袍、白紗中單〔八〕，皂領褾，白練襠，白布大口袴，革帶，烏皮履，白布襪。武舞郎六十四人，分爲八佾。左手執干。干，楯也〔九〕，今之旁牌，所以翳身也，其色赤，中畫獸形，故謂之朱干。周禮所謂兵舞，取其武象〔一〇〕，用楯六十有四。右手執戚。戚〔一一〕，斧也，上飾以玉，故謂之玉戚。二人執旌前引，旌似旗而小，絳色，畫升龍。二人執鼗鼓，二人執鐸。周禮有四金之奏，其三曰金鐸，以通鼓，形如大鈴，仰而振之。金錞二，每錞二人舉之，一人奏之。周禮四金之奏，一曰金錞，以和鼓，銅鑄爲之，其色玄，其形圓，若椎〔一二〕，上大下小，高三尺六寸有六分，圍二尺四寸，上有伏虎之狀，旁有耳，獸形銜鐶。二人執鐃以次之。周禮四金之奏，二曰金鐃，以止鼓〔一三〕，如鈴無舌，摇柄以鳴之。二人掌相在左，禮云：「理亂以相。」制如小鼓，用皮爲表，實之以糠，撫之以節樂。二人掌雅在右，禮云：「訊疾以雅。」以木爲之，狀如漆筩而弇口，大二圍〔一四〕，長五尺六寸，以羖皮鞔之，旁有二紐，鬃畫，賓醉而出，以器築地，明行不失節。武舞人服弁，平巾幘，金支緋絲布大袖〔一五〕，緋絲布裲襠，甲金飾，白練襤襠，錦騰蛇起梁帶，豹文大口布袴，烏皮靴。工人二十，數於舞人之外。武弁朱褠，案：原本「褠」訛「搆」，今據五代會要改正。（舊五代史考異）革帶，烏皮履，白練襤襠，白布襪。殿庭仍加鼓吹十二按。義鏡云：「帝設氈桉〔一六〕，以氈爲牀也。」今請制大牀十二，牀容九人，振作歌樂，其牀爲熊羆貙豹騰倚之狀以承之，象百獸率舞之意。分置於建鼓之外，各三桉，每桉羽葆鼓一，大鼓一，金錞金錞，原本作「金釦」，今從五代會要改正。（影庫本粘籤）一，歌二人，簫二人，笳二人。十二桉，樂工百有八人，舞郎一百三十有二人，取年十五已上，弱冠已下，容止端正者。其歌曲名號、樂章詞句，中書條奏，差官修撰。

從之。案歐陽史崔棁傳：高祖詔太常復文武二舞，詳定正、冬朝會禮及樂章。自唐末之亂，禮樂制度亡失已久，棁與御史中丞竇貞固、刑部侍郎呂琦、禮部侍郎張允等草定之。其年冬至，高祖會朝崇元殿，廷設宮懸，二舞在北，登歌在上。文舞郎八佾，六十有四人，冠進賢，黄紗袍，白中單，白練襤襠，白布大口袴，革帶履，左執籥，右秉翟，執纛引者二人。武舞郎八佾，六十有四人，服平巾幘，緋絲布大袖、繡襠，甲金飾，白練襤襠〔一七〕，錦騰蛇起梁帶，豹文大口袴，烏皮靴，左執干，右執戚，執旌引者二人。加鼓吹十二桉，負以熊豹，以象百獸率舞。桉設羽葆鼓一，大鼓一，金錞一，歌、簫、笳各二人。王公上壽，天子舉爵，奏玄同；三舉〔一八〕，登歌奏文同；舉食，文舞昭德，武舞成功之曲。禮畢，高祖大悅，賜棁金帛，羣臣左右覩者皆贊嘆之。然禮樂廢久，而制作簡繆，又繼以龜茲部霓裳法曲，參亂雅音。其樂工舞郎，多教坊伶人、百工商賈、州縣避役之人，又無老師良工教習。明年正旦，復奏于廷，而登歌發聲，悲離煩慝，如薤露、虞殯之音，舞者行列進退，皆不應節，聞者皆悲憤。開運二年，太常少卿陶穀奏廢二舞。

漢高祖受命之年，秋九月，權太常卿張昭上疏，奏改一代樂名，其略曰：

昔周公相成王，制禮作樂，殿庭徧奏六代舞，所謂雲門、大咸、大韶、大夏、大濩、大武也。周室既衰，王綱不振，諸樂多廢，唯大韶、大武二曲存焉。秦漢以來，名爲二舞：文舞，韶也；武舞，武也。漢時改爲文始、五行之舞，歷代因而不改。貞觀作樂之時，祖孝孫改隋文舞爲治康之舞，武舞爲凱安之舞。貞觀中，有秦王破陣樂、功成慶善樂二舞，樂府又用爲二舞，是舞有四焉。前朝行用年深，不可遽廢，俟國家偃伯靈臺〔一九〕，即別召工師，更其節奏。今改其名，具書如左：祖孝孫所定二舞名，文舞曰治康之舞，治康，原本作「治廣」，今從五代會要改正。（影庫本粘籤）請改爲治安之舞；武舞曰凱安之舞，請改爲振德之舞。貞觀中二舞名，文舞功成慶善樂〔二〇〕，前朝名九功舞，請改爲觀象之舞；武舞秦王破陣樂〔二一〕，前朝名爲七德舞，請改爲講功之舞。其治安、振德二舞，請依舊郊廟行用，以文舞降神，武舞送神。其觀象、講功二舞，請依舊宴會行用。

又請改十二和樂云：

昔周朝奏六代之樂，即今二舞之類是也。其賓祭常用〔二〕，別有九夏之樂，即肆夏、皇夏等是也。梁武帝善音樂，改九夏爲十二雅，前朝祖孝孫改「雅」爲「和」，示不相沿也。臣今改「和」爲「成」，取韶樂九成之義也。十二成樂曲名：祭天神奏豫和之樂，請改爲禋成；祭地祇奏順和，請改爲順成；祭宗廟奏永和，請改爲裕成；祭天地、宗廟，登歌奏肅和，請改爲肅成；皇帝臨軒奏太和，請改爲政成；政成，原本作「征成」，今從文獻通考改正。（影庫本粘籤）王公出入奏舒和，請改爲弼成；皇帝食舉及飲宴奏休和，請改爲德成；皇帝受朝、皇后入宮奏正和，請改爲扆成；皇太子軒懸出入奏承和，請改爲胤成；元日、冬至皇帝禮會，登歌奏昭和，請改爲慶成；郊廟俎入奏雍和，請改爲騂成；皇帝祭享、酌獻、讀祝文及飲福、受胙奏壽和，請改爲壽成。

祖孝孫元定十二和曲，開元朝又奏三和，遂有十五和之名。凡制作禮法，動依典故，梁置十二雅，蓋取十二天之成數，契八音十二律之變，輒益三和，有乖稽古。又緣祠祭所用，不可盡去，臣取其一焉，祭孔宣父、齊太公廟降神奏宣和，請改爲師雅之樂〔三〕；三公升殿、會訖下階履行奏祴和，請廢，同用弼成；享先農、耕籍田奏豐和〔二四〕，請廢，同用順成。

已上四舞、十二成、雅樂等曲，今具録合用處所及樂章首數，一一條列在下。其歌詞文多不録。

校勘記

〔一〕明法罔修　「明」上原有「聲」字，據殿本、劉本删。

〔二〕敬祖光獻皇帝室曰象功之舞　「獻」，原作「憲」，據五代會要卷七、册府卷一八九改。按本書卷三梁太祖紀三：「皇曾祖宣惠王上謚曰光獻皇帝。」

〔三〕烈祖文穆皇帝室曰昭德之舞　「文穆」，原作「文祖」，據殿本、五代會要卷七、册府卷五七〇改。

〔四〕亞獻奏慶和終獻奏慶休　册府卷五七〇作「亞獻終獻奏慶休之曲」。五代會要卷七敍其事作「亞獻、終獻奏慶休之曲。送神，奏慶和之曲。」

〔五〕僖祖明憲皇帝廟室酌獻　「僖祖」，原作「信宗」，據殿本、五代會要卷七、册府卷五七〇改。按本書卷一一〇周太祖紀一：「曾祖諱諶……追尊爲明憲皇帝，廟號僖祖。」

〔六〕聲容和合　「容」字原闕，據殿本、五代會要卷六補。

〔七〕唐又有㧓鼓　「㧓鼓」，原作「堌鼓」，據通鑑卷一八九胡注引薛史改。

〔八〕服黃紗袍白紗中單　「袍白紗」三字原闕，據樂府詩集卷五二引五代史樂志、五代會要卷六、册府卷五七〇補。

〔九〕楯也　「也」字原闕，據五代會要卷六、册府卷五七〇補。

〔一〇〕取其武象　「其」字原闕，據五代會要卷六、册府卷五七〇補。

〔一一〕戚　此字原闕，據五代會要卷六、册府卷五七〇補。

〔一二〕若椎　「椎」，原作「權」，據劉本、册府卷五七〇改。五代會要卷六作「碓頭」。

〔一三〕以止鼓　「止」，原作「上」，據殿本、劉本、五代會要卷六、册府卷五七〇改。

〔一四〕大二圍　原作「大二尺圍」，據五代會要卷六、册府卷五七〇改。按周禮笙師注云：「雅狀如漆筩而弇口，大二圍。」

〔一五〕金支緋絲布大袖　「布」字原闕，據樂府詩集卷五二引五代史樂志、册府卷五七〇補。

〔一六〕帝設氈桉　「帝」，册府卷五七〇同，五代會要卷六作「常」。

〔一七〕白練襤襠　「襠」字原闕，據殿本、劉本、孔本、彭本及本卷正文補。

〔一八〕三舉　原作「二舉」，據新五代史卷五五崔棁傳改。册府卷五七〇作「三爵」。

〔一九〕俟國家偃伯靈臺　「偃伯靈臺」，原作「偃武於靈臺」，據殿本、册府卷五七〇改。影庫本批校：「『偃武於靈臺』句，原本作『偃伯靈臺』，是，誤改作『偃武』，非。」

〔二〇〕文舞功成慶善樂　「文舞」，原作「文武」，據殿本、五代會要卷七、册府卷五七〇改。

〔三〕武舞秦王破陣樂　「武舞」二字原闕，據册府卷五七〇補。按册府卷二七：「初太宗在藩，樂工爲秦王破陣樂，舞以歌用兵之妙，貞觀初以爲武舞。」

〔三〕其賓祭常用　「賓祭」，原作「兵祭」，據殿本、劉本、五代會要卷七、册府（宋本）卷五七〇改。

〔三〕請改爲師雅之樂　「改」字原闕，據五代會要卷七、册府卷五七〇補。

〔四〕享先農耕籍田奏豐和　「田」字原闕，據五代會要卷七、册府卷五七〇補。

舊五代史卷一百四十五

志七

樂志下

周廣順元年，太祖初即大位，惟新庶政，時太常卿邊蔚上疏請改舞名，其略云：「前朝改祖孝孫所定二舞名〔一〕，文舞曰治安之舞，武舞曰振德之舞，今請改治安爲政和之舞，振德爲善勝之舞。前朝改貞觀中二舞名，文舞曰觀象之舞，武舞曰講功之舞，今請改觀象爲崇德之舞，講功爲象成之舞。象成，原本作「相成」，今據五代會要改正。（影庫本粘籤）又議改十二成，今改爲順。十二順樂曲名：祭天神奏禋成，請改爲昭順之樂；祭地祇奏順成，請改爲寧順之樂；祭宗廟奏裕成，請改爲肅順之樂；祭天地、宗廟，登歌奏肅成，今請改爲感順之樂；皇帝臨軒奏政成，請改爲治順之樂；王公出入奏弼成，請改爲忠順之樂；皇帝食舉奏德成，請改爲康順之樂；皇帝受朝、皇后入宮奏扆成，請改爲雍順之樂；皇太子軒懸出入奏胤成，請改爲温順之樂；元日、冬至皇帝禮會，登歌奏慶成，請改爲禮順之樂；郊廟俎入奏騂成，請改爲禋順之樂；禋順，原本作「福順」，今從五代會要、文獻通考改正。（影庫本粘籤）皇帝祭享、酌獻、讀祝及飲福、受胙奏壽成，請改爲福順之樂。梁武帝改九夏爲十二雅，以協陽律、陰呂、十二管旋宮之義，祖孝孫改爲十二和。開元中，乃益三和，前朝去二和，改一雅。今去雅，只用十二順之曲。祭孔宣父、齊太公廟降神奏師雅，請同用禮順之樂；三公升殿、會訖下階履行同用弼成〔二〕，請同用忠順之樂；享先農及籍田同用順成，請同用寧順之樂〔三〕。」曲詞文多不載。案五代會要：邊蔚請添召樂師〔四〕，令在寺習樂。敕：「太常寺見管兩京雅樂節級樂工共四十人外，更添六十人，內三十八人，宜抽教坊貼部樂官兼充〔五〕；餘二十二人，宜令本寺照名充填。仍令三司定支春冬衣糧，月報聞奏。其舊管四十人，亦量添請。」

世宗顯德元年即位，有司上太祖廟室酌獻，奏明德之舞。

五年六月，命中書舍人竇儼參詳太常雅樂。十一月，翰林學士竇儼上疏論禮樂刑政之源，其一曰：「請依唐會要所分門類，上自五帝，迄于聖朝，凡所施爲，悉命編次，凡關禮樂，無有闕漏，名之曰大周通禮，俾禮院掌之。」其二曰〔六〕：「伏請命博通之士，上自五帝，迄於聖朝，凡樂章沿革，總次編録，繫於歷代樂録之後，永爲定式，名之曰大周正樂，俾樂寺掌之。依文教習，務在齊肅。」詔曰：「竇儼所上封章，備陳政要，舉當今之急務，疾近世之因循，器識可嘉，辭理甚當，故能立事，無愧蒞官。所請編集大周通禮、大周正樂，宜依。仍令於内外職官前資前名中，選擇文學之士，同共編集，具名以聞。委儼總領其事。所須紙筆，下有司供給。」

六年春正月，樞密使王朴奉詔詳定雅樂十二律旋相爲宫之法，并造律準，上之。其奏疏略曰：

夫樂作於人心，成聲於物，聲氣既和，反感於人心者也。所假之物，大小有數。九者，成數也，是以黄帝吹九寸之管，得黄鍾之聲，爲樂之端也。半之，清聲也。倍之，緩聲也。三分其一以損益之，相生之聲也。十二變而復黄鍾，聲之總數也〔七〕。乃命之曰十二律。旋迭爲均，均有七調，合八十四調，播之於八音，著之於歌頌。宗周而上，率由斯道，自秦而下，旋宫聲廢。洎東漢，雖有大予丞鮑鄴案：原本訛「鮑節」，今據五代會要及文獻通考改正。（舊五代史考異）興之〔八〕，人亡而音息〔九〕，無嗣續之者。漢至隋垂十代，凡數百年，所存者黄鍾之宫一調而已。十二律中，唯用七聲，其餘五律，謂之啞鐘，蓋不用故也。唐太宗復古道，乃用祖孝孫、張文收考正雅樂，而旋宫八十四調復見於時，在懸之器，方無啞者。安史之亂，京都爲墟，器之與工，十不存一，所用歌奏，漸多紕繆。逮乎黄巢之餘，工器都盡，購募不獲，文記亦亡，集官詳酌，終不知其制度。時有太常博士商盈孫，商盈孫，原本作「文盈孫」，今據五代會要改正。（影庫本粘籤）按周官考工記之文，鑄鎛鍾十二，編鍾二百四十。處士蕭承訓校定石磬，今之在懸者是也。雖有樂器之狀，殊無相應之和。逮乎朱梁、後唐，歷晉與漢，皆享國不遠，未暇及於禮樂。以至於十二鎛鐘〔一〇〕，不問聲律宫商，但循環而擊，編鍾、編磬徒懸而已。絲、竹、匏、土，僅有七聲，作黄鍾之宫一調，亦不和備，其餘八十三調，於是乎泯絶，樂之缺壞，無甚於今。

陛下天縱文武，奄宅中區，思復三代之風，臨視樂懸，親自考聽，知其亡失，深動上心。乃命中書舍人竇儼參詳太常樂事，不踰月調品八音，粗加和會。以臣嘗學律曆，宣示古今樂録，令臣討論，臣雖不敏，敢不奉詔。遂依周法〔一一〕，以秬黍校定尺度，長九寸，虚徑三分，爲黄鍾之管，與見在黄鍾之聲相應。以上下相生之法推之，得十二律管。以爲衆管互吹，用聲不便，乃作律準，十三絃宣聲，長九尺張絃，各如黄鍾之聲。以第八絃六尺，設柱爲林鍾；第三絃八尺，設柱爲太簇；第十絃五尺三寸四分，設柱爲南吕；第五絃七尺一寸三分，設柱爲姑洗；第十二絃四尺七寸五分，設柱爲應鍾；第七絃六尺三寸三分，設柱爲蕤賓；第二絃八尺四寸四分，設柱爲大吕；第九絃第九絃，原本作「第八絃」，今據五代會要、文獻通考改正。（影庫本粘籤）五尺六寸三分，設柱爲夷則；第四絃七尺五寸一分，設柱爲夾鍾；第十一絃五尺一分，設柱爲無射；第六絃六尺六寸八分〔一二〕，設柱爲中呂；第十三絃四尺五寸，設柱爲黃鍾之清聲。十二律中，旋用七聲爲均，爲均之主者，宮也，徵、商、羽、角、變宮、變徵次焉。發其均主之聲，歸乎本音之律，七聲迭應而不亂，乃成其調。均有七調，聲有十二均，合八十四調，歌奏之曲，由之出焉。

伏以旋宮之聲久絕，一日而補，出臣獨見，恐未詳悉，望集百官及內外知音者較其得失，然後依調制曲。八十四調，曲有數百，見存者九曲而已，皆謂之黃鍾之宮。今詳其音，數內三曲數內三曲，原本作「一曲」，今據五代會要改正。（影庫本粘籤）即是黃鍾宮聲，其餘六曲，錯雜諸調，蓋傳習之誤也。唐初雖有旋宮之樂，至於用曲，多與禮文相違。既不敢用唐爲則，臣又懵學獨力，未能備究古今，亦望集多聞知禮文者，上本古曲〔一三〕，下順常道，定其義理。於何月行何禮，合用何調何曲，聲數長短，幾變幾成，議定而制曲，方可久長行用。所補雅樂旋宮八十四調，并所定尺〔一四〕、所吹黃鍾管、所作律準，謹同上進。

世宗善之，詔尚書省集百官詳議。兵部尚書張昭等議曰：

昔帝鴻氏之制樂也，將以範圍天地，協和人神，候八節之風聲，測四時之正氣。氣之清濁不可以筆授〔一五〕，聲之善否不可以口傳，故凫氏鑄金，伶倫截竹，爲律呂相生之算，宮商正和之音。乃播之於管絃，宣之於鐘石，然後覆載之情訢合，陰陽之氣和同，八風從律而不奸，五色成文而不亂〔一六〕。空桑、孤竹之韻，足以禮神；雲門、大夏之容，無虧觀德。然月律有旋宮之法〔一七〕，備於太師之職。經秦滅學，雅道陵夷。漢初制氏所調，案：原本訛「知氏」，今據漢書改正。（舊五代史考異）惟存鼓舞，旋宮十二均更用之法，世莫得聞。漢元帝時，京房善易、別音，探求古義〔一八〕，以周官均法，每月更用五音，乃立準調，旋相爲宮，成六十調。又以日法析爲三百六十，傳於樂府，而編懸復舊，律呂無差。遭漢中微，雅音淪缺，京房準法，屢有言者，事終不成。錢樂空記其名〔一九〕，沈重但條其説，六十律法，寂寥不傳。梁武帝素精音律，自造四通十二笛，以鼓八音〔二〇〕。又引古五正、二變之音，旋相爲宮，得八十四調，與律準所調，音同數異。侯景之亂，其音又絶。隋朝初定雅樂，羣黨沮議，歷載不成。而沛公鄭譯，因龜茲琵琶七音，以應月律，五正、二變，七調克諧，旋相爲宮，復爲八十四調。工人萬寶常又減其絲數，稍令古淡〔二一〕。隋高祖不重雅樂，令儒官集議。博士何妥駁奏，其鄭、萬所奏八十四調並廢。隋氏郊廟所奏，唯黃鍾一均，與五郊迎氣，雜用蕤賓，但七調而已；其餘五鍾，懸而不作。三朝宴樂，用縵樂九部，迄於革命，未能改更。唐太宗爰命舊工祖孝孫〔二二〕、張文收整比鄭譯、萬寶常所均七音八十四調，方得絲管並施，鍾石俱奏，七始之音復振，四廂之韻皆調〔二三〕。自安史亂離，咸秦盪覆，崇牙樹羽之器，掃地無餘；戛擊搏拊之工，窮年不嗣。郊廟所奏，何異南箕，波蕩不還，知音殆絕。

臣等竊以音之所起，出自人心，夔、曠不能長存，人事不能常泰〔二四〕，人亡則音息，世亂則樂崩，若不深知禮樂之情，安能明制作之本。陛下心苞萬化，學富三雍。觀兵耀武之功，已光鴻業；尊祖禮神之致，尤軫皇情。乃睠奉常，痛淪樂職，親閱四懸之器，思復九奏之音，爰命廷臣，重調鍾律。樞密使王朴〔二五〕，採京房之準法，練梁武之通音，考鄭譯、寶常寶常，原本作「寶富」，今據五代會要改正。（影庫本粘籤）之七均，校孝孫、文收之九變，積黍累以審其度，聽聲詩以測其情，依權衡嘉量之前文，得備數和聲之大旨，施於鐘簴，足洽簫韶。臣等今月十九日於太常寺集，命太樂令賈峻奏王朴新法黃鍾調七均，音律和諧，不相凌越。其餘十一管諸調，望依新法教習，以備禮寺施用〔二六〕。其五郊天地、宗廟、社稷、三朝大禮，合用十二管諸調，並載唐史、開元禮，近代常行。廣順中，太常卿邊蔚奉敕定前件祠祭朝會舞名、樂曲、歌詞，寺司合有簿籍，伏恐所定與新法曲調聲韻不協，請下太常寺檢詳校試。如或乖舛，請本寺依新法聲調，別撰樂章舞曲，令歌者誦習，永爲一代之法，以光六樂之書〔二七〕。世宗覽奏，善之。乃下詔曰：「禮樂之重，國家所先，近朝以來，雅音廢墜，雖時運之多故，亦官守之因循，遂使擊拊之音，空留梗概，旋相之法，莫究指歸。樞密使王朴，博識古今，懸通律呂，討尋舊典〔二八〕，撰集新聲，定六代之正音〔二九〕，成一朝之盛事。其王朴所奏旋宮之法，宜依張昭等議狀施行〔三〇〕。仍令有司依調制曲，其間或有疑滯，更委王朴裁酌施行。」自是雅樂之音，稍克諧矣。

右雅樂制作　永樂大典卷二萬一千六百七十八。

校勘記

〔一〕前朝改祖孝孫所定二舞名　「所定二舞名」，原作「所更定十二成之名」，據册府卷五七〇改。五代會要卷七作「所定二舞」，殿本作「所定十二和之名」。

〔二〕會訖下階履行同用弼成　「會訖」二字原闕，據本書卷一四四樂志上、册府卷五七〇、五代會要卷七補。

〔三〕享先農及籍田同用順成請同用寧順之樂　「先農及」、「順成請同用」八字原闕，據册府卷五七〇補。五代會要卷七略同。

〔四〕邊蔚　五代會要卷七作「劉渙」。

〔五〕宜抽教坊貼部樂官兼充　「充」，原作「先」，據殿本、劉本、五代會要卷七改。影庫本批校：「兼充，『充』訛『先』，應改正。」

〔六〕其二曰　「二」，原作「三」，據册府卷五七〇改。

〔七〕聲之總數也　「聲」字原闕，據册府卷五七〇、五代會要卷七補。

〔八〕雖有大予丞鮑鄴興之　「大予丞」，原作「太子丞」，據五代會要卷七、通鑑卷二九四胡注改。按隋書卷一五音樂志下：「大予丞鮑鄴等上作樂事。」

〔九〕人亡而音息　「音」，原作「政」，據五代會要卷七、通鑑卷二九四胡注改。

〔一〇〕以至於十二鎛鐘　「鎛鐘」，原作「鐘鎛」，據殿本、劉本、邵本、彭本、册府卷五七〇、五代會要卷七及本卷上文乙正。影庫本批校：「『鎛鐘』訛作『鐘鎛』。」舊五代史考異卷五：「案原本訛作『鐘鎛』，考隋書樂志，宮懸各設十二鎛鐘於其辰位，則知『鐘鎛』之爲『鎛鐘』耳，今改正。」

〔一一〕遂依周法　「依」，原作「以」，據册府卷五七〇、五代會要卷七、通鑑卷二九四胡注改。

〔一二〕第六絃六尺六寸八分　「八分」，五代會要卷七作「六分」。

〔一三〕上本古曲　「古曲」，册府卷五七〇、五代會要卷七作「古典」。

〔一四〕并所定尺　「尺」下五代會要卷七、册府卷五七〇有「寸」字。

〔一五〕氣之清濁不可以筆授　「氣」，原作「器」，據册府卷五七〇、五代會要卷七、通鑑卷二九四胡注改。

〔一六〕五色成文而不亂　「五色」，册府卷五七〇、五代會要卷七、通鑑卷二九四胡注作「五聲」。

〔一七〕然月律有旋宫之法　「旋」，原作「還」，據殿本、五代會要卷七、通鑑卷二九四胡注改。

〔一八〕探求古義　「義」，原作「議」，據册府卷五七〇、五代會要卷七、通鑑卷二九四胡注改。

〔一九〕錢樂空記其名　「錢樂」，原作「錢褒」，據册府卷五七〇、五代會要卷七、通鑑卷二九四胡注改。按隋書卷一六律曆志上：「宋錢樂之衍京房六十律，更增爲三百六十；梁博士沈重述其名數。」錢樂即錢樂之，因與下句沈重對偶，故省稱錢樂。

〔二〇〕以鼓八音　「鼓」，五代會要卷七、通鑑卷二九四胡注作「敍」，册府（宋本）卷五七〇作「飲」。

〔二一〕稍令古淡　「令」，原作「全」，據册府卷五七〇、五代會要卷七、通鑑卷二九四胡注改。

〔二二〕唐太宗爰命舊工祖孝孫　「爰」，原作「受」，據册府卷五七〇、五代會要卷七、通鑑卷二九四胡注改。

〔二三〕四廂之韻皆調　「廂」，原作「廟」，據册府卷五七〇、五代會要卷七、通鑑卷二九四胡注改。

〔二四〕夔曠不能長存人事不能常泰　「不能長存人事」六字原闕，據册府卷五七〇、五代會要卷七、通鑑卷二九四胡注補。

〔二五〕樞密使王朴　册府卷五七〇、五代會要卷七、通鑑卷二九四胡注作「臣等據樞密使王朴條奏」。

〔二六〕以備禮寺施用　「施用」，原作「視用」，據册府卷五七〇、五代會要卷七、通鑑卷二九四胡注改。

〔二七〕以光六樂之書　「光」，原作「先」，據殿本、劉本、邵本校、彭本、册府卷五七〇改。影庫本批校：「以先六樂之書，『先』應作『光』。」

〔二八〕討尋舊典　「舊典」，原作「書典」，據殿本、册府卷五七〇改。影庫本批校：「討尋舊典，『舊』訛『書』。」

〔二九〕定六代之正音　「定」，册府卷五七〇作「復」。

〔三〇〕宜依張昭等議狀施行　「施」字原闕，據册府卷五七〇補。

舊五代史卷一百四十六

志八

食貨志

按：薛史食貨志序，永樂大典原闕，卷中唯鹽法載之較詳，其田賦、雜稅諸門，僅存大略，疑明初薛史已有殘闕也。今無可采補，姑存其舊。

梁祖之開國也，屬黃巢大亂之後〔一〕，以夷門一鎮，外嚴烽候，内辟汙萊，厲以耕桑，薄其租賦〔二〕，士雖苦戰，民則樂輸，二紀之間，俄成霸業。及末帝與莊宗對壘於河上，河南之民，雖困於輦運，亦未至流亡，其義無他，蓋賦斂輕而丘園可戀故也。及莊宗平定梁室，任吏人孔謙爲租庸使，峻法以剥下，厚斂以奉上，民産雖竭，軍食尚虧。加之以兵革，因之以饑饉，不三四年，以致顛隕，其義無他，蓋賦役重而寰區失望故也。按：以上見容齋三筆所引薛史，繹其文義，當係食貨志序，今録於卷首。

唐同光三年二月，敕：「魏府小菉豆稅，每畝減放三升。城内店宅園囿，比來無稅，頃因僞命，遂有配徵。後來以所徵物色，添助軍裝衣賜，將令通濟，宜示矜蠲。今據緊慢去處，於見輸稅絲上〔三〕，每兩作三等，酌量納錢，收市軍裝衣賜〔四〕，其絲仍與除放〔五〕。」其年閏十二月，吏部尚書李琪上言：「請賦稅不以折納爲事，一切以本色輸官；又不以紐配爲名，止以正稅加納。」敕曰：「本朝徵科，唯配有兩稅，至於折紐〔六〕，當不施爲。宜依李琪所論，應逐稅合納錢物斛斗鹽錢等，宜令租庸司指揮〔七〕，並准元徵本色輸納，不得改更，若合有移改，即須具事由奏聞。」

天成元年四月，敕：「應納夏秋稅，先有省耗，每斗一升，今後止納正稅數，不量省耗。」

四年五月，户部奏：「三京、鄴都、諸道州府，逐年所徵夏秋稅租，兼鹽麴折徵，諸般錢穀起徵，各視其地節候早晚，分立期限。」其月敕：「百姓今年夏苗，委人户自通供手狀，具頃畝多少，五家爲保，委無隱漏，攢連手狀，送於本州〔八〕，本州具狀送省，州縣不得迭差人檢括。如人户隱欺，許令陳告，其田並令倍徵〔九〕。」

長興二年六月，敕：「委諸道觀察使，屬縣于每村定有力人户充村長。與村人議，有力人户出剩田苗，補貧下不迨，肯者即具狀徵收，有辭者即排段檢括。自今年起爲定額。有經災沴及逐年逋處，不在此限。」

三年十二月，三司奏請：「諸道上供税物，充兵士衣賜不足。其天下所納斛斗及錢，除支贍外，請依時估〔一〇〕，折納綾羅絹帛。」從之。

晉天福四年正月，敕：「應諸道節度、刺史，不得擅加賦役及於縣邑别立監徵。所納田租，委人户自量自槩。」自量，原本作「自涼」，今從五代會要改正。（影庫本粘籤） 槩，原本訛「桀」，今據五代會要改正。（殿本）

周顯德三年十月，宣三司指揮諸道州府，今後夏税，以六月一日起徵，秋税至十月一日起徵，永爲定制。

五年七月，賜諸道均田圖。十月，命左散騎常侍艾穎等三十四人，下諸州檢定民租。

周顯德六年春〔一一〕，諸道使臣回，總計檢到户二百三十萬九千八百一十二。

唐同光二年〔一二〕，度支奏請牓示府州縣鎮〔一三〕，軍民商旅，凡有買賣，並須使八十陌錢。

唐同光二年二月，詔曰：「錢者，古之泉布，蓋取其流行天下，布散人間，無積滯則交易通，多貯藏則士農困。故西漢興改幣之制，立告緡之條，所以權蓄賈而防大姦也。宜令所司散下州府，常須檢察，不得令富室分外收貯見錢，又工人銷鑄爲銅器，兼沿邊州鎮設法鈐轄，勿令商人般載出境。」

三月，知唐州唐州，原本作「康州」，今從文獻通考改正。（影庫本粘籤）晏騈安奏〔一四〕：「市肆間點檢錢帛，内有錫鑞小錢，揀得不少，皆是江南綱商挾帶而來。」詔曰：「泉布之弊〔一五〕，雜以鉛錫，惟是江湖之外，盜鑄尤多，市肆之間，公行無畏，因是綱商挾帶，舟檝往來，换易好錢，藏貯富室，實爲蠹弊，須有條流。宜令京城、諸道，於坊市行使錢内點檢，雜惡鉛錫錢並宜禁斷。沿江州縣，每有舟船到岸，嚴加覺察，不許將雜鉛錫惡錢往來换易好錢。如有私載，並行收納。」

天成元年八月，中書門下奏：「訪聞近日諸道州府所賣銅器價貴〔一六〕，多是銷鎔見錢，以邀厚利。」乃下詔曰：「宜令遍行曉告，如元舊係銅器及碎銅，即許鑄造器物〔一七〕。仍生銅器物每斤價定二百文，熟銅器物每斤四百文，如違省價，買賣之人依盜鑄錢律文科斷。」

清泰二年十二月，詔御史臺曉告中外，禁用鉛錢，如違犯，准條流處分。

晉天福二年〔一八〕，詔：「禁一切銅器，其銅鏡今後官鑄造，於東京置場置場，原本作「置常」，今據五代會要改正。（影庫本粘籤）貨賣，許人收買，於諸處興販去。」

廣順元年三月〔一九〕，敕：「銅法，今後官中更不禁斷案：五代錢文，薛史惟於晉本紀載天福元寶錢文，餘俱從略。據泉志：有天成元寶錢，洪遵云：「徑九分，重三銖六參。」有漢通元寶錢，乾祐中所鑄也，洪遵云：「徑寸，重三銖六參。」有周通元寶錢，顯德中所鑄也，李孝美云：「徑寸，重五銖。」（舊五代史考異）一任興販，所有一色〔二〇〕，即不得瀉破爲銅器貨賣〔二一〕，如有犯者，有人糾告捉獲，所犯人不計多少斤兩，並處死。其地分所由節級決脊杖十七放，鄰保人決臀杖十七放，其告事人給與賞錢一百貫文。」

江南因唐舊制，案馬令南唐書：元宗鑄唐國錢，其文曰「唐國通寶」。又鑄大唐通寶錢，與唐國錢通用。（舊五代史考異）饒州置永平監，歲鑄錢；池州永寧監、建州永豐監，並歲鑄錢；杭州置保興監鑄錢。

唐同光二年二月，詔曰：「會計之重，鹹鹺居先，矧彼兩池，實有豐利。頃自兵戈擾攘，民庶流離，既場務以隳殘，致程課之虧失。重茲葺理，須仗規模〔二二〕，將立事以成功，在從長而就便。宜令河中節度使冀王李繼麟兼充制置度支安邑解縣兩池榷鹽使〔二三〕，便可制置〔二四〕，一一條貫。」按五代會要：同光三年二月，敕：「魏府每年所徵隨絲鹽錢，每兩與減放五文；逐年俵賣蠶鹽、食鹽、大鹽、甜次冷鹽，每斗與減五十；欒鹽與減三十。」天成元年四月，敕：「諸州府百姓合散蠶鹽，今後每年祇二月內一度俵散〔二五〕，依夏稅限納錢。」長興四年五月七日，諸道鹽鐵轉運使奏：「諸道州府鹽法條流元末，一概定奪，謹具如後：應食顆鹽州府，省司各置榷糶折博場院。應是鄉村，並通私商興販。所有折博并每年人户蠶鹽，並不許將帶一斤一兩入城，侵奪榷糶課利。如違犯者，一兩已上至一斤，買賣人各杖六十；一斤已上至三斤，買賣人各杖七十；三斤已上至五斤，買賣人各杖八十；五斤已上至十斤，買賣人各徒二年；十斤已上，不計多少，買賣人各決脊杖二十，處死。所有犯鹽人隨行錢物、驢畜等，並納入官。所有元本家業莊田，如是全家逃走者，即行點納。仍許般載脚户、經過店主并脚下人力等糾告，等第支與優給。如知情不告，與賣鹽人同罪。其犯鹽人經過處，地分門司、廂界巡檢、節級所由并諸色關連人等，不專覺察，委本州臨時斷訖報省。如是門司關津口鋪捉獲私鹽，即依下項等第，支給一半賞錢〔二六〕：一十斤以上至五十斤〔二七〕，支賞錢二十千；五十斤已上至一百斤，支賞錢三十千；一百斤已上，支賞錢五十千。應食末鹽地界，州府縣鎮並有榷糶場院，久來內外禁法，即未一概條流。應刮鹹煎鹽，不計多少斤兩，並處極法，兼許四鄰及諸色人等陳告，等第支給賞錢。欲指揮此後犯一兩已上至一斤，買賣人各杖六十；一斤已上至二斤，買賣人各杖七十；二斤以上至三斤，買賣人各徒一年；三斤以上至五斤，買賣人各徒二年；五斤已上，買賣人各決脊杖二十，處死。如是收到鹹土鹽水，即委本處煎鍊鹽數，准條科斷。或有已曾違犯，不至死刑，經斷後公然不懼條流再犯者，不計斤兩多少，所犯人並處極法。其有榷糶場院員僚、節級人力、煎鹽池客竈户、般鹽船綱、押綱軍將衙官梢工等，具知鹽法，如有公然偷盜官鹽，或將貨賣，其買賣人及窩盤主人知情不告，並依前項刮鹹例，五斤已上處死。其諸色關連人等，並合支賞錢，即准洛京、邢、鎮條流事例指揮。顆、末、青、白等鹽，元不許界分參雜。其顆鹽先許通商之時指揮，不得將帶入末鹽地界。如有違犯，一斤一兩，並處極法，所有隨行物色，除鹽外，一半納官，一半與捉事人充賞。其餘鹽色，未有畫一條流。其洛京并鎮、定、邢州管内〔二八〕，多有北京末鹽入界〔二九〕，捉獲並依洛京條流科斷。欲指揮此後但是顆、末、青、白諸色鹽侵界參雜，捉獲並准洛京條流施行。」「一應諸道，今後若捉獲犯私鹽麴人，罪犯分明，正該條法，便仰斷遣訖奏。若稍涉疑誤，祇須申奏取裁〔三〇〕。」

晉天福中，河南、河北諸州，除俵散蠶鹽徵錢外，每年末鹽界分場務，約糶錢一十七萬貫有餘。言事者稱，雖得此錢，百姓多犯鹽法，請將上件食鹽錢於諸道州府計户，每户一貫至二百，爲五等配之，然後任人逐便興販[三一]，既不虧官，又益百姓。朝廷行之，諸處場務亦且仍舊。俄而鹽貨頓賤，去出鹽遠處州縣，每斤不過二十文，近處不過一十文，掌事者又難驟改其法，奏請重制鹽場税，蓋欲絶其興販，歸利於官也[三二]。

七年十二月，宣旨下三司：「應有往來鹽貨悉税之，過税每斤七文，住税每斤十文。其諸道州府，應有屬州鹽務，並令省司差人勾當。」既而糶鹽雖多，而人户鹽錢又不放免，至今民甚苦之。按五代會要：晉天福元年十一月，赦節文：「洛京管内逐年所配人户食鹽，起來年每斗減放十文。」

周廣順元年九月，詔改鹽法，凡犯五斤已上者處死，煎鹻鹽犯一斤已上者處死。先是漢法不計斤兩多少，並處極刑，至是始革之。

三年三月，詔曰：「青、白池務，素有定規，衹自近年，頗乖循守。比來青鹽一石，抽税錢八百文足陌，鹽一斗；白鹽一石，抽税錢五百文，鹽五升。其後青鹽一石，抽錢一千、鹽一斗。訪聞更改已來[三三]，不便商販，蕃人漢户，求利艱難，宜與優饒，庶令存濟。今後每青鹽一石，依舊抽税錢八百文，以八十五爲陌，鹽一斗；白鹽一石，抽税錢五百，鹽五升。此外更不得別有邀求。訪聞邊上鎮鋪，於蕃漢户市易糶糴，私有抽税，今後一切止絶。」按五代會要：周廣順二年九月十八日，敕：「條流禁私鹽麴法如後：一、諸色犯鹽麴，所犯一斤已下至一兩，杖八十，配役；五斤以下一斤以上，徒三年，配役；五斤以上，並決重杖一頓，處死。一、應所犯鹽麴，關津、門司、廂巡、門保〔三四〕，如有透漏，並行勘斷。一、刮鹹煎鍊私鹽，所犯一斤已下，徒三年，配役；一斤以上，並決重杖一頓，處死。犯私鹽若捉到鹻水，衹煎成鹽，秤盤定罪。逐處凡有鹻鹵之地，所在官吏節級所由，常須巡檢，村坊鄰保，遞相覺察，若有所犯處彰露〔三五〕，並行勘斷。一、所犯私鹽，捉事、告事人各支賞錢，以係省錢充。至死刑者賞錢五十千，不及死刑者三十千。一、顆、末鹽各有界分，若將本地分鹽侵越疆界，同諸色犯鹽例科斷。一、鄉村人户所請蠶鹽，衹得將歸裛繭供食〔三六〕，不得別將博易貨賣，投託與人。如違，並同諸色犯鹽例科斷。若是所請蠶鹽，道路津濟須經過州府縣鎮，委三司明行指揮。一、凡買鹽麴，並須於官場務內買，若吏私投託興販，其買賣人並同諸色犯鹽麴例科斷〔三七〕。一、諸官場官務，如有羨餘出剩鹽麴，並許盡底報官。如吏私貨賣者，買賣人並同諸色犯鹽麴例科斷〔三八〕。若鹽鋪酒店户及諸色人與場院吏私貨賣者，並同罪科斷。一、所犯私鹽麴，有同情共犯者，若是骨肉卑幼奴婢同犯，衹罪家長主首。如家長主首不知情〔三九〕，衹罪造意者，餘減等科斷。若是他人同犯，並同罪斷遣〔四〇〕。若與他人同犯，據逐人脚下所犯斤兩，依輕重斷遣。一、州城縣鎮郭下人户，係屋稅合請鹽者，若是州府，並於城內請給，若是外縣鎮郭下人户，亦許將鹽歸家供食。仰本縣預取逐户合請鹽數目，攢定文賬，部領人户請給〔四一〕，勒本處官吏及所在場務，同點檢入城。若縣鎮郭下人户，城外別有莊田，亦仰本縣預先分擘開坐，勿令一處分給供使。」三年十二月，敕：「諸州府并外縣鎮城内，其居人屋税鹽，今後不俵，其鹽錢亦不徵納。所有鄉村人户合請蠶鹽，所在州城縣鎮嚴切檢校，不得放入城門。」

顯德元年十二月，世宗謂侍臣曰：「朕覽食末鹽州郡，犯私鹽多於顆鹽界分，蓋卑濕之地，易爲刮鹹煎造，豈唯違我榷法，兼又污我好鹽。況末鹽煎鍊，般運費用，倍於顆鹽。今宜分割十餘州，令食顆鹽，不唯輦運省力，兼且少人犯禁。」自是曹、宋已西十餘州，皆盡食顆鹽。按五代會要：顯德二年八月二十四日，宣頭節文：「改立鹽法如後：一、瞻國軍堂場務〔四二〕、邢洺州鹽務，應有見垜貯鹽貨處，并煎鹽場竈及應是鹻地，並須四面脩置牆塹。如是地里遥遠，難爲修置牆塹，即作壕籬爲規隔。如是人於壕籬内偷盜〔四三〕，夾帶官鹽，兼於壕籬外煎造鹽貨，便仰收捉，及許諸色人陳告。所犯不計多少斤兩，並決重杖一頓，處死。其經歷地分及門司節級人員，並當量罪勘斷。所有捉事、告事人賞錢，一兩以上至一斤，賞錢二十千〔四四〕；一斤已上至十斤，賞錢三十千；一十斤已上，賞錢五十千。一、應有不係官中煎鹽處，鹻地並須標識，委本州府差公幹職員與巡鹽節級〔四五〕、村保、地主、鄰人，同共巡檢。若諸色人偷刮鹻地〔四六〕，便仰收捉，及許人陳告。若勘逐不虚，捉事人每獲一人，賞絹一十匹；獲二人，賞絹二十匹；獲三人已上，不計人數，賞絹五十匹。刮鹻煎鹽人并知情人，所犯不計多少斤兩，並決重杖一頓，處死。其刮鹻處地分，并刮鹻人住處巡檢、節級、所由、村保等，各徒二年半，令衆一月，依舊勾當。刮鹻處地主，不切檢校，徒二年，令衆一月。一、顆鹽地分界内，有人刮鹻煎鍊鹽貨，所犯並依前法。一、今緣改價賣鹽〔四七〕，慮有別界分鹽貨遞相侵犯，及將鹽入城，諸色犯鹽人，今下三司〔四八〕，依下項條流科斷：其犯鹽人隨行物色，給與本家，其鹽没納入官。所經歷地分節級人員，並行勘斷。一兩至一斤，決臀杖十五，令衆半月，捉事、告事人賞錢五千；一斤已上至一十斤，徒一年半，令衆一月，捉事、告事人賞錢七千〔四九〕；十斤已上，不計多少，徒二年，配發運務役一年，捉事、告事人賞錢十千。一、諸州府人户所請蠶鹽，不得於鄉村衷私貨賣，及信團頭、脚户、縣司、請鹽節級、所由等尅折糶賣，如有犯者，依諸色犯鹽例科斷。一、如有人於河東界將鹽過來，及自家界内有人往彼興販鹽貨，所犯者並處斬。其犯鹽人隨行驢畜資財，並與捉事人充賞。」「慶州青白榷税院，元有透税條流，所有隨行驢畜物色，一半支與捉事人充賞〔五〇〕，其餘一半并鹽，並納入官。欲並且依舊一斗已上至三斗杖七十，三斗已上至五斗徒一年，五斗已上處死。安邑、解縣兩池榷鹽院，河府節度使兼判之時申到畫一事件條流等，准敕牒，兩池所出鹽，舊日若無文榜〔五一〕，如擅將一斤一兩，准元敕條，並處極法，其犯鹽人應有錢物，並與捉事人充賞者〔五二〕。切以兩池禁棘峻阻，不通人行，四面各置場門弓射，分擘鹽池地分居住〔五三〕，並在棘圍裏面，更不別有差遣，祇令巡護鹽池。如此後有人偷盜官鹽一斤一兩出池，其犯鹽人並准元敕條流處分，應有隨行錢物，並納入官，其捉事人依下項定支優給。若是巡檢、弓射、池場門子，自不專切巡察，致有透漏到棘圍外，被別人捉獲，及有糾告，兼同行反告，官中更不坐罪，陳告人亦依捉事人支賞。應有知情偷盜官鹽之人，亦依犯鹽人一例處斷。其不知情關連人，臨時酌情定罪。所有透漏地分弓射及池場門子〔五四〕，如是透漏出鹽二十斤已下〔五五〕，徒一年半。一十斤已上至二十斤，支賞錢一十千；二十斤已上至五十斤，支賞錢二十千；五十斤已上至一百斤，支賞錢三十千；一百斤已上，支賞錢五十千。前項所定奪到鹽法條流，其應屬州府捉獲抵犯之人，便委本州府檢條流科斷訖申奏，別報省司。其屬省院捉到犯鹽之人，干死刑者，即勘情罪申上，候省司指揮。不至極刑者，便委務司准條流決放訖申報。」從之〔五六〕。

三年十月，敕：「漳河已北州府管界〔五七〕，元是官場糶鹽，今後除城郭草市內，仍舊禁法，其鄉村並許鹽貨通商。逐處有鹹鹵之地，一任人户煎鍊，興販則不得踰越漳河，入不通商地界〔五八〕。」按文獻通考：五年，既取江北諸州，唐主奉表入貢，因白帝以江南無鹵田，願得海陵鹽監南屬以贍軍。帝曰：「海陵在江北，難以交居，當別有處分。」乃詔歲支鹽三十萬斛以給江南，士卒稍稍歸之。

周顯德二年正月，世宗謂侍臣曰：「轉輸之物，向來皆給斗耗，自晉、漢已來，不與支破。倉廩所納新物〔五九〕，尚除省耗，況水路所般，豈無損折，起今後每石宜與耗一斗。」

後唐天成三年七月，詔曰：「應三京、鄴都、諸道州府鄉村人户，自今年七月後，於夏秋田苗上〔六〇〕，每畝納麴錢五文足陌，一任百姓自造私麴，醞酒供家，其錢隨夏秋徵納。其京都及諸道州府縣鎮坊界内，應逐年買官麴酒户，便許自造麴，醞酒貨賣。仍取天成二年正月至年終一年逐户計算都買麴錢數内，十分只納二分，以充榷酒錢，便從今年七月後，管數徵納。榷酒户外，其餘諸色人亦許私造酒麴供家，即不得衷私賣酒，如有故違，便即糾察，勒依中等酒户納榷。其坊村一任沽賣，不在納榷之限。」時孔循以麴法殺一家於洛陽，或獻此議〔六一〕，以爲愛其人，便於國，故行之。

長興元年二月，赦書節文：「諸道州府人户，每秋苗一畝上，元徵麴錢五文，今後特放二文，只徵三文。」

二年，詔曰：「酒醴所重，麴蘖是須，緣賣價太高，禁條頗峻，士庶因斯而抵犯，刑名由是以滋彰。爰行改革之文，庶息煩苛之政，各隨苗畝，量定税錢。訪聞數年已來，雖犯法者稀，而傷民則甚。蓋以亂離日久，貧下户多，纔遇纔遇，原本作「纔過」，今據文改正。（影庫本粘籤）昇平，便勤稼穡，各務耕田鑿井，孰能枕麴藉糟，既隨例以均攤，遂抱虚而輸納，漸成彫敝，深可憫傷。況欲致豐財，必除時病，有利之事，方切施行，無名之求，尤宜廢罷，但得日新之理，何辭夕改之嫌。應三京諸道苗畝上所徵麴錢等〔六二〕，便從今年夏並放。其麴官中自造，委逐州減舊價一半，於在城撲斷貨賣〔六三〕。除在城居人不得私造外，鄉村人户，或要供家，一任私造。」敕下之日，人甚悦之。永樂大典卷四千六百八十一。

顯德四年七月〔六四〕，詔曰：「諸道州府麴務，今後一依往例。官中禁法賣麴，逐處先置都務，候敕到日，並仰停罷。據見在麴數，准備貨賣〔六五〕，兼據年計，合使麴數，依時踏造，候人户將到價錢，據數給麴，不得賒賣抑配與人。」永樂大典卷一萬四千九百八十〔六六〕。

校勘記

〔一〕屬黄巢大亂之後　「後」，容齋三筆卷一〇引舊史作「餘」。

〔二〕薄其租賦　「其」，原作「以」，據容齋三筆卷一〇引舊史改。

〔三〕於見輸税絲上　「輸」，原作「輪」，據劉本、册府卷四八八、卷四九一、五代會要卷二五改。

〔四〕收市軍裝衣賜　句上五代會要卷二五、册府卷四八八、卷四九一有「貴與充本迴圖」六字。

〔五〕其絲仍與除放　「仍」，五代會要卷二五同，本書卷三二唐莊宗紀六、册府卷四八八、卷四九一作「永」。

〔六〕至於折紐　「折紐」，原作「折納」，據册府卷四八八改。影庫本粘籤：「折納，原本作『折約』，今據文改正。」

〔七〕宜令租庸司指揮　「司」，原作「同」，據殿本、劉本、孔本、册府卷四八八改。五代會要卷二五作「使」。影庫本批校：「租庸司指揮，『司』訛『同』。」

〔八〕攢連手狀送於本州　「手」、「送於本州」五字原闕，據册府卷四九五補。

〔九〕其田並令倍徵　「並令倍」，原作「倍令并」，據册府卷四九五、文獻通考卷三改。按本書卷三五唐明宗紀一、册府卷四八八載此詔作「其田倍徵」。

〔一〇〕請依時估　「估」字原闕，據册府卷四八八、五代會要（四庫本）卷二五補。

〔一一〕周顯德六年春　殿本、册府卷四八八無「周顯德」三字。

〔一二〕唐同光二年　五代會要卷二七、册府卷五〇一繫其事於天成二年。

〔一三〕度支奏請牓示府州縣鎮　「奏」，原作「造」，據殿本、册府卷五〇一、五代會要卷二七改。

〔一四〕晏駢安　册府卷五〇一作「駢晏平」。

〔一五〕泉布之弊　「泉」，原作「帛」；「弊」，原作「幣」，據五代會要卷二七改。

〔一六〕訪聞近日諸道州府所賣銅器價貴　「銅」字原闕，據五代會要卷二七、册府卷五〇一補。

〔一七〕即許鑄造器物　「物」字原闕，據五代會要卷二七、册府卷五〇一補。

〔一八〕晉天福二年　五代會要卷二七、册府卷五〇一繫其事於周顯德二年。

〔一九〕廣順元年三月　句上殿本有「周」字。

〔二〇〕所有一色　「有」，原作「在」，據册府卷五〇一、五代會要卷二七改。「有」下五代會要卷二七有「錢」字。

〔一一〕即不得瀉破爲銅器貨賣　「貨賣」，原作「貸賣」，據殿本、劉本、五代會要卷二七、册府卷五〇一改。

〔一二〕須仗規模　「仗」，原作「伏」，據殿本、劉本、册府卷四九四改。

〔一三〕制置度支安邑解縣兩池榷鹽使　「支」字原闕，據册府卷四九四補。

〔一四〕便可制置　「置」字原闕，據册府卷四九四補。殿本、劉本作「仍委便制」。

〔一五〕今後每年祇二月内一度俵散　「祇」，原作「抵」，據殿本、孔本、劉本、五代會要卷二六改。

〔一六〕支給一半賞錢　「支給」二字原闕，據五代會要卷二六補。

〔一七〕一十斤以上至五十斤　原作「一斤以上至十斤」，據五代會要卷二六改。殿本作「十斤已上至五十斤」。

〔一八〕邢州　原作「行州」，據殿本、劉本、舊五代史考異卷五、五代會要卷二六改。

〔一九〕多有北京末鹽入界　「有」字原闕，據五代會要卷二六補。

〔二〇〕一應諸道……申奏取裁　按本卷上文引唐同光二年二月敕，然本段文字爲周廣順二年九月十八日敕文，見五代會要卷二七。

〔二一〕然後任人逐便興販　「然後」，原作「然徒」，據五代會要卷二六、文獻通考卷一五改。

〔二二〕歸利於官也　「官」，原作「小官」，據本書卷八一晉少帝紀一、五代會要卷二六改。

〔二三〕訪聞更改已來　「訪聞」，原作「訪問」，據殿本、劉本、孔本、五代會要卷二六、册府卷四九四、卷五〇四改。

〔三四〕門保　册府卷四九四作「村保」。

〔三五〕若有所犯處彰露　「處」，册府卷四九四作「他處」。

〔三六〕祇得將歸裛藺供食　「裛藺」，原作「零蔓」，據殿本、五代會要卷二七改。

〔三七〕其買賣人並同諸色犯鹽麴例科斷　「科斷」二字原闕，據册府卷四九四補。

〔三八〕買賣人並同諸色犯鹽麴例科斷　「例」字原闕，據舊五代史考異卷五補。

〔三九〕如家長主首不知情　「如家長主首」五字原闕，據五代會要卷二七補。

〔四〇〕並同罪斷遣　「遣」字原闕，據五代會要卷二七補。

〔四一〕部領人户請給　「給」，原作「拔」，據五代會要卷二七改。

〔四二〕贍國軍堂場務　「場」，原作「陽」，據殿本、劉本、五代會要卷二七改。

〔四三〕如是人於壕籬内偷盜　「如是人於壕籬」六字原闕，據册府卷四九四補。

〔四四〕一兩以上至一斤賞錢二十千　「一兩以上至一斤賞錢」九字原闕，據册府卷四九四補。

〔四五〕巡鹽節級　「鹽」，原作「監」，據五代會要卷二七改。

〔四六〕若諸色人偷刮鹻地　「鹻」，原作「鹵」，據五代會要卷二七改。

〔四七〕今緣改價賣鹽　「今」，原作「令」，據殿本、劉本、五代會要卷二七改。

〔四八〕今下三司　「今」，原作「令」，據五代會要卷二七改。

〔四九〕捉事告事人賞錢七千　「告事」二字原闕，據舊五代史考異卷五、五代會要卷二七補。

〔五〇〕一半支與捉事人充賞　「捉」，原作「決」，據殿本、孔本、舊五代史考異卷五、五代會要卷二六改。

〔五一〕舊日若無文榜　「若」，五代會要（四庫本）卷二六同，殿本、劉本、五代會要卷二六作「苦」。

〔五二〕並與捉事人充賞者　「人」字原闕，據五代會要卷二六補。

〔五三〕分擘鹽池地分居住　「地」字原闕，據五代會要卷二六補。

〔五四〕所有透漏地分弓射及池場門子　句下原有「自不專切巡察……池場門子」八十九字，與上文重出，據殿本、五代會要卷二六删。

〔五五〕如是透漏出鹽二十斤已下　「二十斤」，原作「一十斤」，據殿本、五代會要卷二六改。

〔五六〕慶州青白榷税院……從之　按本卷上文引周顯德二年八月敕，然本段文字爲唐長興四年五月七日敕文，見五代會要卷二六。

〔五七〕漳河已北州府管界　「管」字原闕，據五代會要卷二六、册府卷四九四補。

〔五八〕入不通商地界　「商」，原作「高」，據殿本、劉本、五代會要卷二六、册府卷四九四改。

〔五九〕倉廩所納新物　「倉廩」，原作「食廩」，據五代會要卷二七、册府卷四九八改。

〔六〇〕於夏秋田苗上　「夏」，原作「是」，據册府卷五〇四、五代會要（四庫本）卷二六改。

〔六一〕或獻此議　「議」，原作「意」，據本書卷三九唐明宗紀五、册府卷五〇四改。

〔六二〕應三京諸道苗畝上所徵麴錢等　「三」，原作「在」，據五代會要卷二六、册府卷五〇四改。「諸道」下五代會要卷二六、册府卷五〇四有「州府」二字。

〔六三〕於在城撲斷貨賣　「貨賣」，原作「貨買」，據孔本、五代會要卷二六、册府卷五〇四改。

〔六四〕顯德四年七月　句上殿本、五代會要卷二六、册府卷五〇四有「周」字。

〔六五〕准備貨賣　「貨賣」，原作「貨買」，據五代會要卷二六改。

〔六六〕永樂大典卷一萬四千九百八十　檢永樂大典目録，卷一四九八〇爲「婦」字韻「醫書婦人證治五十七」，與本則内容不符，恐有誤記。疑出自卷一四九九〇「務」字韻「務名二」。

舊五代史卷一百四十七

志九

刑法志

案：刑法志序，永樂大典原闕。

梁太祖開平三年十一月，詔太常卿李燕、御史司憲蕭頃〔一〕、中書舍人張衮、户部侍郎崔沂、大理卿王鄯、刑部郎中崔誥，共删定律令格式。

四年十二月，宰臣薛貽矩奏：「太常卿李燕等重刊定令三十卷〔二〕，式二十卷，格一十卷，律併目録一十三卷〔三〕，律疏三十卷，凡五部一十帙，共一百三卷。敕中書舍人李仁儉詣閤門奉進，伏請目爲大梁新定格式律令，仍頒下施行。」從之。原注：是時，大理卿李保殷進所撰刑律總要十二卷。

唐莊宗同光元年十二月，御史臺奏：「當司、刑部、大理寺本朝法書，自朱温僭逆，删改事條，或重貨財，輕入人命，或自狗枉過，濫加刑罰。今見在三司收貯刑書，並是僞廷删改者，兼僞廷先下諸道追取本朝法書焚毀，或經兵火，所遺皆無舊本節目。只定州敕庫有本朝法書具在，請敕定州節度使速寫副本進納，庶刑法令式，並合本朝舊制。」從之。未幾，定州王都進納唐朝格式律令，凡二百八十六卷。

二年二月，刑部尚書盧質奏〔四〕，纂集同光刑律統類凡一十三卷，上之。

周太祖廣順元年六月，敕侍御史盧億、刑部員外郎曹匪躬、大理正段濤同議定重寫法書一百四十八卷。先是，漢隱帝末，因兵亂，法書亡失，至是大理奏重寫律令格式、統類、編敕，案：原本訛「統數」，今據文獻通考改正。（舊五代史考異）凡改點畫及義理之悮字凡二百一十四。以晉、漢及國初事關刑法敕條，凡二十六件，分爲二卷，附於編敕，目爲大周續編敕，命省、寺行用焉。案宋史：盧億，周初爲侍御史，漢末兵亂，法書亡失，至是大理奏重寫律令格式、統類、編敕，乃詔億與刑部員外曹匪躬、大理正段濤同加議定舊本：以京兆府改同五府，開封、大名府改同河南府，長安、萬年改爲次赤縣；開封、浚儀、大名、元城改爲赤縣；又定東京諸門薰風等爲京城門，明德等爲皇城門，啓運等爲宮城門，昇龍等爲宮門，崇元等爲殿門；廟諱書不成字。凡改點畫及義理之誤字二百一十有四。又以晉、漢及周初事關刑法敕條者，分爲二卷，附編敕，目爲大周續編敕。詔行之。（舊五代史考異）

二年二月，中書門下奏：「准元年正月五日赦書節文，今後應犯竊盜贓及和姦者，並依晉天福元年已前條制施行。諸處犯罪人等，除反逆罪外，其餘罪並不得籍没家産〔五〕、誅及骨肉，一依格令處分者。請再下明敕，頒示天下。」乃下詔曰：「赦書節文，明有釐革，切慮邊城遠郡，未得審詳，宜更申明，免至差誤。其盜賊，若是强盜，並准自來格條斷遣。其犯竊盜者，計贓絹滿三匹已上者，並集衆決殺，其絹以本處上估價爲定；不滿三匹者，等第決斷。應有夫婦人被强姦者，男子決殺，婦人不坐；其犯和姦者，並准律科斷，罪不至死；其餘姦私罪犯，准格律處分。應諸色罪人，除謀反大逆外，其餘並不得誅殺骨肉、籍没家産。」先是，晉天福中敕，凡和姦者，男子婦人並處極法，至是始改從律文焉。

世宗顯德四年五月，中書門下奏：「准宣，法書行用多時，文意古質，條目繁細，使人難會，兼前後敕格，互换重疊，亦難詳定〔六〕。宜令中書門下並重删定，務從節要，所貴天下易爲詳究者。伏以刑法者，御人之銜勒，救弊之斧斤，故鞭扑不可一日弛之於家，刑法不可一日廢之於國，雖堯舜淳古之代，亦不能捨此而致理矣。今奉制旨删定律令，有以見聖君欽恤明罰敕法之意也。竊以律令之書，政理之本，經聖賢之損益，爲古今之章程，歷代以來，謂之彝典。今朝廷之所行用者，律一十二卷〔七〕、律疏三十卷、式二十卷、令三十卷、開成格一十卷、開成，原本作「開武」，今從文獻通考改正。（影庫本粘籤）大中統類一十二卷、後唐以來至漢末編敕三十二卷及皇朝制敕等，折獄定刑，無出於此。律令則文辭古質，看覽者難以詳明；格敕則條目繁多，檢閱者或有疑誤。加之邊遠之地，貪猾之徒，緣此爲姦，寖以成弊。方屬盛明之運，宜伸畫一之規，所冀民不陷刑，吏知所守。臣等商量，望准聖旨施行，仍差侍御史知雜事張湜、太子右庶子劇可久、殿中侍御史率汀、職方郎中鄧守中、倉部郎中案：原本訛「藏部」，今據新唐書百官志改正。（舊五代史考異）王瑩、司封員外郎賈玭、太常博士趙礪、國子博士李光贊、大理正蘇曉、太子中允王伸等一十人，編集新格，勒成部帙。律令之有難解者，就文訓釋；格敕之有繁雜者，隨事刪除。止要諧理省文，兼且直書易會。其中有輕重未當，便於古而不便於今；矛盾相違，可於此而不可於彼，盡宜改正，無或牽拘。候編集畢日，委御史臺、尚書省四品以上及兩省五品以上官參詳可否，送中書門下議定，奏取進止。」詔從之。自是湜等於都省集議刪定，仍令太官供膳。

五年七月，中書門下奏：「侍御史知雜事張湜等九人，奉詔編集刑書，悉有條貫；兵部尚書張昭等一十人，參詳旨要，更加損益，臣質、臣溥，據文評議，備見精審。其所編集者，用律爲主，辭旨之有難解者，釋以疏意；義理之有易了者，略其疏文。式令之有附近者次之，格敕之有廢置者又次之。事有不便於今〔八〕、該説未盡者，別立新條於本條之下，其有文理深古、慮人疑惑者，別以朱字訓釋。至於朝廷之禁令，州縣之常科，各以類分，悉令編附。所冀發函展卷，綱目無遺，究本討源，刑政咸在。其所編集，勒成一部，別有目録，凡二十一卷。刑名之要，盡統於茲，目之爲大周刑統，欲請頒行天下〔九〕，與律疏、令、式通行。其刑法統類、開成格、編敕等，採掇既盡，不在法司行使之限。自來有宣命指揮公事及三司臨時條法，州縣見令施行，不在編集之數。應該京百司公事，逐司各有見行條件，望令本司刪集，送中書門下詳議聞奏。」敕：「宜依，仍頒行天下。」乃賜侍御史知雜事張湜等九人各銀器二十兩、雜綵三十匹，賞刪定刑統之勞也。案：以下疑原本有闕佚。

唐同光二年六月己巳，敕：「應御史臺、河南府行臺、馬步司左右軍巡院見禁囚徒，據罪輕重，限十日內並須決遣申奏。仍委四京、諸道州府，見禁囚徒，速宜疏決，疏決，原本作「速決」，今從冊府元龜改正。（影庫本粘籤）不得淹停，兼恐內外形勢官員私事寄禁，切要止絕，俾無冤滯。」

三年五月己未，敕〔一〇〕：「在京及諸道州府所禁罪人，如無大過，速令疏決，不得淹滯。」

六月甲寅〔一一〕，敕：「刑以秋冬，雖關惻隱，罪多連累，翻慮滯淹。若或十人之中，止爲一夫抵死，豈可以輕附重，禁錮逾時。言念哀矜，又難全廢。其諸司囚徒，罪無輕重，並宜合委本司，據罪詳斷申奏，輕者即時疏理，重者候過立春，至秋分然後行法。如是事繫軍機，須行嚴令，或謀惡逆，或畜奸邪，或行劫殺人，難於留滯，並不在此限。」

天成元年十一月庚申，敕：「應天下州使繫囚，除大辟罪以上，委所在長吏速推勘決斷，不得傍追證對、經過食宿之地，除當死刑外，並仰釋放，兼不許懲治。」

二年春，左拾遺李同上言：「天下繫囚，請委長吏逐旬逐旬，原本作「逐均」，今據册府元龜改正。（影庫本粘籤）親自引問，質其罪狀真虛，然後論之以法，庶無枉濫。」從之。

六月，大理少卿王鬱上言：「凡決極刑，合三覆奏，近年以來，全不守此。伏乞今後決、前一日令各一覆奏〔一二〕。」奉敕宜依。

八月，西京奏：「奉近敕，在京犯極刑者，令決、前一日各一覆奏。緣當府地遠，此後凡有極刑，不審准條疏覆奏。」奉敕旨：「昨六月二十日所降敕文，祇爲應在洛京有犯極刑者覆奏，其諸道已降旨命，准舊例施行。今詳西京所奏，尚未明近敕，兼慮諸道有此疑惑，故令曉諭。」

十月辛丑，德音：「爲政之要，切在無私；聽訟之方，唯期不濫。天下諸州府官員，如有善推疑獄及曾雪冤濫兼有異政者，當具姓名聞奏，别加甄奬。」

長興元年二月，制曰：「欲通和氣，必在伸冤；將設公方，實資奬善。州縣官僚能雪冤獄活人生命者，許非時選，仍加階超資注官，與轉服色，已著緋者與轉兼官。」

二年二月辛亥，敕：「朕猥以眇躬，薦承鴻業，念彼疲瘵，勞於寐興。或慮官不得人，因成紊亂；或慮刑非其罪，遂至怨嗟。王化所興，獄訟爲本，苟無訓勵，必有滯淹。近日諸道百姓，或諸多違犯，或小可鬭爭。官吏曲縱胥徒〔一三〕，巧求瑕釁。初則滋張節目，作法拘囚；終則誅剥貨財，市恩出拔。外憑公道，内循私情，無理者轉務遷延，有理者却思退縮。積成訛弊，漸失紀綱。自今後切委逐處官吏州牧縣宰等，深體余懷，各舉爾職。凡關推究〔一四〕，速與剸裁。如敢苟縱依違，遂成枉濫，或經臺訴屈，或投匭申冤，勘問不虚，其元推官典並當責罰，其逐處觀察使、刺史別議朝典。宜令諸道州府，各依此處分，所管屬郡，委本道嚴切指揮。」八月丁卯，敕：「三京、諸道州府刑獄，近日訪聞〔一五〕，依前禁繫人，多不旋決，諸道宜令所在各委長吏，專切推窮，不得有滯淹。」

四月，前濮州録事參軍崔琮上言：案：原本作「崔瑽」，今據册府元龜改正。（舊五代史考異）「諸道獄囚，恐不依法拷掠，或不勝苦致斃，翻以病聞，請置病囚院，兼加醫藥。」中書覆云：「有罪當刑，仰天無恨；無病致斃，没地銜冤。燃死灰而必在至仁，照覆盆而須資異鑑〔一六〕，書著『欽哉』之旨，禮標『侀也』之文，因彰善於泣辜，更推恩於扇暍。所請置病囚院〔一七〕，望依。仍委隨處長吏，專切經心，或有病囚，當時遣醫人診候，治療後，據所犯輕重決斷。如敢故違，致病囚負屈身亡，本處官吏，並加嚴斷。兼每及夏至〔一八〕，五日一度，差人洗刷枷匣。」

應順元年三月戊午，詔：「應三京、諸道州府繫囚，據罪輕重，疾速斷遣。比來停滯，須奏取裁，不便區分，故爲留滯。今後凡有刑獄，據理斷遣。如有敕推按，理合奏聞，不在此限。」

清泰元年五月丁丑，詔：「在京諸獄及天下州府見繫罪人，正當暑毒之時，未免拘囚之苦，誠知負罪，特軫予懷。恐法吏生情，滯於決斷。詔至，所在長吏親自慮問，據輕重疾速斷遣，無令淹滯〔一九〕。」

晉天福二年八月，敕下刑部大理寺御史臺及三京、諸道州府：「今後或有繫囚染疾者，並令逐處軍醫看候，於公廨錢内量支藥價，或事輕者，仍許家人看候。」

四年九月，相州案：原本訛「松州」，今據通鑑改正。（舊五代史考異）節度使桑維翰奏：「管内所獲賊人，從來籍没財産，云是鄴都舊例，格律未見明文。」敕：「今後凡有賊人，准格定罪，不得没納家貲。天下諸州，准此處分。」

三月庚午[二〇]，詳定院奏：「前守洪洞縣主簿盧燦進策云：『伏以刑獄至重，朝廷所難，尚書省分職六司，天下謂之會府，且諸道決獄[二一]，若關人命，即刑部不合不知。欲請州府凡斷大辟罪人訖，逐季具有無申報刑部，仍具録案款事節[二二]，并本判官、馬步都虞候、司法參軍、法直官、馬步司判官名銜申聞，所貴或有案内情曲不圓[二三]，刑部可行覆勘。如此則天下遵守法律，不敢輕易刑書，非唯免有銜冤，抑亦勸其立政者。』臣等參詳，伏以人命至重，國法須精，雖載舊章，更宜條理，誠爲允當，望賜施行。」從之。五月，詔曰：「刑獄之難，古今所重，但關人命，實動天心，或有冤魂，則傷和氣。應諸道州府，凡有囚徒，據推勘到案款一一盡理，子細檢律令格敕，其間或有疑者，准令文讞大理寺，亦疑，申尚書省，省寺明有指歸，州府然後決遣。」

五年三月丙子，詔曰：「自大中六年已來，膂耳稱冤[二四]，決杖流配，訴雖有理，不在申明。今後據其所陳，與爲勘斷，膂耳之罪，准律别科。」

六年秋七月庚辰，詔曰：「政教所切，獄訟惟先，推窮須察於事情，斷遣必遵於條法，用弘欽恤，以致和平。應三京、鄴都及諸道州府見禁諸色人等，宜令逐處長吏常切提撕，疾速決遣，每務公當，勿使滯淹。」

天福八年四月壬申，敕：「朕自臨寰宇，思致和平，將以四海爲家，慮有一物失所。每念狴牢之内，或多枉撓之人，屬此炎蒸，倍宜軫憫，冀絶滯淹之歎，用資欽恤之仁。應三京、鄴都及諸道州府見禁罪人等，宜令逐處逐處，原本作「鹿處」，今從册府元龜改正。（影庫本粘籤）長吏，嚴切指揮本推司及委本所判官，疾速結絶斷遣，不得淹延及致冤濫，仍付所司。」

開運二年五月壬戌，殿中丞桑簡能上封事曰：「伏以天地育萬物，廣博厚之恩；帝王牧黎元，行寬大之令。是知恤刑緩獄，乃爲政之先；布德行惠，實愛民之本。今盛夏之月，農事方殷，是雷風長養之時，乃動植蕃蕪之際。宜順時令，以弘至仁。竊以諸道州府都郡縣應見禁罪人，或有久在囹圄，稍滯區分，胥吏侮文，枝蔓乃衆。捶楚之下，或陷無辜；縲絏之中，莫能自理。苟一人拘繫，則數人營財，物用既殫，工業亦罷。若此之類，實繁有徒，切恐官吏因循，寖成斯弊。伏乞降詔旨，令所在刑獄，委長吏親自録問量罪，疾速斷遣，務絶冤濫，勿得淹留，庶免虚禁平人，妨奪農力，冀召和氣，以慶明時。」敕曰：「囹圄之中，縲絏之苦，奸吏苟窮於枝蔓，平人用費於貨財，由兹滯淹，兼致屈塞。桑簡能體兹軫憫，專有敷陳，請長吏躬親，免獄官抑逼，深爲允當，宜再頒行。宜依。」

十月甲子，祕書省著作郎邊玗上封事曰〔二五〕：「臣聞從諫如流，人君之令範；極言無隱，臣子之常規。蓋欲表大國之任人，致萬邦之無事，前文備載，可舉而行。伏以皇帝陛下，德合上玄，運膺下武，旰食宵衣而軫念，好生惡殺以推仁，凡措典刑〔二六〕，固無冤枉。然以照臨之內，州郡尤多，若不再具舉明，伏恐漸成奸弊。臣竊見諸道刑獄，前朝曾降敕文，凡是禁繫罪人，五日一度録問。但以年月稍遠，漸致因循。或長吏事煩，不暇躬親點檢；或胥徒啓倖，妄要追領證明。慮有涉於淫刑，即恐傷於和氣。伏乞特降詔敕，自今後諸道並委長吏五日一度，當面同共録問，所冀處法者無恨，銜冤者獲伸。獲伸，原本作「穫倍」，今從册府元龜改正。（影庫本粘籤）俾令四海九州，咸歌聖德；五風十雨，永致昌期。」敕曰：「人之命無以復生，國之刑不可濫舉。雖一成之典，務在公平；而三覆其詞，所宜詳審。凡居法吏，合究獄情。邊玗近陟周行，俄陳讜議，更彰欽恤，宜允申明。」

三年十一月丁未，左拾遺竇儼上疏曰：「臣伏覩名例律疏云：死刑二〔二七〕，古先哲王，則天垂象，本欲生之，義期止殺，絞斬之坐，皆刑之極也。又准天成三年閏八月二十三日敕，行極法日，宜不舉樂，減常膳；又刑部式，決重杖一頓處死，以代極法，斯皆人君哀矜不捨之道也。竊以蚩尤爲五虐之科，尚行鞭扑；漢祖約三章之法，止有死刑。絞者筋骨相連，斬者頭頸異處，大辟之目，不出兩端。淫刑所興，近聞數等，蓋緣外地，不守通規，肆率情性，或以長釘貫簽人手足，或以短刀臠割人肌膚，乃至累朝半生半死，俾冤聲而上達，致和氣以有傷。將弘守位之仁，在峻惟行之令，欲乞特下明敕，嚴加禁斷者。」敕曰：「文物方興，刑罰須當，有罪宜從於正法，去邪漸契於古風。竇儼所貢奏章，實裨理道，宜依所奏，准律令施行。」

漢乾祐二年正月，敕：「政貴寬易，刑尚哀矜，慮滋蔓之生奸，寔軫傷而是念。今屬三元改候，四序履端，履端，原本作「屨端」，今據文改正。（影庫本粘籤）將冀和平，無如獄訟。應三京、鄴都、諸道州府見繫罪人，委逐處長吏躬親慮問，其於決斷，務在公平，但見其情，即爲具獄，勿令牽引，遂致淹停，無縱舞文，有傷和氣。」

四月甲午，敕曰：「月戒正陽，候當小暑，乃挺重出輕之日，是恤刑議獄之辰，有罪者速就勘窮，薄罰者盡時疏決，用符時令，勿縱滯淹。三京、鄴都、諸道州府在獄見繫罪人，宜令所司疾速斷遣，無致淹滯枉濫。」

五月辛未，敕：「政化所先，獄訟攸切，不唯枉撓，兼慮滯淹。適當長養之時，正屬熇蒸之候，累行條貫，俾速施行，靡不丁寧，未曾奏報，再頒告諭，無或因循。應三京、鄴都、諸道州府，詔至，宜具疏放已行未行申奏，無致逗留。」

周廣順三年四月乙亥，敕：「朕以時當化育，氣屬炎蒸，乃思縲絏之人，是軫哀矜之念，慮其非所，案鞫淹延，或枉濫窮屈而未得伸宣，或饑渴疾病而無所控告。以罪當刑者，唯彼自召，法不可移；非理受苦者，爲上不明，安得無慮。欽恤之道，夙宵靡寧。應諸道州府見繫罪人，宜令官吏疾速推鞫，據輕斷遣〔二八〕，不得淹滯。仍令獄吏，灑掃牢獄，當令虛歇〔二九〕；洗滌枷械，無令蚤虱；供給水漿，無令饑渴。如有疾患，令其家人看承，囚人無主，官差醫工診候，勿致病亡。循典法之成規，順長嬴之時令，俾無淹滯，以致治平。」又賜諸州詔曰：「朕以敷政之勤，惟刑是重，既未能化人於無罪，則不可爲上而失刑。況時當長嬴，事貴清適，念囹圄之閉固，復桎梏之拘縻，處於炎蒸，何異焚灼。在州及所屬刑獄見繫罪人，卿可躬親録問，省略區分，于入務不行者，令俟務開繫；有理須伸者，速期疏決，俾皆平允，無至滯淹。又以獄吏逞任情之奸，囚人被非法之苦，宜加檢察，勿縱侵欺。常令淨掃獄房，洗刷枷匣，知其饑渴，供與水漿，有病者聽骨肉看承，無主者遣醫工救療，勿令非理非理，原本作「致理」，今據册府元龜改正。（影庫本粘籤）致斃，以致和氣有傷。卿忠幹分憂，仁明涖事，必能奉詔，體我用心，睠委於茲，興寐無已。餘從敕命處分。」

顯德元年十一月，帝謂侍臣曰：「天下所奏獄訟，多追引支證〔三〇〕，甚致淹延，有及百餘日而未決者。其中有徒黨反告者、劫主陳訴者及妄遭牽引者，慮獄吏作倖遲留，致生人休廢活業，朕每念此，彌切疚懷。此後宜條貫所在藩郡，令選明幹僚吏，當其訴訟。如獄不滯留，人無枉撓，明具聞奏，量與甄奬。」

內外官當贖之法，梁、唐皆無定制，多示優容，或因時分輕重。晉天福六年五月，尚書刑部員外郎李象請：「今後凡是散官，不計高低，若犯罪，不得當贖，亦不得上請。」詳定院覆奏：「應內外文武官，有品官者自從品官法，無品官有散、試官者，應內外帶職廷臣賓從、有功將校等，並請同請同，原本作「請周」，今據文改正。（影庫本粘籤）九品官例。其京都軍巡使及諸道州府衙前職員〔三一〕、內外雜任鎮將等，並請准律，不得上請當贖。其巡司、馬步司判官〔三二〕，雖有曾歷品官者〔三三〕，亦請同流外職。准律，杖罪以下，依決罰例〔三四〕，徒罪以上，仍依當贖法。」至周顯德五年七月新定刑統：「今後定罪，諸道行軍司馬、節度副使、副留守，准從五品官例；諸道兩使判官、防禦團練副使，准從六品官例〔三五〕；節度掌書記、防團判官〔三六〕、兩蕃營田等使判官，准從七品官例；諸道推巡及軍事判官，准從八品官例；諸軍將校、內諸司使、使副、供奉、殿直，臨時奏聽敕旨。」由是內外品官當贖之法，始有定制焉。永樂大典卷八千二百九十。

校勘記

〔一〕御史司憲蕭頃　「司憲」二字原闕，據五代會要卷九補。按册府卷五二二記蕭頃時爲「御史司憲」。通鑑卷二六七胡注：「梁置御史司憲。」册府卷六一三作「御史憲」。

〔二〕太常卿李燕等重刊定令三十卷　「令」上原有「律」字，據五代會要卷九、册府（宋本）卷六一三、文獻通考卷一六六删。

〔三〕律併目録一十三卷　「律」字原闕，據五代會要卷九、册府卷六一三、文獻通考卷一六六補。

〔四〕盧質　原作「盧價」，據彭校、五代會要卷九、册府卷六一三改。按盧價墓誌（拓片刊中國歷史文物二〇〇九年第二期），盧價後唐時僅官至監察御史。

〔五〕其餘罪並不得籍没家産　「得」字原闕，據本書卷一一〇周太祖紀一、五代會要卷九、卷一〇、册府卷六一三補。

〔六〕亦難詳定　「定」，册府卷六一三同，五代會要卷九、文獻通考卷一六六作「究」。

〔七〕律一十二卷　「律」字原闕，據五代會要卷九、文獻通考卷一六六補。

〔八〕事有不便於今　「今」字原闕，據彭校、册府卷六一三補。

〔九〕欲請頒行天下　「欲」，册府卷六一三同，五代會要卷九、文獻通考卷一六六作「伏」。

〔一〇〕三年五月己未敕　「敕」字原闕，據殿本、劉本補。

〔一一〕六月甲寅　「甲寅」，册府卷一五一同，按是月壬戌朔，無甲寅，五代會要卷一〇本月二十一日大理寺奏後載此詔。六月二十一日爲壬午，後二日爲甲申，「甲寅」疑爲「甲申」之訛。

〔一二〕伏乞今後決前一日令各一覆奏　「決」字原闕，據本書卷三八唐明宗紀四及本卷下文補。按五代會要卷一〇、册府卷六一三、文獻通考卷一六六作「令決前、決日各一覆奏」。

〔一三〕官吏曲縱胥徒　「胥徒」，孔本、册府卷一五一作「吏人」。

〔一四〕凡關推究　「關」，原作「闕」，據册府卷一五一改。

〔一五〕近日訪聞　「訪聞」，原作「訪問」，據殿本、册府卷一五一改。

〔一六〕照覆盆而須資異鑑　「覆盆」，原作「露盆」，據册府卷四二改。按抱朴子辨問：「是責三光不照覆盆之内也。」

〔一七〕所請置病囚院　「所請」，原作「所謂」，據册府卷四二改。

〔一八〕兼每及夏至　「夏至」，原作「官至」，據册府卷四二改。

〔一九〕無令淹滯　「令」字原闕，據册府卷一五一補。

〔二〇〕三月庚午　册府卷一五一、五代會要卷一六繫其事於天福三年。

〔二一〕且諸道決獄　「道」字原闕，據殿本、孔本、册府卷一五一、五代會要卷一六補。

〔二二〕仍具録案款事節　「具録」，原作「俱録」，據殿本、劉本、册府卷一五一、五代會要卷一六改。

〔二三〕所貴或有案内情曲不圓　「貴」，原作「責」，據殿本、孔本、册府卷一五一、五代會要卷一六改。影庫本批校：「所責，原本係『所貴』，似較順。」

〔二四〕㔙耳稱寃　「㔙耳」，原作「釐爾」，據殿本、册府卷一五一、五代會要卷一六改。本卷下一處同。

〔二五〕邊玕　册府（宋本）卷一五一作「邊玗」。按續資治通鑑長編卷四引太祖實録、宋大詔令集卷一六五令陶穀以下舉堪蕃府通判官詔有「邊玗」。本卷下一處同。

〔二六〕凡措典刑　「凡」，册府（宋本）卷一五一同，册府（明本）卷一五一作「幾」。

〔二七〕死刑二　原作「死刑者」，據册府（宋本）卷一五一、唐律疏議卷一改。

〔二八〕據輕斷遣　本書卷一四八食貨志、册府卷一四五、卷一五一及本卷上文敍事多用「據輕重斷遣」或「據輕重疾速斷遣」一語，「輕」下疑脱「重」字。

〔二九〕當令虚歇　「當」，册府卷一五一作「常」。

〔三〇〕多追引支證　「支」字原闕，據册府（宋本）卷一五一補。

〔三一〕其京都軍巡使及諸道州府衙前職員　「軍」，原作「運」，據册府卷六一三、五代會要卷一〇、宋刑統卷二引天福六年五月十五日敕節文改。按五代會要卷二四：「（開平）三年十月置左右軍巡使。」

〔三二〕馬步司判官　「司判官」三字原闕，據册府卷六一三、五代會要卷一〇、宋刑統卷二引天福六年五月十五日敕節文補。

〔三〕雖有曾歷品官者　「官」字原闕，據冊府卷六一三、五代會要卷一〇、宋刑統卷二引天福六年五月十五日敕節文補。

〔三四〕依決罰例　「依」字原闕，據冊府卷六一三、五代會要卷一〇、宋刑統卷二引天福六年五月十五日敕節文補。

〔三五〕准從六品官例　「例」字原闕，據殿本、劉本、五代會要卷一〇、宋刑統卷二引顯德五年七月七日敕補。

〔三六〕防團判官　「防」字原闕，據劉本、五代會要卷一〇、宋刑統卷二引顯德五年七月七日敕補。舊五代史考異卷五：「案疑作『團練判官』，考五代會要亦作『團判官』，蓋當時案牘之文，官名各從簡省，今姑仍其舊。」按防團判官謂防禦、團練判官。又句上宋刑統卷二引顯德五年七月七日敕有「支使」二字。

舊五代史卷一百四十八

志十

選舉志

按唐典，凡選授之制，天官卿掌之，所以正權衡而進賢能也；凡貢舉之政，春官卿掌之，所以覈文行而第儁秀也。洎梁氏以降，皆奉而行之，縱或小有釐革，亦不出其軌轍。今採其事，備紀於後，以志五代審官取士之方也。

梁開平元年七月，敕：「近年舉人，當秋薦之時，不親試者號爲『拔解』，拔解，原本作「祓解」，考五代會要、文獻通考俱作「拔解」，今改正。（影庫本粘籤）今後宜止絶。」

四年十二月〔一〕，兵部尚書、權知貢舉姚洎奏：「近代設文科、選胄子，所以綱維名教，崇樹邦本也。今在朝公卿親屬〔二〕、將相子孫，有文行可取者，請許所在州府薦送〔三〕，以廣鋶材之路〔四〕。」從之。案文獻通考：唐時知貢舉皆用禮部侍郎，梁開平中，始命兵部侍郎楊涉權知貢舉。此事薛史不載。

唐同光二年十月，中書奏，請停舉、選一年。敕：「舉、選二門，國朝之重事，但要精確，難議權停，宜准常例處分。」

天成元年八月，敕：「應三京、諸道今年貢舉人，可依常年例取解〔五〕，仍令隨處量事，津送赴闕。」

五年二月九日，敕：「近年文士，輕視格條，就試時疏于帖經，案：原本作「帖括」，今據五代會要改正。（舊五代史考異）登第後恥于赴選。宜絕躁求之路，別開獎勸之門。其進士科已及第者，計選數年滿日，許令就中書陳狀，于都堂前各試本業詩賦判文。其中才藝灼然可取者，便與除官；如或事業不甚精者，自許准添選。」

晉天福三年三月，翰林學士承旨、兵部侍郎、權知貢舉崔棁奏：「臣謬蒙眷渥，叨掌文衡，實憂庸儒之材，不副搜羅之旨，敢不揣摩頑鈍，杜絕阿私，上則顯陛下求賢，次則使平人得路。但以今年就舉，比常歲倍多，科目之中，兇豪甚衆。每駮牓出後，則時有喧張，不自省循，但言屈塞，互相朋扇，各出言詞，或云主司不公，或云試官受賂，實慮上達聖聽，微臣無以自明，晝省夜思，臨深履薄。今臣欲請令舉人落第之後，或不甘心，任自投狀披陳，却請所試，與疏義對證，兼令其日一甲同共校量，若獨委試官〔六〕，恐未息詞理。儻是實負抑屈，則所司固難逭憲章；如其妄有陳論，則舉人乞痛加懲斷。冀此際免虛遭謗議，亦將來可久遠施行。儻蒙聖造允俞，伏乞降敕處分。」從之。

天福五年三月，詔：「及第舉人與主司選勝筵宴，及中書舍人鞁鞋接見舉人，兼兵部、禮部引人過堂之日，幕次酒食會客，悉宜廢之。」

四月，禮部侍郎張允奏曰：「明君側席，雖切旁求；貢士觀光，豈宜濫進。竊窺前代，未設諸科，始以明經，俾昇高第。自有九經、五經之後，及三禮、三傳已來，孝廉之科，遂因循而不廢，搢紳之士，亦緘默而無言，以至相承，未能改作。每歲明經一科，少至五百以上，多及一千有餘，舉人如是繁多，試官豈能精當。況此等多不究義，唯攻帖書，文理既不甚通，名第豈可妄與。且常年登科者不少，相次赴選者甚多，州縣之間，必無員闕〔七〕，輦轂之下，須有稽留，怨嗟自此而興，謗讟因茲而起。但今廣場大啓，諸科並存，明經者悉包於九經、五經之中，無出於三禮、三傳之內，若無釐革，恐未便宜，其明經一科，伏請停廢。」又奏：「國家懸科待士，貴務搜揚，責實求才，須除訛濫。童子每當就試，止在念書，背經則雖似精詳，對卷則不能讀誦。及名成貢部，身返故鄉，但尅日以取官，更無心而習業，濫蠲徭役，虛占官名，其童子一科，亦請停廢。」敕明經、童子、宏詞、拔萃、明算、道舉、百篇等科並停。

天福七年五月，敕：「應諸色進策人等，皆抱材能，方來投獻，宜加明試，俾盡臧謀。如起今後應進策條，中書奏覆，敕下，其進策人委門下省試策三道，仍定上、中、下三等。如是元進策內有施行者，其所試策或上或中者，委門下省給與減選或出身優牒，合格參選日，其試策上者，委銓司超壹資注擬；其試策中者，委銓司依資注擬。如是所試策或上或中，元進策條並不施行；所試策下，元進策條內有施行者，其本官並仰量與恩賜發遣。若或所試策下，所進策條並不施行，便仰曉示發遣，不得再有投進。餘並准前後敕文處分。」

開運元年八月，詔曰：「明經、童子之科，前代所設，蓋期取士，良謂通規。爰自近年，暫從停廢，損益之機未見，牢籠之義全虧。將闡斯文，宜依舊貫，庶臻至理，用廣旁求。其明經、童子二科，今後復置。」

十一月，工部尚書、權知貢舉竇貞固奏：案宋史竇貞固傳云：貞固擇士平允，時人稱之。

（舊五代史考異）「進士考試雜文及與諸科舉人入策，歷代已來，皆以三條燭盡爲限，長興二年，改令晝試。伏以懸科取士，有國常規，沿革之道雖殊，公共之情難失。若使就試兩廊之下，兩廊之下，原本脱「下」字，今據五代會要增入。（影庫本粘籤）揮毫短景之中，視晷刻而惟畏稽遲，演詞藻而難求妍麗，未見觀光之美，但同款答之由，既非師古之規，恐失取人之道。今欲考試之時，准舊例以三條燭爲限。其進士并諸色舉貢人等，有懷藏書册入院者，舊例扶出，不令就試，近年以來，雖見懷藏，多是容縱。今欲振舉弛紊，明辨臧否，冀在必行，庶爲定式。」

漢乾祐二年，刑部侍郎邊歸讜上言：「臣竊見每年貢舉人數甚衆，動應五舉、六舉〔八〕，多至二千、三千，既事業不精，即人文何取。請敕三京、鄴都、諸道州府長官，合發諸色貢舉人文解者，並須精加考校，事業精研，即得解送，不得濫有舉送，冀塞濫進之門，開與能之路。」敕從之。其間條奏未盡處，下貢院録天福五年四月二十七日敕文，告諭天下，依元敕條件施行，如有固違，其隨處考試官員，當准敕條處分。

周廣順二年二月，禮部侍郎趙上交奏：「貢院諸科，今欲不試汎義，案：原本作「不汎試口義」，今據册府元龜改正。（舊五代史考異）其口義五十道，改試墨義十道〔九〕。」從之。

三年正月，趙上交趙上交，原本脱「趙」字，今據五代會要增入。（影庫本粘籤）奏：「進士元試詩賦各一首，帖經二十帖，對義五通，今欲罷帖經、對義，別試雜文二首、試策一道。」從之。案宋史趙上交傳：廣順初，拜禮部侍郎，會將試貢士〔一〇〕，上交申明條制，頗爲精密。始復餬名考校，擢扈載甲科，及取梁周翰、董淳之流，時稱得士。（舊五代史考異）

其年八月，刑部侍郎、權知貢舉徐台符奏：「請別試雜文外，其帖經、墨義，仍依元格。」從之。

顯德二年三月〔一一〕，禮部侍郎竇儀奏：「請諸科舉人，若合解不解、不合解而解者，監、試官爲首罪，勒停見任，舉送長官，奏聞取裁。監、試官如受賂，及今後進士如有倩人述作文字應舉者，許人言告，送本處色役，永不進仕。」

唐同光四年三月，中書門下奏議：「左拾遺王松、吏部員外郎李慎儀上疏，以諸道州縣，皆是攝官，誅剥生靈，漸不存濟。比者郭崇韜在中書日，未詳本朝故事，妄被閑人獻疑，點檢選曹，曲生異議。或告赤欠少，一事闕違〔一二〕，保內一人不來，五保即須並廢；文書一紙有誤，數任皆不勘詳。其年選人及行事官一千二百五十餘員，得官者才及數十，皆以渝濫爲名，盡被焚毁棄逐，或斃踣於旅店，或號哭於道途。以至二年已來，選人不敢赴集，銓曹無人可注，中書無人可除，去年闕近二千，授官不及六十。伏請特降敕文，宣布遐邇，明往年制置，不自於宸衷；此日焦勞，特頒於睿澤。望以中書條件及王松等所論事節，案：册府元龜作「王櫂」，考文獻通考作「王松」，薛史韋説傳亦作「松」，今仍其舊。（舊五代史考異）委銓司點檢，務在酌中，以爲定制。」從之。時議者以銓注之弊，非止一朝，搢紳之家，自無甄别，或有伯叔告赤，鬻於同姓之家，隨賂改更，因亂昭穆，至有季父伯舅反拜姪甥者。郭崇韜疾惡太深，奏請釐革，豆盧革、韋説僶俛贊成。或有親舊訊其事端者，革、説曰〔一三〕：「此郭漢子之意也。」及崇韜誅，韋説即教門人王松上疏奏論，故有此奏。識者非之。

天成四年冬十月丙申，詔曰：「本朝一統之時，除嶺南、黔中去京地遠，三年一降選補使，號爲南選外，其餘諸道及京百司諸色選人，每年動及數千，分爲三銓〔一四〕，尚爲繁重。近代選人，每年不過數百，何必以一司公事，作三處官方。況有格條，各依資考，兼又明行敕命，務絶阿私，宜新公共之規，俾慎官常之要。其諸道選人，宜令三銓官員都在省署子細磨勘，無違礙後，即據格同商量注擬，連署申奏，仍不得踵前於私第注官，如此則人吏易可整齊，公事亦無遲滯。」

長興元年三月，敕：「凡是選人，皆有資考，每至赴調，必驗文書，或不具全，多稱失墜，將明本末，須示規程。其判成諸色選人，黄甲下後，將歷任文書告赤連粘，宜令南曹逐縫使印，都於後面粘紙，粘紙，原本作「粮紙」，今據册府元龜改正。（影庫本粘籤）具前後歷任文書[一五]，都計多少紙數，仍具年月日，判成授某官。」蓋懼其分假於人故也。

其年十月，中書奏：「吏部流内銓諸色選人，先條流試判兩節，並委本官優劣等第申奏。文優者宜超一資注擬，其次者宜依資，更次者以同類官注擬，所以勵援毫之作，亦不掩歷任之勞。其或於理道全疏者，以人户少處州縣同類官中比擬。仍准元敕，業文者任徵引古今，不業文者但據公理判斷可否。不當，罪在有司。兼諸色選人，或有元通家狀不實鄉里名號，將來赴選者[一六]，並令改正，一一竪本貫屬鄉縣，兼有無出身[一七]，一奏一除官等，宜並不加選限。」從之。

應順元年閏正月丁卯[一八]，中書門下奏：「準天成二年十二月敕，長定格應經學出身人，一任三考，許入下縣令、下州録事參軍，亦入中下州録事參軍。兩任四考，許入中下縣令、中州録事參軍。兩任六考[一九]，許入上縣令及緊州録事參軍。凡爲進取，皆有因依，或少年便受好官，或暮齒不離卑任。況孤貧舉士，或年四十，始得經學及第，八年合選，方受一官，在任多不成三考，第二選漸向蹉跎，有一生終不至令録者，若無改革，何以發揚？

自此經學出身，請一任兩考，許入中下縣令、下州録事參軍者。」詔曰：「參選之徒，艱辛不一，發身遲滯，到老卑低，宜優未達之人，顯示惟新之澤。其經學出身，一任兩考，元敕入下縣令、下州録事參軍〔一〇〕，起今後更許入中下縣令、中州下州録事參軍〔一一〕。一任三考者，於人户多處州縣注擬。如於近敕條内資敍無相當者，即準格循資考入官。其兩任四考者，準二任五考例入官。餘準格條處分。」

晉天福三年正月，詔曰：「舉選之流，苦辛備歷，或則耽書歲久，或則守事年深，少有違礙格條，例是不知式樣。式樣，原本作「設樣」，今據五代會要改正。（影庫本粘籤）今則方求公器，宜被皇恩，所有選人等，宜令所司，除元駮放及落下事由外，如無違礙，並與施行。仍令所司遍下諸道，起今後文解差錯，過在發解州府官吏。」

漢乾祐二年八月，右拾遺高守瓊上言：「仕宦年未三十，請不除授縣令。」因下詔曰：「起今後諸色選人，年七十者宜注優散官；年少未歷資考者，不得注授令録〔一二〕。」其年十二月，中書門下奏：「應諸出選門官并歷任内曾升朝及兩使判官，今任却授令録者，並依見任官選數赴集。」從之。

周廣順元年二月，詔曰：「自前朝廷除官，銓司選授，當其用闕，皆稟舊規。近聞所得官人，或他事阻留，或染疾淹駐，始赴任者既過月限，後之官者遂失期程，以至相沿，漸成非次。是致新官參謝欲上，舊官考秩未終，待滿替移，動逾時月，凋殘一處，新舊二官，在迎送以爲勞，必公私之失緒。今後應諸道州府録事參軍、判司、縣令、主簿等，宜令本州府，以到任月日，旋具申奏及報吏部，此後中書及銓司，以到任月日用闕，永爲定制。」

其年十月，詔曰：「選部公事，比置三銓，所有員闕選人，分在三處，每至注擬之際，資敍難得相當。況今年選人不多，宜令三銓公事，併爲一處，委本司長官通判，同商量可否施行。」

「今當開泰之期，宜軫單平之衆，自今後合格選人，歷任無違礙者，並仰吏部南曹判成，如文解差錯，不合式樣，罪在發解官吏〔三〕。」永樂大典卷一萬六千七百八十三。

校勘記

〔二〕四年十二月　「年十二」三字原闕，據册府卷六四一補。

〔三〕今在朝公卿親屬　「朝」字原闕，據彭校、册府卷六四一補。

〔三〕請許所在州府薦送　「所」，原作「取」，據殿本、劉本、孔本、彭校、五代會要卷二三、册府卷六四一改。影庫本批校：「請許取在州府薦送，『取』應作『所』。」

〔四〕以廣毓材之路　「毓」，原作「疏」，據五代會要卷二三、册府卷六四一改。

〔五〕可依常年例取解　「例」字原闕，據五代會要卷二三、册府卷六四一補。

〔六〕若獨委試官　「試官」，原作「試言」，據殿本、劉本、彭校、册府卷六四二改。

〔七〕必無員闕　「員闕」，原作「遺闕」，據册府（宋本）卷六四二改。影庫本粘籤：「遺闕，原本作『貢闕』，今據文改正。」

〔八〕動應五舉六舉　「應」，原作「引」，據册府卷六四二改。

〔九〕今欲不試汎義其口義五十道改試墨義十道　五代會要卷二三同，册府（宋本）卷六四二作「今欲不試汎義口義共十五道改試墨義共一十道」。

〔一〇〕會將試貢士　「貢士」，原作「進士」，據宋史卷二六二趙上交傳改。

〔一一〕顯德二年三月　「三月」，五代會要卷二三、册府卷六四二作「五月」。

〔一二〕或告赤欠少一事闕違　册府卷六三二敍其事作「其選人凡闕一事闕違，並是有涉踰濫，或告赤欠少，或文字參差」。

〔一三〕韋説　殿本作「韋說」。按本書卷六七韋說傳、册府卷三三五：「（韋）說之親黨告之，說曰：『此郭漢子之意也。』」

〔四〕分爲三銓　「三銓」，原作「三選」，據册府卷六三三改。

〔五〕具前後歷任文書　「具」，原作「其」，據五代會要卷二二、册府卷六三三改。

〔六〕或有元通家狀不實鄉里名號將來赴選者　五代會要卷二二作「或有元通家狀内鄉貫不實候將來赴選」。按册府（宋本）卷六三三「家狀」下闕空。

〔七〕兼有無出身　「有」字原闕，據五代會要卷二二補。

〔八〕應順元年閏正月丁卯　「閏」字原闕，據五代會要卷二一、册府卷六三三補。按正月壬申朔，無丁卯；閏正月壬寅朔，丁卯爲二十六日。

〔九〕兩任六考　句上册府卷六三三有「兩任五考許入中縣令上州録事參軍」十五字。

〔一〇〕元敕入下縣令下州録事參軍　「下縣令」，原作「中下縣令」，據殿本、五代會要卷二一改。

〔一一〕起今後更許入中下縣令中州下州録事參軍　「中下縣令」，原作「下縣令」，據殿本、劉本、五代會要卷二一改。「中州下州録事參軍」，原作「下州録事參軍」，據五代會要卷二一、册府卷六三三改。

〔一二〕不得注授令録　「令録」，本書卷一〇二漢隱帝紀中、五代會要卷二二、册府卷六三四作「縣令」。

〔一三〕今當開泰之期……罪在發解官吏　據本書卷四三唐明宗紀九、册府卷六三三，此係唐長興三年正月敕，五代會要卷二二繫於長興三年五月，段前或有脱訛。

舊五代史卷一百四十九

志十一

職官志

夫官非位無以分貴賤，位非品無以定高卑，是以歷代史官，咸有所紀，皆窮源而討本，期與世以作程。逭乎唐祚方隆，方隆，原本作「方降」，今據職官分紀改正。（影庫本粘籤）玄宗在宥，採累朝之故事，考衆職之遐源，申命才臣，著成六典，其勳階之等級，品秩之重輕，則已備載于其中矣。故今之所撰，不敢相沿，祖述五代之命官，以踵百王之垂範，或釐革升降，則謹而志之，俾後之爲天官卿者，得以觀焉。案：薛史職官志，本唐六典而紀其釐革，故載同光、天成之改制，皆稱後唐，所以別于六典也。

梁開平三年三月，詔升尚書令爲正一品。按唐六典，尚書令正二品〔一〕，是時以將授趙州王鎔此官，故升之。

後唐天成四年八月，詔曰：「朝廷每有將相恩命，準往例，諸道節度使帶平章事、兼侍中、中書令，並列銜于敕牒後，側書『使』字。今兩浙節度使錢鏐是元帥、尚父，與使相名殊，承前列銜，久未改正。湖南節度使馬殷，先兼中書令之時，理宜齒于相位，今守太師、尚書令，是南省官資，不合列署敕尾。今後每署將相敕牒，宜落下錢鏐、馬殷官位，仍永爲常式。」

梁開平二年四月，改左右丞爲左右司侍郎，避廟諱也。至後唐同光元年十月〔二〕，復舊爲左右丞。

後唐長興元年九月，詔曰：「臺轄之司，官資並設，左右貂素來相類，左右揆左右揆，原本作「右撥」，今從五代會要改正。（影庫本粘籤）不至相懸，以此比方，豈宜分別。自此宜升尚書右丞官品，與左丞並爲正四品。」

右都省

後唐長興四年九月，敕：「馮贇有經邦之茂業，宜進位于公台，但緣平章事字犯其父名，不欲斥其家諱，可改同平章事爲同中書門下二品。」後至周顯德中，樞密使吴廷祚亦加同中書門下二品，避其諱也。

晉天福五年二月，敕：「以門下侍郎、中書侍郎并爲清望正三品。」

晉天福五年九月〔三〕，詔曰：「六典云：中書舍人掌侍奉進奏參議表章，凡詔旨制敕、璽書策命，皆按故事起草進畫，既下，則署而行之。其禁有四：一曰漏洩，二曰稽緩，三曰違失，四曰忘誤，案：册府元龜作「失誤」，考五代會要、職官分紀俱作「忘」，今仍其舊。（舊五代史考異）所以重王命也。古昔已來，典實斯在，爰從近代，别創新名。今運屬興王，事從師古，俾仍舊貫，以耀前規。其翰林學士院公事，宜並歸中書舍人。」

七年五月，中書門下上言：「有司檢尋長興四年八月二十一日敕：準官品令，侍中、中書令正三品，按會要，大曆二年十一月陞爲正二品；左右常侍從三品，按會要，廣德二年五月陞爲正三品；門下、中書侍郎正四品，大曆二年十一月陞爲正三品；諫議大夫正五品，按續會要，會昌二年十二月陞爲正四品，以備中書、門下四品之闕〔四〕。御史大夫從三品，會昌二年十二月陞爲正三品；御史中丞正五品，亦與大夫同時陞爲正四品。」敕：「宜各準元敕處分，仍添入令文，永爲定制。」又詔：「門下侍郎，班在常侍之下，俸禄同常侍。」

周顯德五年六月，敕：「諫議大夫宜依舊正五品上，仍班位在給事中之下。」按唐典，諫議大夫四員，正五品上，皆隸門下省，班在給事中之下。至會昌二年十一月〔五〕，中書門下奏，陞爲正四品下，仍分爲左右，以備兩省四品之闕，故其班亦陞在給事中之上。近朝自諫議大夫拜給事中者，官雖序遷，位則降等，至是以其遷次不倫〔六〕，故改正焉。

右兩省

後唐清泰二年十一月，制：「以前同州節度使、檢校太尉、同平章事馮道爲守司空。」時議者曰：「自隋唐以來，三公無職事，自非親王不恒置，自非親王不恒置，據職官分紀云：親王加三公三師，多兼官使。是單置者，即親王亦不能得其寵任也。今附識于此。（影庫本粘籤）於宰臣爲加官，無單置者。」道在相位時帶司空，及罷鎮，未命官，議者不練故事，率意行之。及制出，言議紛然，或云便可綜中書門下事，或云須册拜開府。及就列，無故事，乃不就朝堂敍班，臺官兩省官入就列，方入，宰臣退，踵後先退。劉昫又以罷相爲僕射，出入就列，一與馮道同，議者非之。及晉天福中，以李鏻爲司徒，周廣順初，以竇貞固爲司徒、蘇禹珪爲司空，遂以爲例，議者不復有云。

右三公

後唐天成元年夏六月，以李琪爲御史大夫，自後不復除。

其年冬十一月丙子，諸道進奏官上言：「今月四日，中丞上事，臣等禮合至臺，比期不越前規，依舊傳語，忽蒙處分通出，尋則再取指揮，要明審的。又蒙問：大夫相公上事日如何？臣等訴云：大夫曾爲宰相，進奏官伏事中書，事體之間，實爲舊吏。若以別官除授，合云傳語勞來，又堅令通出。臣等出身藩府，不會朝儀，拒命則恐有奏聞，遵禀則全隳則例，伏恐此後到臺參賀，儀則不定者。」詔曰：「御史臺是大朝執憲之司，乃四海繩違之地，凡居中外，皆待整齊〔七〕，藩侯尚展于公參，邸吏邸吏，原本作「邸員」，今考五代會要、册府元龜俱作「吏」，今改正。（影庫本粘籤）豈宜于抗禮。遽觀論列，可驗侮輕，但以喪亂孔多，紀綱隳紊，霜威掃地，風憲銷聲。今則景運惟新，皇圖重正，稍加提舉，漸止澆訛。宜令御史臺，凡關舊例，並須舉行，如不禀承，當行朝典。」時盧文紀初拜中丞，領事於御史府，諸道進奏官來賀，文紀曰：「事例如何？」臺吏喬德威等言：「朝廷在長安日，進奏官見大夫、中丞，如胥吏見長官之禮。及梁氏將革命，本朝微弱，諸藩强據，人主大臣皆姑息邸吏〔八〕，時中丞上事，邸吏雖至，皆於客次傳語，竟不相見。自經兵亂，便以爲常。」以爲常，原本脱「爲」字，今從職官分紀增入。（影庫本粘籤）文紀令臺吏諭以舊儀相見，據案端簡，通名贊拜。邸吏輩既出，怒不自勝，相率于閤門求見，騰口喧訴。明宗謂趙鳳曰：「進奏官比外何官？」鳳對曰：「府縣發遞祗候之流也。」明宗曰：「乃吏役耳，安得慢吾法官！」乃下此詔。

晉天福五年二月，以御史中丞爲清望正四品。按唐典，御史中丞正五品上，今始陞之。

三年三月壬戌〔九〕，御史臺奏：「按六典，侍御史掌糾舉百僚，推鞫獄訟，居上者判臺，知公廨雜事，次知西推、贓贖、三司受事，次知東推、理匭。」敕：「宜依舊制。」遂以駕部員外郎兼侍御史知雜事劉暤爲河南少尹〔一〇〕，自是無省郎知雜者。

開運二年八月，敕：「御史臺準前朝故事，以郎中、員外郎一人兼侍御史知雜事，近年停罷，獨委年深御史知雜。振舉之間〔一一〕，紀綱未峻，宜遵舊事，庶叶通規。宜却于郎署中選清慎强幹者兼侍御史知雜事。」

右御史臺

昔唐朝擇中官一人爲樞密使，以出納帝命。案職官分紀：唐樞密使與兩軍中尉謂之「四貴」，天祐元年廢。項安世家說：唐於政事堂後列五房，有樞密房，以主曹務。則樞密之任，宰相主之，未始他付，其後寵任宦人，始以樞密歸之內侍〔一二〕。至梁開平元年五月，改樞密院爲崇政院，始命敬翔爲院使，仍置判官一人，自後改置副使一人。二年十一月，置崇政院直學士二員，選有政術文學者爲之，其後又改爲直崇政院。案：原本作「直崇文院」，今從五代會要改正。

後唐同光元年十月，崇政院依舊爲樞密院，命宰臣郭崇韜兼樞密使，亦置直院一人。

案：五代會要作亦置院使一人。石林燕語作改爲樞密院直學士〔一三〕。

晉天福四年四月，以樞密副使張從恩爲宣徽使，權廢樞密院故也。先是，晉祖以宰臣桑維翰兼樞密使，懇求免職，只在中書，遂以宣徽使劉處讓代之，每有奏議，多不稱旨。其後處讓丁憂，乃以樞密院印付中書門下〔一四〕，故有是釐改也。

開運元年六月，敕依舊置樞密院，以宰臣桑維翰兼樞密使，從中書門下奏請也。

周顯德六年六月，命司徒平章事范質、禮部尚書平章事王溥並參知樞密院事。

梁開平元年四月，始置建昌院，以博王友文判院事，以太祖在藩時，四鎮所管兵車賦税、諸色課利，按舊簿籍而主之。其年五月，中書門下奏請以判建昌院事爲建昌宫使，仍以東京太祖潛龍舊宅爲宫也。二年二月〔一五〕，以侍中韓建判建昌宫事〔一六〕。至十月，以尚書兵部侍郎李皎爲建昌宫副使。三年九月，以門下侍郎平章事薛貽矩兼延資庫使、判建昌宫事〔一七〕。至四年十二月，以李振爲建昌宫副使。乾化二年五月，以門下侍郎平章事于兢兼延資庫使、判建昌宫事。其年六月，廢建昌宫，以河南尹魏王張宗奭爲國計使，凡天下金穀兵戎舊隸建昌宮者悉主之。至後唐同光四年二月，以吏部尚書李琪爲國計使。自後廢其名額不置。

後唐同光元年十一月，以左監門衛將軍、判内侍省李紹宏兼内勾，凡天下錢穀簿書，悉委裁遣。自是州縣供帳煩費，議者非之。又内勾之名，人以爲不祥之言。二年正月，敕鹽鐵、度支、户部三司，凡關錢物，並委租庸使管轄，踵梁之舊制也。天成元年四月，詔廢租庸院，依舊爲鹽鐵、户部、度支三司，委宰臣一人專判。長興元年八月，以前許州節度使張延朗行工部尚書[一八]，充三司使，班在宣徽使之下。三司置使，自延朗始也。唐朝已來，户部、度支掌泉貨，鹽鐵特置使名[一九]，户部、度支則尚書省本司郎中、侍郎判其事。天寶中，楊慎矜、王鉷、楊國忠繼以聚貨之術，媚上受寵，然皆守户部、度支本官，別帶使額，亦無所改作。下及劉晏、第五琦亦如舊制。自後亦以宰臣各判一司，不置使額。乾符後，天下兵興，隨處置租庸使以主調發[二〇]，兵罷則停。梁時乃置租庸使，專領天下泉貨[二一]。莊宗中興，秉政者不閑典故，踵梁朝故事，復置租庸使，以魏博故吏孔謙專使務。斂怨於下，斲喪王室者，實租庸之弊故也。洎明宗嗣位，思革其弊，未及下車，乃詔削除使名，但命重臣一人判其事，曰判三司。至是，延朗自許州入，再掌國計，白於樞密使，請置三司使名[二二]。宣下中書議其事。宰臣以舊制覆奏，授延朗特進、行工部尚書，充諸道鹽鐵轉運等使、兼判户部度支事，從舊制也。明宗不從，竟以三司使爲名焉。

梁開平三年正月，改思政殿爲金鑾殿，至乾化元年五月，置大學士一員，始命崇政院使敬翔爲之。前朝因金巒坡以爲門名，與翰林院相接，故爲學士者稱「金巒」焉。「金巒」，通鑑作「鸞」，今考五代會要作「巒」，與薛史同，已於梁書敬翔傳加案聲明。（影庫本粘籤）梁氏因之以爲殿名，仍改「巒」爲「鑾」，從美名也。大學士與三館大學士同。案青箱雜記：梁祖都汴，庶事草創，貞明中，始於今右長慶門東北，創小屋數十間爲三館，湫隘尤甚。又周廬徼道，咸出其間，衞士騶卒，朝夕喧雜，每受詔撰述，皆移他所。（舊五代史考異）

後唐天成元年五月，敕翰林學士、尚書户部侍郎、知制誥馮道，翰林學士、中書舍人趙鳳，俱以本官充端明殿學士，非舊制也[二三]。時明宗登位，每四方書奏，多令樞密使安重誨讀之，不曉文義，於是孔循獻議，始置端明殿學士之名，命道等爲之。二年正月，敕：「端明殿學士宜令班在翰林學士上，今後如有轉改，仍只於翰林學士內選任。」初置端明殿學士，名目如三館之例，職在官下。趙鳳轉侍郎，遣人諷任圜移職在官上，至今爲例。案職官分紀：晉天福五年，廢端明殿學士，開運元年，桑維翰爲樞密使，復奏置學士。

同光元年四月，置護鑾書制學士，以尚書倉部員外郎趙鳳爲之。時莊宗初建號，故特立此名，非故事也。八月[二四]，賜翰林學士承旨、户部尚書盧質論思匡佐功臣，亦非常例也。

天成三年八月，敕：「掌綸之任，擢才以居，或自初命而升，或自顯秩而授，蓋重厥職，靡繫其官，雖事分皆同，而行綴或異，誠由往日未有定規，議官位則上下不恒，論職次則後先未當，宜行顯命，以正近班。今後翰林學士入院，並以先後爲定，惟承旨一員，出自朕意，不計官資先後，在學士之上，仍編入翰林志。」其年十一月〔二五〕，敕：「新除翰林學士張昭遠，早踐綸闈，久司史筆，曾居憲府，累陟貳卿，今既擢在禁林，所宜別宣班序，其立位宜次崔棁。」

晉開運元年六月，敕：「翰林學士與中書舍人，舊分爲兩制〔二六〕，各置六員，偶自近年，權停內署，況司詔命，必在深嚴，將使從宜，却仍舊貫，宜復置翰林學士院。」

周顯德五年十一月，詔曰：「翰林學士職係禁庭，地居親近，與班行而既異，在朝請以宜殊。起今後當直、下直學士，並宜令逐日起居，其當直學士，仍赴晚朝。」舊制，翰林院學士與常參官五日一度起居，時世宗欲令朝夕謁見，訪以時事，故有是詔。

右內職

後唐天成三年五月，詔曰：「開府儀同三司，階之極；太師，官之極；封王，爵之極；

上柱國，勳之極。勳之極，原本作「壽之極」，今據職官分紀改正。（影庫本粘籤）近代已來，文臣官階稍高，便授柱國，歲月未深，便轉上柱國；武資不計何人，初官便授上柱國。官爵非無次第，階勳備有等差，宜自此時，重修舊制。今後凡是加勳，先自武騎尉，經十二轉方授上柱國，永作成規，不令踰越。」雖有是命，竟不革前例。

右勳格

後唐清泰二年秋九月庚申，尚書考功上言：「今年五月，翰林學士程遜所上封事内，請自宰相、百執事、外鎮節度使、刺史，應係公事官，逐年書考，較其優劣。遂檢尋唐書、六典、會要考課，令書考第。」從之。時議者曰：「考績之法，唐堯、三代舊制。西漢以刺史六條察郡守，五曹尚書綜庶績，法尤精察，吏有檢繩。漢末亂離，舊章弛廢。魏武於軍中權制品第，議吏清濁，用人按吏，頓爽前規。隋唐已來，始著於令。漢代郡守，入爲三公，魏晉之後，政在中書，左右僕射知政事，午前視禁中，午後視省中，三臺百職，無不統攝。以是論之，宰輔憑何較考。自天寶末，權置使務已後，庶事因循，尚書諸司，漸致有名無實，廢墜已久，未知憑何督責。」程遜所上，亦未詳本源，其時所司雖有舉明，大都諸官亦無考較之事。

右較考

梁開平元年四月，詔：「開封府司録參軍及六曹掾屬，宜各置一員，兩畿赤縣，置令、簿、尉各一員。」三年十月，省諸道州府六曹掾屬，只留户曹一員，通判六曹。

後唐同光元年十一月，中書門下奏：「諸寺監各請只置大卿監、少卿監〔二七〕、祭酒、司業各一員，博士兩員，其餘官屬並請權停。惟太常寺事關大禮，大理寺事關刑法，除太常博士外，許更置丞一員。其王府及東宮官屬〔二八〕、司天五官正、奉御之類，凡不急司存，並請未議除授。其諸司郎中、員外郎，應有雙曹處，且置一員〔二九〕，左右散騎常侍、諫議大夫、給事中、起居郎、起居舍人、補闕、拾遺，各置一半。各置一半，原本作「各貫一半」，今從五代會要改正。（影庫本粘籤）三院御史〔三〇〕，仍委御史中丞條理申奏。即日停罷朝官，仍各録名銜〔三一〕，具罷任月日，留在中書，候見任官滿二十五箇月，並據資品，却與除官。」從之。

周顯德五年十二月，詔：「兩京五府少尹、司録參軍，先各置兩員，起今後只置一員，六曹判司内只置户曹、法曹各一員，其餘及諸州支使、兩蕃判官並省。」

右增減

梁開平元年五月，改御食使爲司膳使，小馬坊使爲天驥使，文思院使爲乾文院使，同和院使爲儀鸞院使。其年又改城門郎爲門局郎，避廟諱也。唐同光元年十一月，依舊爲城門郎。

後唐天成元年十一月，詔曰：「雄武軍節度使官銜内，宜兼押蕃落使。」案職官分紀：長興元年，分飛龍院爲左右院，以小馬坊爲右飛龍院。二年七月，詔曰：「頃因本朝親王遥領方鎮〔三〕，其在鎮者，遂云副大使知節度事，但年代已深，相沿未改。今天下侯伯並正節旄，惟東、西兩川未落『副大使』字，宜令今後只言節度使。」

晉天福五年四月丙午，詔曰：「承旨者，承時君之旨，非近侍重臣，無以稟朕命、宣予言。是以大朝會宰臣承旨，草制詔學士承旨，若無區別，何表等威。除翰林承旨外，殿前承旨宜改爲殿直，密院承旨宜改爲承宣，御史臺、三司、閤門、客省所有承旨，並令別定其名。」

周廣順二年十二月，詔改左右威衛復爲屯衛，避御名也。

右改制

後唐同光二年三月，中書門下奏：「糾轄之任，時謂外臺，宰字之官，宰字之官，原本作

「宰寧」，今據五代會要改正。（影庫本粘籤）古稱列爵，如非朝命，是廢國章。近日諸道多是各列官銜，便指州縣，請朝廷之正授，樹藩鎮之私恩，頗亂規程，宜加條制。自今後大鎮節度使，管三州已上者，每年許奏管內官三人；如管三州以下者，許奏管內官二人。仍須有課績尤異，方得上聞。若止於檢慎無瑕，科徵及限，是守常道，只得書考旌嘉，不得特有薦奏。其防禦使每年只許奏一人，若無尤異，不得奏薦。刺史無奏薦之例，不得輒亂規程。」其年八月，中書奏：「僞庭之時，諸藩參佐，皆從除授。自今後諸道除節度副使、兩使判官除授外，其餘職員並諸州軍事判官，各任本處奏辟[三三]，其軍事判官仍不在奏官之限。所冀招延之禮，皆合于前規；簡辟之間，無聞於濫舉。」從之。

長興二年十一月，詔曰：「闕員有限，人數常多，須以高低，定其等級。起今後兩使判官罷任後，宜一年外與比擬；書記、支使、防禦團練判官等，二年外與比擬[三四]；推巡、防禦團練推官、軍事判官等，並三年後與比擬。仍每遇除授，量與改轉官資，或階勳，或職資[三五]。其有殊常勤績者，別議優陞。若有文學智術超邁羣倫，或爲衆所稱，或良知迴舉、察驗的實者，不拘年月之限。」

清泰二年八月，中書門下上言：「前大卿監[三六]、五品陞朝官、西班將軍，皆在任許滿二十五月，如衝替已經二十月，即別任用。少卿監，舊例三任四任方入大卿監，五品三任四任方入少卿監，今後並祇三任，逐任須月限滿無殿責者，便入此官。西班將軍，罷任一年許求官，舊例三任四任方入大將軍，今祇以三任爲限〔三七〕，三任大將軍方入上將軍〔三八〕，並須逐任滿月限無殿責〔三九〕，或曾任金吾將軍〔四〇〕、街使、藩鎮刺史，特敕並不拘此例。諸道除兩使判官外，書記已下任自辟請。應朝官除外任，罷任後一年方許陳乞。諸道賓席未曾陞朝者，若官兼三院御史，即除中下縣令；兼大夫、中丞、祕書少監、郎中、員外郎，與清資初任陞朝官；檢校官至尚書、常侍、祕書監、庶子，陞朝便與少卿監。諸州防禦、團練判、推官，並請本州辟請〔四一〕，中書不更除授。應出選門官帶三院御史供奉裏行及省銜，罷任後周年，許陳乞。諸州別駕，不除令録，仍守本官月限，得替後一年，許陳乞。長史、司馬，因攝奏正，比未有官者送名〔四二〕。」從之。

三年五月乙未，詔曰：「近以内外臣僚，出入迭處，稍均勞逸，免滯轉遷，應兩使判官〔四三〕、畿赤令長〔四四〕，取郎中、員外、補闕、拾遺、三丞、五博、少列、宫僚，選擇擢任，一則俾藩方侯伯，別耀賓階；次則致朝列人臣，備諳時政。今後或有滿闕，便宜依此施行。」

周廣順元年夏五月辛巳，詔：「朝廷設爵命官，求賢取士，或以資敍進，或以科級陞。至有白首窮經，方諧一第；半生守選，始遂一官。是以國無幸民，士不濫進。近年州郡奏薦，多無出身、前官，或因權勢書題，或是衷私請託，既難阻意，便授真恩。遂使躁求僥倖之徒，爭遊捷徑；辛苦孤寒之士，盡泣窮途。將期激濁揚清，所宜循名責實。今後州府不得奏薦無前官及無出身人，如有奇才異行，越衆超羣，亦許具名以聞，便可隨表赴闕，當令有司考試，朕亦親自披詳，斷其否臧，俾之陞黜，庶使人不謬舉，野無遺才。」

顯德二年六月，詔：「兩京、諸道州府留守判官〔四五〕、兩使判官、少尹、防禦團練軍事判官，今後並不得奏薦。其防禦、團練、刺史州各置推官一員。」

右釐革

晉天福三年十一月〔四六〕，起居郎殷鵬上言：「竊聞司封格式，内外文武臣僚纔陞朝籍者，無父母便與追封追贈〔四七〕，父母在即未敍未封。以臣所見，誠爲不可，此則輕生者而重死者，棄今人而録故人，其榮有何，其理安在？又云，父母在，品秩及格者，即以封其母，不加其父，便加邑號，兼曰太君，遂令妻則旁若無夫，子則上若無父，豈有父則賤而母則貴，夫則卑而妻則尊？若謂其父未合加恩，安得其母受賜；若謂以子便合從貴〔四八〕，曷得其父不先封？先封，原本脱「封」字，今從五代會要增入。（影庫本粘籤）伏以父尊母卑，天地之道，尊無二上，國家同體。今母受封〔四九〕，父無爵，名教不順，莫大於兹。臣伏乞自今後文武臣僚，父母在，其父已有官爵者〔五〇〕，即敍進資品以及格式，或不任禄仕，即可授以致仕或同正官，所貴得以敍封妻室。即父母俱榮，孝子無不逮之感；閨門交映，聖君覃慶賞之恩。噫！荷陛下孝治之風，受陛下榮親之禄者，靜而屈指，不過數人。陛下得以特議舉行，編爲令式，勸天下之爲善，令域中之望風，自然見前代之闕文，成我朝之盛典。況唐長興元年德音内一節：『應在朝中外臣僚，父母在，並與加恩。』司封不行明制，堅執前文，儻布新恩，兼合舊敕，庶使事君事父，恒遵一體之規；爲子爲臣，不失兩全之義。臣又聞司封令式，内外臣僚官階及五品已上者，即與封妻廕子，固不分於清濁，但祇言其品秩。且諫議大夫、給事中、中書舍人，並是五品，贊善大夫、洗馬、中允、奉御等，亦是五品。若論朝廷之委任，宰臣之擬掄〔五一〕，出入之階資，中外之瞻望，則天壤相懸矣，及其敍封，乃爲一貫，相沿至此，其理甚非〔五二〕。而況北省爲陛下侍從之臣，南宫掌陛下經綸之務，憲臺執陛下紀綱之司，首冠羣僚，總爲三署，當職尤重，責望非輕。此則清列十年，不遂顯榮之願；彼則雜班兩任，便承封廕之恩。事不均平，理宜改革。伏乞自今後應諸司官及五品已上者〔五三〕，即依舊制施行，應三署清望官及六品已上，便與封廕。清濁既異，品秩宜升，仍下所司，議爲恒式。」從之。

漢乾祐元年七月，詔：「尚書省集議，内外臣僚，父在，母承子廕敍封追封，合加『太』字否？以聞。」尚書省奏議曰：「今詳前後敕條，凡母皆加『太』字，存殁並同。此即是父殁母存，即敍封進封內加『太』字，母殁，追封亦加『太』字，故云存殁並同。若是父在，據敕格無載爲母加『太』字處。若以近敕，因子貴與父命官，父自有官，即妻從夫品，夫品，原本作「夫石」，今從五代會要改正。（影庫本粘籤）可以封妻，父在不合以其子加母『太』字。若雖有因子之官，其品尚卑，未得廕妻，亦不合用子廕之限。」從之。

周顯德六年冬十二月壬辰，尚書兵部上言：「本司蔭補千牛、進馬，案：原本作「進貝」，攷職官分紀有太子進馬，「貝」字係傳寫之訛，今改正。（舊五代史考異）在漢乾祐中散失敕文，自來只準晉編敕及堂帖施行。伏緣前後不同，請別降敕命。」詔曰：「今後應蔭補子孫，宜令逐品許補一人，直候轉品，方得更補，不得於本品內重疊收補。如是所補人有身故、除名、落蕃、廢疾及應舉及第內，只許於本品內再補一人。太子進馬、太子千牛，不用收補。詹事依祭酒例施行。兵部尚書、侍郎，舊例不許收補，宜許收補。致仕官歷任中曾任在朝文班三品、武班二品及丞郎給舍已上，給舍，原本作「給含」，考職官分紀，唐人稱給事中爲「給舍」，今改正。（影庫本粘籤）金吾大將軍、節度、防禦、團練、留後者，方得補廕。皇廕人，案石林燕語，五代大臣有累事數朝者，其前朝所得廕澤，及改事新朝，謂之「皇廕」，今附識于此。（影庫本粘籤）案：五代大臣有改事新朝，所得廕澤尚可推恩及下者，蓋一時相沿之陋習也，謹附識于此。（影庫本粘籤）其祖、父曾授著皇朝官秩，方得收補。應合收補人，須是本官親子孫，年貌合格，别無渝濫，方許施行。餘從舊例處分。」

右封曕

梁開平四年四月，敕：「諸州鎮使，官秩無高卑，並在縣令之下。」其年九月，詔曰：「魏博管内刺史，比來州務，並委督郵，遂使曹官擅其威權，州牧同於閑冗，俾循通制，宜塞異端，並宜依河南諸州例，刺史得以專達。」時議者曰：「唐朝憲宗時，烏重胤爲滄州節度使，嘗以河朔六十年能抗拒朝命者〔五四〕，以奪刺史權與縣令職而自作威福耳。若二千石各得其柄，又有鎮兵，雖安、史挾奸，豈能據一墉而叛哉！遂奏以所管德、棣、景三州，各還刺史職分，州兵並隸收管。是後，雖幽、鎮、魏三道以河北舊風自相傳襲，唯滄州一道，獨禀命受代，自重胤制置使然也。則梁氏之更張，正合其事矣。」

後唐長興二年正月〔五五〕，詔曰：「要道纔行，則千岐共貫；宏綱一舉，則萬目畢張。前王之法制罔殊，百代之科條悉在，無煩改作，各有定規，守程式者心逸日休，率胸臆者心勞日拙。天垂萬象，星辰之分野靡差；地載羣倫，岳瀆之方隅不易。儻各司其局，則皆盡其心。且律令格式、六典，凡關庶政，互有區分，久不舉行，遂至隳紊。宜準舊制，令百司各於其間録出本局公事，巨細一一抄寫，不得漏落纖毫，集成卷軸，仍粉壁粉壁，原本作「糊壁」，今從册府元龜改正。（影庫本粘籤）書在公廳。若未有廨署者，文書委官司主掌，仍每有新授官到，令自寫録一本披尋。或因顧問之時，應對須知次第，無容曠闕。每在執行，使庶僚則守法奉公，宰臣則提綱振領，必當彝倫攸敍。所謂至道不繁，何必期年，然後報政。宜令御史臺遍加告諭催促，限兩月内鈔録及粉壁書寫須畢，其間或有未可便行，及曾釐革事件，委逐司旋申中書門下，當更參酌，奏覆施行。」

其年八月，敕：「今後大理寺官員，宜同臺省官例升進，其法直官，比禮直官任使。」

應順元年春三月戊午，宗正上言：「故事，諸陵有令、丞各一員，近令、丞不俱置，便委本縣令兼之。緣河南、洛陽是京邑，恐兼令、丞不便。」詔特置陵臺令、丞各一員。

右雜録　永樂大典卷三千七百九十五。

校勘記

〔一〕尚書令　原作「尚書」，據劉本、御覽卷二一〇引五代史梁書、唐六典卷一改。

〔二〕至後唐同光元年十月　「十月」，御覽卷二一三五代史後唐書同，五代會要卷一四作「十一月」。

〔三〕晉天福五年九月　殿本無「晉天福五年」五字。

〔四〕以備中書門下四品之闕　「備」，原作「補」，據殿本、劉本、孔本、唐會要卷五五改。影庫本批校：「以備中書門下四品之闕，『備』訛『補』。」

〔五〕至會昌二年十一月　「十一月」，御覽卷二二三引五代周書、五代會要卷一三同，唐會要卷五五、本卷上文引續會要敍其事作「十二月」。

〔六〕至是以其遷次不倫　「倫」，原作「備」，據御覽卷二二三引五代史周書、五代會要卷一三改。

〔七〕皆待整齊　「待」，原作「不」，據永樂大典卷二六〇六引五代史職官志、册府卷五一七改。

〔八〕人主大臣皆姑息邸吏　「皆」字原闕，據永樂大典卷二六〇六引五代史職官志、册府卷五一七補。

〔九〕三年三月壬戌　「三年」，永樂大典卷二六〇六引五代史職官志、職官分紀卷一四引五代史百官志同，五代會要卷一七、册府卷五一七作「四年」。

〔一〇〕河南少尹　原作「河南尹」，據永樂大典卷二六〇六引五代史職官志、五代會要卷一七、册府卷五一七改。

〔一一〕振舉之間　「間」，永樂大典卷二六〇六引五代史職官志同，五代會要卷一七作「司」。

〔一二〕項安世家説……歸之内侍　以上四十九字原闕，據舊五代史考異卷五補。

〔一三〕石林燕語作改爲樞密院直學士　以上十三字原闕，據殿本考證補。

〔一四〕乃以樞密院印付中書門下　「院」字原闕，據職官分紀卷一二引五代史、大事記續編卷七五引舊史職官志、五代會要卷二四補。

〔五〕二年二月　「二月」，本書卷四梁太祖紀四同，五代會要卷二四作「三月」。

〔六〕以侍中韓建判建昌宮事　「韓建」二字原闕，據五代會要卷二四、册府卷四八三補。舊五代史考異卷五：「案原本有闕文。據五代會要，以侍中韓建判建昌宮事。」

〔七〕判建昌宮事　「事」字原闕，據殿本、邵本校、五代會要卷二四、册府卷四八三補。

〔八〕以前許州節度使張延朗行工部尚書　「前」字原闕，據本書卷四一唐明宗紀七、職官分紀卷一三引五代史補。「工部尚書」，新五代史卷二六張延朗傳同，職官分紀卷一三引五代史、本書卷四一唐明宗紀七作「兵部尚書」。

〔九〕鹽鐵特置使名　「特」，原作「時」，據五代會要卷二四改。

〔一〇〕隨處置租庸使以主調發　「隨處」，五代會要卷二四作「隨」。

〔一一〕專領天下泉貨　「領」字原闕，據職官分紀卷一三引五代史補。

〔一二〕請置三司使名　「使」字原闕，據職官分紀卷一三引五代史、册府卷四八三補。

〔一三〕非舊制也　「制」，原作「號」，據五代會要卷一三改。

〔一四〕八月　本書卷三二唐莊宗紀六、五代會要卷一三繫其事於同光二年八月。

〔一五〕其年十一月　職官分紀卷一五引五代職官志同，五代會要卷一三繫其事於天福二年十一月。按本書卷七六晉高祖紀二：「（天福二年十一月）以户部侍郎張昭遠守本官，充翰林學士，仍知制誥。」舊五代史考異卷五：「案宋史張昭傳：晉天福二年，宰相桑維翰薦昭爲翰林學士。内署故事，以先後入爲次，不繫官序，特詔昭立位次承旨崔棁。據宋史則此敕當在晉天福中，薛史繫於唐天成三年後，疑原本有脱誤。」

〔二六〕舊分爲兩制　「舊」字原闕，據五代會要卷一三補。

〔二七〕少卿監　以上三字原闕，據本書卷三〇唐莊宗紀四、五代會要卷二〇補。

〔二八〕其王府及東宫官屬　「官」字原闕，據本書卷三〇唐莊宗紀四、五代會要卷二〇補。

〔二九〕且置一員　「置」，原作「署」，據本書卷三〇唐莊宗紀四、五代會要卷二〇改。

〔三〇〕三院御史　「御史」，原作「侍御史」，據本書卷三〇唐莊宗紀四、五代會要卷二〇改。

〔三一〕仍各録名銜　「銜」，原作「氏」，據本書卷三〇唐莊宗紀四、五代會要卷二〇改。

〔三二〕頃因本朝親王遥領方鎮　「領方」二字原闕，據本書卷三八唐明宗紀四、五代會要卷二四補。

〔三三〕各任本處奏辟　「奏」，原作「奉」，據殿本、劉本、本書卷三二唐莊宗紀六、册府卷六一改。

〔三四〕二年外與比擬　「與比擬」三字原闕，據册府卷六三三補。

〔三五〕或職資　「職資」，本書卷四二唐明宗紀八、册府卷六三三、五代會要卷二五作「職次」。

〔三六〕大卿監　原作「大御監」，據五代會要卷一三、册府卷六三三改。

〔三七〕今祇以三任爲限　「以三任爲限」五字原闕，據五代會要卷一三、册府卷六三三補。

〔三八〕三任大將軍方入上將軍　以上十字原闕，據五代會要卷一三補。

〔三九〕並須逐任滿月限無殿責　「並須逐任滿月限」七字原闕，據五代會要卷一三、册府卷六三三補。

〔四〇〕或曾任金吾將軍　「軍」字原闕，據五代會要卷一三、册府卷六三三補。

〔四一〕並請本州辟請　「辟請」，原作「辟諸」，據五代會要卷一三、册府卷六三三改。殿本作「奏辟」。

〔四二〕比未有官者送名　「比」字原闕，據職官分紀卷四〇引五代職官志、五代會要卷一三補。

〔四三〕應兩使判官　「使」，原作「司」，據五代會要卷一三、册府卷六三三改。

〔四四〕畿赤令長　「長」字原闕，據五代會要卷一三、册府卷六三三補。

〔四五〕兩京諸道州府留守判官　「道」，原作「州」，據殿本、孔本、本書卷一一五周世宗紀二、五代會要卷二五改。

〔四六〕晉天福三年十一月　「三年十一月」，册府卷四七六作「二年十二月」。

〔四七〕無父母便與追封追贈　下一「追」字原闕，據册府卷四七六補。

〔四八〕若謂以子便合從貴　「從」字原闕，據册府卷四七六補。

〔四九〕今母受封　原作「今授封」，據册府卷四七六改。

〔五〇〕其父已有官爵者　「父」下原有「母」字，據册府卷四七六删。

〔五一〕宰臣之擬掄　「擬掄」，原作「擬論」，據册府卷四七六改。

〔五二〕其理甚非　「其理」二字原闕，據册府卷四七六補。

〔五三〕伏乞自今後應諸司官及五品已上者　「司」字原闕，據册府卷四七六補。

〔五四〕嘗以河朔六十年能抗拒朝命者　「六十」，原作「十六」，據職官分紀卷四〇引五代職官志、御覽卷二五五引五代史梁書、册府卷一九一、舊唐書卷一六一烏重胤傳乙正。

〔五五〕後唐長興二年正月　「二年」，原作「元年」，據殿本、孔本、本書卷四二唐明宗紀八、五代會要卷一〇、册府卷六六、卷一五五改。影庫本批校：「長興元年，據原本應作二年。」「正月」，本書卷四二唐明宗紀八、五代會要卷一〇、册府卷一五五作「閏五月」。

舊五代史卷一百五十

志十二

郡縣志〔一〕

案：郡縣志序，永樂大典原闕。

河南道 西京河南府　滑州　許州　陝州　青州　兗州　宋州　陳州　曹州

亳州　鄭州　汝州　單州　濟州　濱州　密州　潁州　濮州　蔡州

關西道 雍州京兆府　同州　華州　耀州　乾州　隴州　涇州　原州　鄜州

威州　衍州　武州　良州　府州　雄州　警州

河東道 并州太原府　潞州　澤州　晉州　新州　武州　雲州　應州　絳州

慈州　隰州　遼州　沁州　解州　勝州　河中府

河北道　魏州大名府　鎮州真定府　滄州　景州　德州　邢州　磁州　澶州　貝州　相州　泰州　雄州　幽州　新城縣〔二〕　定州　博州　莫州　深州　瑞州　静安軍

劍南道　蜀州　漢州　彭州

江南道　黔州　處州　温州　婺州　湖州　秀州　全州　杭州　福州　台州　明州　虔州　蘇州　邵州　郴州　建州〔三〕　道州　鄂州　潭州

淮南道　安州　廬州　楚州　壽州　天長縣

山南道　襄州　鄧州　唐州　復州　金州　忠州　萬州　夔州　利州　閬州　果州　朗州　集州　鳳州　唐州　商州　隨州　合州　雄勝軍

隴右道　秦州　成州　洮州

嶺南道　邕州　恩州　溥州　思唐州　潘州　桂州　案：以上見永樂大典卷一萬七千三百八十二。考薛史諸志之體，郡縣志當是以開元十道圖爲本，惟載五代之改制，其仍唐舊制者則闕焉。永樂大典載薛史原文，疑有删節，今仍録於卷首，以存其舊。

梁開平元年，梁祖初開國，升汴州爲開封府，建名東京，元管開封、浚儀、陳留、雍丘、封丘、尉氏六縣，至是割滑州之酸棗、長垣，鄭州之中牟、陽武〔四〕，宋州之襄邑，曹州之戴邑，案歐陽史職方考：開平元年，割曹州之考城，更曰戴邑，隸開封。此祇云曹州之戴邑，未見分晰。（舊五代史考異）許州之扶溝、鄢陵，陳州之太康九縣隸焉。後唐復降爲汴州，以宣武軍爲額，其陽武、長垣、扶溝、考城等四縣仍且隸汴州，其餘五縣却還本部。晉天福中，復升爲東京，復以前五縣隸之，漢、周並因之。

單州本單父縣，梁爲輝州，後唐同光二年，復舊，隸宋州，周廣順中，割隸曹州。案：以上二條見太平御覽，其餘郡縣闕略不全。今考薛史諸志多本五代會要，謹采五代會要附載于後。

後唐長興三年四月，中書門下奏：「據十道圖，舊制以王者所都之地爲上，本朝都長安，遂以關内道爲上。今宗廟宮闕皆在洛陽，請以河南道爲上，關内道爲二，河東道第三，河北道第四，劍南道第五，江南道第六，淮南道第七，山南道第八，隴右道第九，嶺南道第十。」從之。

河南道

滑州酸棗縣、長垣縣 梁開平三年二月，割隸汴州。後唐同光二年二月，酸棗縣却隸滑州，長垣縣却改爲匡城縣〔五〕。晉天福三年十月，酸棗縣却割隸開封府。

鄭州中牟縣〔六〕、**陽武縣**　梁開平三年二月，割隸汴州。後唐同光二年二月敕：「中牟縣却隸鄭州。」晉天福三年十月，中牟縣却割屬開封府。

宋州襄邑縣　梁開平三年二月，割隸汴州。後唐同光二年，却隸宋州。晉天福三年十月，復割隸開封府。

曹州戴邑縣　梁開平三年二月，割隸汴州〔七〕。後唐同光二年二月，復爲考城縣。

許州扶溝縣、鄢陵縣〔八〕　梁開平三年二月，割隸汴州。後唐同光二年二月，鄢陵縣却隸許州。天成元年九月，扶溝縣却隸許州。晉天福三年十月，並割屬開封府。

陳州太康縣　梁開平三年二月，割隸汴州。後唐同光二年二月，復隸陳州。晉天福三年十月，却屬開封府。

單州楚丘縣　梁開平四年四月，割隸宋州。**碭山縣**　後唐同光二年二月敕：「碭山縣，僞梁創爲輝州，併單州後，理所于輝州。輝州，會要訛作「光州」，今從歐陽史職方考改正。（影庫本粘籤）今宜却屬單州，其輝州依舊爲碭山縣。」

汝州葉縣、襄城縣　後唐同光二年十二月，租庸使奏：「二縣原屬汝州，今隸許州，伏緣最鄰京畿，户口全少，伏乞却割隸汝州〔九〕。」從之。**臨汝縣**　周顯德三年三月廢。

密州輔唐縣　梁開平二年八月〔一〇〕，改爲安丘縣。後唐同光元年十月，復爲輔唐縣。晉天福七年七月，改爲膠西縣，避國諱也。

濟州　周廣順二年九月，以鄆州鉅野升爲州。其地望爲上，割兖州任城、中都，單州金鄉等縣隸之。至其年十二月，又割鄆州鄆城縣隸之，中都縣却隸鄆州。

濱州　周顯德三年六月制：「以贍國軍升爲州。其地望爲上，直屬京，割棣州渤海、蒲臺兩縣隸之。」

關内道

京兆府奉先縣　梁開平三年二月，割隸同州。後唐同光三年二月，却隸京兆府。武功縣、好畤縣　後唐長興元年五月敕：「併臨等四鄉却隸京兆府〔一一〕。」渭南縣　周顯德三年四月，割屬華州。同官縣　梁開平三年三月，割隸同州〔一二〕。後唐同光三年七月，割隸耀州。美原縣　後唐同光三年七月，割隸耀州。

華州洛南縣〔一三〕　後唐同光三年六月，河中府奏：「韓城、郃陽、澄城縣，僞梁割屬當府，其澄城縣今請却屬同州〔一四〕，韓城、郃陽縣且屬當府。」從之。天成元年七月敕：「韓城、郃陽二縣却割隸同州。」案：此下注文所載韓城、郃陽、澄城等縣，似不相屬，據歐陽史職方考，洛南故屬商州，周割屬華州，此本當是脱去洛南沿革小注，

又脱去同州郃陽縣、澄城縣、韓城縣等大字，今無別本可校，姑仍其舊，附識于此。（舊五代史考異）

隴州汧陽縣、汧源縣、汧源，會要作「淇源」，今從歐陽史職方考改正。（影庫本粘籤）**吴山縣** 後唐長興元年五月，依舊割隸隴州。

涇州平涼縣 後唐清泰三年正月，涇州奏：「平涼縣，自吐蕃陷渭州，權于平涼縣爲渭州理所，遂罷平涼縣。又有安國、耀武兩鎮兼屬平涼，其賦租節目，並無縣管。今却置平涼縣，管安國、耀武兩鎮人户〔一五〕。」從之。**臨涇縣** 後唐清泰三年二月，原州刺史翟建奏：「本州自陷吐蕃，權于臨涇縣爲理所。臨涇元屬涇州，刺史只管捕盜，其人户即涇州管。州既無屬縣〔一六〕，刺舉何施？伏乞割臨涇屬當州〔一七〕。」從之。

鄜州鄜城縣 梁開平三年四月，改爲昭化縣。後唐同光元年十月，復爲鄜城縣。**咸寧縣** 周顯德三年三月十日廢。

威州 晉天福四年五月敕：「靈州方渠鎮宜升爲威州，隸靈武，仍割寧州木波、馬嶺二鎮隸之。」周廣順二年三月，改爲環州。顯德四年九月，降爲通遠軍。

衍州 周顯德五年六月，廢爲定平鎮，隸邠州。

武州 周顯德五年六月，廢爲潘源縣，隸渭州。

河東道

絳州 梁開平四年四月，割屬晉州。後唐同光二年六月，却割屬河中府。

慈州、**隰州** 後唐同光二年六月，割隸晉州。

儀州 梁開平三年閏八月敕：「兖州管内已有沂州，其儀州改爲遼州。」晉天福五年三月，并沁州割隸潞州，六年七月，并沁州却隸太原。

解州 漢乾祐元年九月，升解縣爲州，割河中府聞喜、安邑、解三縣爲屬邑。

河中府稷山縣 後唐同光二年正月，割隸絳州。

慈州仵城縣、**吕香縣** 周顯德三年三月降。

河北道〔一八〕

鎮州 後唐同光元年四月，改爲北京，至十一月，却復爲成德縣。

幽州北平縣 後唐長興三年八月，改爲燕平縣。

滄州長蘆縣、**乾符縣** 周顯德三年十月，併入清池縣。**無棣縣** 周顯德五年，改爲保順軍。**弓**

高縣 周顯德六年二月，併入東光縣。

博州武水縣 周顯德三年十月，併入聊城縣〔一九〕。

深州博野縣博野，會要作「溥野」，今從歐陽史職方考改正。（影庫本粘籤）周顯德四年五月，割隸定州。

澤州　梁開平元年六月，割隸河陽，四年二月〔二〇〕，却隸潞州。

德州　晉天福五年十一月，移就長河縣爲理所。

泰州　後唐天成三年三月，升奉化軍爲泰州，以清苑縣爲理所〔二一〕，至晉開運二年九月，移就滿城縣。至周廣順二年二月，廢州，其滿城割隸易州。

雄州、霸州　周顯德六年五月，以瓦橋關爲雄州，割容城〔二二〕、歸義二縣隸之；益津關爲霸州，割文安、大成二縣隸之：地望並爲中州，時初平關南故也。

劍南道

蜀州唐興縣　梁開平二年八月，改爲陶胡縣。後唐同光元年十月，復爲唐興縣。

彭州唐昌縣　梁開平二年八月，改爲歸化縣。後唐同光元年十月，復爲唐昌縣。

江南道

杭州臨安縣　梁開平二年正月，改爲安國縣。

福州閩清縣〔二三〕　梁乾化元年十月，移就梅溪場置。

蘇州吳江縣 梁開平三年閏八月，兩浙奏，於吳松江置縣〔二四〕。

明州望海縣 梁開平三年閏八月，兩浙奏置。

處州松陽縣 梁開平四年五月，改爲長松縣。

秀州 晉天福三年十月，兩浙錢元瓘奏，以杭州嘉興縣置。 **湘州**〔二五〕 晉天福四年四月，湖南馬希範奏，以湘川縣置州，仍置清湘縣，并割灌陽縣隸之。

淮南道

壽州 周顯德四年，移于潁州下蔡縣，仍以下蔡縣爲倚郭，以舊壽州爲壽春縣。 **盛唐縣** 盛唐，會要作「成塘」，今從歐陽史職方考改正。（影庫本粘籤） 梁開平二年八月，改爲潛山縣。 後唐同光元年十月，復爲盛唐。

山南道〔二六〕

復州 梁乾化二年十月，割隸荊南。 後唐天成二年五月，却隸襄州。 晉天福五年七月，直屬京，升爲防禦〔二七〕。

果州 後唐天成二年五月，隸利州。

唐州慈丘縣　周顯德三年三月廢。

鄧州臨湍縣　漢乾祐元年正月，改爲臨瀨縣〔二八〕，避廟諱也。菊潭縣、向城縣　周顯德三年三月廢。

商州乾元縣〔二九〕　漢乾祐二年六月，改爲乾祐縣，割隸京兆。

襄州樂鄉縣　周顯德六年二月，併入宜城。

隴右道

秦州天水縣、隴城縣　後唐長興三年二月，秦州奏：「見管長道、成紀、清水三縣外〔三〇〕，有十一鎮〔三一〕，徵科並係鎮將。今請以歸化、恕水〔三二〕、五龍、黄土四鎮就歸化鎮復置舊隴城縣〔三三〕，赤砂、染坊、夕陽、南冶、鐵務五鎮就赤砂鎮復置舊天水縣。其白石、大澤、良恭三鎮割屬長道縣。」從之。

成州同谷縣、栗亭縣　後唐清泰三年六月，秦州奏：「階州元管將利、福津兩縣〔三四〕，并無還鎮〔三五〕，成州元管同谷縣，餘並是鎮，便係徵科。今欲取成州西南近便鎮分併入同谷縣，其東界四鎮，别創一縣者。州西南有府城、長豐、魏平三鎮，其地東至泥陽鎮界二十五里，北至黄竹路金砂鎮界五十里，南至興州界三十里，西至白石鎮界一百一十里，西南至舊階州界砂地嶺四十五里。其三鎮管界併入同谷縣〔三六〕，廢其鎮額。州東界有勝仙、泥陽、金砂、栗亭四鎮，東至鳳州姜瞻鎮界十五里，南至果州界二十里〔三七〕，北至高橋界三十五里〔三八〕，西至同谷界三十五里，北至秦州界六十七里，欲併其四鎮地于栗亭縣。其徵科委縣司，捕盜委鎮司。」從之。

嶺南道

潘州茂名縣〔三九〕 梁開平元年五月，改爲越裳縣。至後唐同光元年十月，復爲茂名縣。

桂州純化縣 梁開平元年五月，改爲歸化縣。後唐同光元年十月，復爲純化縣。

邕州邕州，會要作「雍州」，今從歐陽史職方考改正。（影庫本粘籤） 晉天福七年七月，改爲誠州，避廟諱。

溥州 晉開運三年三月，升桂州全義縣爲州，仍改全義縣爲德昌縣，并割桂州臨川、廣明、義寧等三縣隸之，從湖南馬希範奏也。

校勘記

〔一〕郡縣志 通鑑卷二六四考異引作「薛居正五代史地理志」，卷二六九考異引作「薛史地理志」，通鑑卷二六四、卷二六九、卷二九三胡注皆引作「薛史地理志」，疑當作「地理志」。

〔二〕新城縣 原作「新成縣」，據殿本、劉本、彭本改。按太平寰宇記卷七〇涿州有新城縣，後唐天成四年析范陽縣置。

〔三〕建州　通鑑卷二八九胡注引薛史曰：「李景保大三年，以延平爲劍州，析建州之劍浦、汀州之沙縣隸焉。」按此則係舊五代史佚文，清人失輯，姑附於此。

〔四〕陽武　原作「武陽」，據殿本、劉本、新五代史卷六〇職方考、通鑑卷二八一胡注乙正。舊五代史考異卷五：「案原本『陽武』訛『武陽』，今據唐書地理志改正。」本卷下文同。

〔五〕匡城縣　原作「巨城縣」，據殿本、劉本、五代會要卷二〇、新五代史卷六〇職方考改。

〔六〕鄭州中牟縣　「鄭州」原作小字注文，據五代會要卷二〇改爲大字正文。

〔七〕割隸汴州　「汴州」，原作「曹州」，據殿本、五代會要卷二〇改。按本書卷四梁太祖紀四、新五代史卷六〇職方考及本卷上文記開平元年汴州升爲開封府，其割隸九縣中有曹州戴邑縣。

〔八〕鄢陵縣　以上三字原闕，據殿本、劉本、五代會要卷二〇補。按本書卷四梁太祖紀四、新五代史卷六〇職方考及本卷上文所記割隸開封府九縣中有許州鄢陵縣。

〔九〕伏乞却割隸汝州　「汝州」，原作「許州」，據殿本、本書卷三二唐莊宗紀六、五代會要卷二〇、新五代史卷六〇職方考改。

〔一〇〕梁開平二年八月　「二年」，原作「三年」，據通鑑卷二六四胡注引薛史地理志、五代會要卷二〇改。

〔一一〕併臨等四鄉却隸京兆府　「却」字原闕，據五代會要卷二〇補。

〔一二〕割隸同州　「同州」，原作「司州」，據殿本、五代會要卷二〇、新五代史卷六〇職方考改。

〔一三〕華州洛南縣　通鑑卷二六四考異引薛居正五代史地理志：「華州，梁爲感化軍。」按此則係舊五代史佚文，清人失輯，姑附於此。

〔一四〕其澄城縣今請却屬同州　「屬」，原作「立」，據殿本、五代會要卷二〇改。

〔一五〕管安國耀武兩鎮人户　「人户」，原作「捌户」，據殿本、劉本、五代會要卷二〇改。

〔一六〕州既無屬縣　「州」，原作「縣」，據五代會要（四庫本）卷二〇改。

〔一七〕臨涇　原作「深涇」，據殿本、五代會要卷二〇、新五代史卷六〇職方考改。

〔一八〕河北道　通鑑卷二六九考異引薛史地理志：「（邢州）梁建保義軍，唐同光元年改爲安國軍。」按此則係舊五代史佚文，清人失輯，據本卷上文，邢州屬河北道，姑附於此。

〔一九〕併入聊城縣　「縣」字原闕，據五代會要卷二〇補。按太平寰宇記卷五四：「武水縣……顯德二年割屬聊城縣。」

〔二〇〕四年二月　「四年」，原作「四月」，據殿本、劉本、五代會要卷二〇改。

〔二一〕清苑縣　原作「清州縣」，據殿本、劉本、五代會要卷二〇改。

〔二二〕容城　原作「咨城」，據殿本、劉本、五代會要卷二〇、新五代史卷六〇職方考改。

〔二三〕福州閩清縣　通鑑卷二九三胡注引薛史地理志：「福州福唐縣，晉天福初改爲南臺縣。」按此則係舊五代史佚文，清人失輯，姑附於此。

〔二四〕於吴松江置縣　原作「與吴江松江置縣」，據殿本、五代會要卷二〇改。按太平寰宇記卷九一：「吴江縣……梁開平三年，兩浙奏，析吴縣於松江置。」

〔二五〕湘州　原作小字注文，據殿本、劉本改爲大字正文。五代會要卷二〇作「全州」。按本書卷七八晉高祖紀四：「（天福四年四月）改湘川縣爲全州，從馬希範之奏也。」舊五代史考異卷五：「案湘州二字原本誤作小字，連注文一段與秀州下注接寫，文不相屬。考唐開元十道圖，潭、鄂等州原隸江南道，應以湘州另爲一條作大字，其天福四年四月馬希範奏云云作小注，今改正。」影庫本粘籤：「以秀州置湘州，原本有脱誤。又馬希範奏以湘州改縣，不應附見江南道末，疑五代會要傳寫之訛也。今無别本可校，姑仍其舊，附識于此。」

〔二六〕山南道　通鑑卷二六九胡注引薛史地理志：「鳳州，固鎮之地，周顯德六年升爲雄勝軍。」按此則係舊五代史佚文，清人失輯，據本卷上文，鳳州屬山南道，姑附於此。

〔二七〕升爲防禦　「升」，原作「并」，據五代會要卷二〇改。

〔二八〕臨瀨縣　原作「瀨縣」，據殿本、五代會要卷二〇、新五代史卷六〇職方考改。

〔二九〕乾元縣　原作「乾化縣」，據五代會要卷二〇、新五代史卷六〇職方考改。

〔三〇〕清水　原作「天水」，據五代會要卷二〇改。

〔三一〕有十一鎮　本書卷四三唐明宗紀九同，然本卷下文云以歸化等四鎮復置隴城縣，以赤砂等五鎮復置天水縣，以白石等三鎮割屬長道縣，共十二鎮。

〔三二〕恕水　孔本作「怨水」。

〔三三〕隴城縣　原作「龍城」，據本書卷四三唐明宗紀九、五代會要卷二〇改。

〔三四〕福津　原作「福州」，據殿本、劉本、本書卷四一唐明宗紀七、五代會要卷二〇改。

〔三五〕并無遷鎮　「遷」，五代會要卷二〇作「巡」。

〔三六〕其三鎮管界併入同谷縣　「三鎮」，原作「三嶺」，據殿本改。

〔三七〕果州　原作「界州」，據殿本、五代會要卷二〇改。

〔三八〕北至高橋界三十五里　「界」字原闕，據五代會要卷二〇及本卷上下文補。

〔三九〕茂名縣　原作「茂明縣」，據本書卷三梁太祖紀三、册府卷一八九改。本卷下一處同。

附録

進舊五代史表

永瑢等

多羅質郡王臣永瑢等謹奏，爲舊五代史編次成書恭呈御覽事。

臣等伏案薛居正等所修五代史，原由官撰，成自宋初，以一百五十卷之書，括八姓十三主之事，具有本末，可爲鑒觀。雖值一時風會之衰，體格尚沿於冗弱；而垂千古廢興之迹，異同足備夫參稽。故以楊大年之淹通，司馬光之精確，無不資其賅貫，據以編摩，求諸列朝正史之間，實亦劉昫舊書之比。乃徵唐事者並傳天福之本，而考五代者惟行歐陽之書，致此逸文，寖成墜簡。閲沉淪之已久，信顯晦之有時。

欽惟我皇上紹繹前聞，網羅羣典，發祕書而讎校，廣四庫之儲藏。欣覯遺篇，因裒散帙，首尾略備，篇目可尋。經呵護以偶存，知表章之有待，非當聖世，曷闡成編。臣等謹率同總纂官右春坊右庶子臣陸錫熊、翰林院侍讀臣紀昀，纂修官編修臣邵晉涵等，按代分排，隨文勘訂，彙諸家以蒐其放失，臚衆説以補其闕殘，復爲完書，可以繕寫。

竊惟五季雖屬閏朝，文獻足徵，治忽宜監。有薛史以綜事蹟之備，有歐史以昭筆削之嚴，相輔而行，偏廢不可。幸遭逢乎盛際，得焕發其幽光，所裨實多，先睹爲快。臣等已將永樂大典所録舊五代史，依目編輯，勒一百五十卷，謹分裝五十八册，各加考證、粘籤進呈。敬請刊諸祕殿，頒在學官。搜散佚於七百餘年，廣體裁於二十三史。著名山之録，允宜傳播於人間；儲乙夜之觀，冀稟折衷於睿鑒。惟慚疏陋，伏候指揮，謹奏。乾隆四十年七月

多　羅　質　郡　王臣永　瑢
經筵日講起居注官武英殿大學士臣舒赫德
經筵日講起居注官文華殿大學士臣于敏中
工部尚書和碩額駙一等忠勇公臣福隆安
經筵講官協辦大學士吏部尚書臣程景伊
經　筵　講　官　户　部　尚書臣王際華
經　筵　講　官　禮　部　尚書臣蔡　新
經　筵　講　官　兵　部　尚書臣嵇　璜
經筵講官刑部尚書仍兼户部侍郎臣英　廉

都察院左都御史臣張若溎
經筵講官吏部左侍郎臣曹秀先
户部右侍郎臣金簡

（録自影庫本舊五代史）

編定舊五代史凡例

一、薛史原書體例不可得見。今考其諸臣列傳，多云事見某書，或云某書有傳，知其於梁、唐、晉、漢、周斷代爲書，如陳壽三國志之體，故晁公武讀書志直稱爲詔修梁、唐、晉、漢、周書。今仍按代分編，以還其舊。

一、薛史本紀沿舊唐書帝紀之體，除授沿革，鉅纖畢書。惟分卷限制爲永樂大典所割裂，已不可考。詳核原文，有一年再紀元者，如上有同光元年春正月，下復書同光元年秋七月，知當於七月以後别爲一卷。蓋其體亦仿舊唐書，通鑑尚沿其例也。今釐定編次爲本紀六十一卷，與玉海所載卷數符合。

一、薛史本紀俱全，惟梁太祖紀原帙已闕，其散見各韻者，僅得六十八條。今據册府元龜諸書徵引薛史者，按條採掇，尚可薈萃。謹仿前人取魏澹書、高氏小史補北魏書之例，按其年月，條繫件附，釐爲七卷。

一、五代諸臣，類多歷事數朝，首尾牽連，難於分析。歐陽脩新史以始終從一者入梁、唐、晉、漢、周臣傳，其兼涉數代者，則創立雜傳歸之，褒貶謹嚴，於史法最合。薛史僅分代立傳，而以專事一朝及更事數姓者參差錯列，賢否混淆，殊乖史體，此即其不及歐史之一端。因篇有論贊，總敍諸人，難以割裂更易，姑仍其舊，以備參考。得失所在，讀史者自能辨之。

一、后妃列傳，永樂大典中惟周后妃傳全帙具存，餘多殘闕。今采五代會要、通鑑、契丹國志、北夢瑣言諸書以補其闕，用雙行分注，不使與本文相混也。

一、宗室列傳，永樂大典所載頗多脱闕。今並據册府元龜、通鑑注諸書采補，其諸臣列傳中偶有闕文，亦仿此例。

一、諸臣列傳，其有史臣原論者，俱依論中次第排比；若原論已佚，則考其人之事蹟，以類分編。

一、薛史標目，如李茂貞等稱世襲傳，見於永樂大典原文；其楊行密等稱僭僞傳，則見於通鑑考異。今悉依仿編類，以還其舊。

一、薛史諸志，永樂大典内偶有殘闕。今俱采太平御覽所引薛史增補，仍節録五代會要諸書分注於下，用備參考。

一、凡紀傳中所載遼代人名、官名，今悉從遼史索倫語解改正。

一、永樂大典所載薛史原文，多有字句脱落、音義舛譌者。今據前代徵引薛史之書，如通鑑考異、通鑑注、太平御覽、太平廣記、册府元龜、玉海、筆談、容齋五筆、青緗雜記、職官分紀、錦繡萬花谷、藝文類聚、記纂淵海之類，皆爲參互校訂，庶臻詳備。

一、史家所紀事蹟，流傳互異，彼此各有舛互。今據新舊唐書、東都事略、宋史、遼史、續通鑑長編、五代春秋、九國志、十國春秋及宋人説部、文集與五代碑碣尚存者，詳爲考核，各加案語，以資辨證。

一、陶岳五代史補、王禹偁五代史闕文，本以補薛史之闕，雖事多瑣碎，要爲有裨史學，故通鑑、歐陽史亦多所取。今並仿裴松之三國志注體例，附見于後。

一、薛史與歐史時有不合，如唐閔帝紀，薛史作明宗第三子，而歐史作第五子，考五代會要、通鑑並同薛史。又歐史唐家人傳云：太祖有弟四人，曰克讓、克修、克恭、克寧，皆不知其父母名號。據薛史宗室傳，則克讓爲仲弟，克寧爲季弟，克修爲從父弟，父曰德成，克恭爲諸弟，非皆不知其父母名號。又晉家人傳止書出帝立皇后馮氏，考薛史紀傳，馮氏未立之先，追册張氏爲皇后，而歐史不載。又張萬進賜名守進，故薛史本紀先書萬進，後書守進，歐史删去賜名一事，故前後遂如兩人。其餘年月之先後，官爵之遷授，每多互異。今悉爲辨證，詳加案語，以示折衷。

一、歐史改修，原據薛史爲本，其間有改易薛史之文而涉筆偶誤者。如章如愚山堂考索論歐史載梁遺人至京師，紀以爲朱友謙，傳以爲朱友諒；楊涉相梁，三仕三已，而歲月所具，紀載實異，至末年爲相，但書其罷，而了不知其所入歲月；唐明宗在位七年餘，而論贊以爲十年之類是也。有尚沿薛史之舊而未及刊改者。如吴縝五代史纂誤譏歐史杜曉傳幅巾自廢不當云十餘年；羅紹威傳牙軍相繼不當云二百年之類是也。今並各加辨訂於本文之下，庶二史異同得失之故，讀者皆得以考見焉。

（録自影庫本舊五代史）

請照殿版各史例刊刻舊五代史奏章

紀昀等

謹奏：伏查永樂大典散片内所有薛居正等五代史一書，宋開寶中奉詔撰述，在歐陽脩五代史之前，文筆雖不及歐之嚴謹，而敍事頗爲詳核，其是非亦不詭于正，司馬光通鑑多採用之。當時稱爲舊五代史，與歐陽脩之本並行，自金章宗泰和間，始專以歐史列之學官，而薛史遂漸就湮没。兹者恭逢聖主，稽古右文，網羅遺佚，獲于零縑斷簡之中，蒐輯完備，實爲此書之萬幸。至此紀載該備，足資參考，于讀史者尤有裨益，自宜與劉昫舊唐書並傳，擬仍昔時之稱，標爲舊五代史，俾附二十三史之列，以垂久遠。謹將全書五十八本、校勘、發凡，一併裝訂，恭呈御覽，伏候訓示。前經臣王際華面奏，此書列之史册，洵足嘉惠藝林，請照殿版各史例刊刻，頒行海内，荷蒙聖恩俞鑒，恭候欽定發下，即交武英殿遵照辦理。再查諸史前俱有原進表文，此書原表久佚，謹另擬奏摺一通，隨書呈進，俟奉旨允准，即敬謹恭録，并奏摺同刊卷首，以符體式。再現在繕本，因係採葺成書，于每段下附注原書卷目，以便稽考。但各史俱無此例，刊刻時擬將各注悉行删去，俾與諸史畫一。其有必應核訂者，酌加案語，照各史例附考證于本卷之後，合併聲明。謹奉奏。乾隆四十九年十月恭校上。

總纂官臣紀　昀

臣陸錫熊

臣孫士毅

總校官臣陸費墀

（録自文津閣本舊五代史）

舊五代史鈔本題跋

彭元瑞

永樂大典散篇緝成之書，以此爲最，以其注明大典卷數及採補書名、卷數，具知存闕章句，不没其實也。四庫全書本如此，後武英殿鐫本遂盡删之。曾屢爭之總裁，不見聽，於是薛氏真面目不可尋究矣。幸鈔存此本，不可廢也。庚戌春芸楣記。

（録自彭校本舊五代史）

孔葒谷校薛居正五代史跋

章鈺

薛居正五代史從永樂大典輯出，後經武英殿刊時改動，已失邵二雲稿本面目，此熟在人口者也。壬子九月，羣碧樓收得邵本一帙，檢一百三十一卷、一百五十卷後觀款，知校勘出孔葒谷户部手。以官本對勘，知官本、稿本大别有三：

一、正文經官本改易也。如十卷「犬羊猾夏」改「邊裔狡逞」，九十五卷「腥膻」改「契丹」，九十八卷「虜母」改「國母」，一百七卷「契丹犯闕」改「去汴」，一百二十卷「東夷」改「高麗」，一百三十七卷「種落賤類」改「生長邊地」、「亂華」改「鬭地」、「殺胡林」改「殺虎林」之類，不可枚舉。其尤關事實者〔一〕，如一百三十八卷「黑水靺鞨」下原作「俗皆辮髮，性凶悍」，改爲「俗尚質樸，性猛悍」，此皆館臣避忌太過，奮筆妄改使然。

一、正文之互有出入也。稿本無而官本有者，如二十一卷賀德倫傳全缺，六十三卷缺贊，六十七卷趙鳳缺兩節，七十一卷淳于晏傳全缺，七十三卷聶嶼傳缺一節，七十七卷卷尾缺七十七字，八十七卷晉宗室贇傳全缺，九十三卷尹玉羽傳缺兩節，九十六卷孔崇弼傳缺三節，九十八卷張礪傳缺三節並缺贊，一百二十八卷裴羽傳全缺，此必邵氏一人搜采未盡，經館臣覆檢大典補入。稿本有而官本無者，如九十二卷崔居儉傳、九十六卷鄭元素傳二篇。案居儉傳即歐陽公五代史記本文，邵氏所誤收〔二〕；鄭傳則係官本脱漏，此爲薛氏全篇佚文，大典已燬，賴此而存，可謂至寶。至九十八卷張礪傳，稿本復據册府元龜補八十二字，官本脱去〔三〕。案邵氏於大典所缺薛史，均采元龜補之，例見一卷梁太祖紀下，官本取彼舍此，未喻其故〔四〕。若九十一卷安重威傳、九十二卷裴皞傳，稿本下半均同歐陽史，官本則否，此又邵氏一時有未照處，經館臣復檢大典改正者也。

一、卷數、考證及所采各書經官本删削也。以稿本一百四十三卷注「大典卷一萬七千五十二三頁至四頁」諸條揣之〔五〕，意邵氏初稿并記大典卷數、頁數，以便覆檢，定本方去頁數，此則删除之未盡者，官本則於卷數及元龜卷數全行不取〔六〕。其考證異同語，稿本則隨文列入，官本另編考證爲卷，所收十之五六，其餘則出他手，非邵氏原文。邵氏略仿裴松之三國志注法〔七〕，收史部、説部等至七八十種之多，附注正文下，以備參考。官本或采或删，不甚明其去取之故。楊凝式及馬希範傳兩注，則删去殆將萬字，若邵氏所采五代通録、東都事略、文苑英華、古今事類、楊文公談苑、儒林公議、石林燕語、厚德録、張方平集、花蕊宮詞，則全行删去，失邵氏本意。

南昌彭氏注歐陽史〔八〕，蒐采富有，爲史注佳本，實邵氏之引其端也。惟孔户部校此書時，尚非據邵氏原稿，故第一卷校語云「按語有脱」，凡兩見；二十五卷注「案新考舊」四字顯有脱文，孔校亦未校補。邵位西批注四庫目，云見廠肆鈔本，有讀易樓印記。是孔校外尚有傳鈔，恨無從蹤跡也。孝先舉債收書，以巨金得於日下，攜歸津上，未三日即借余校録。竭兩月之力，始克竣事，研玩所得〔九〕，撮陳大概如此。孝先邇將有遼海之游，瀕行又出宋本兩漢書〔一〇〕，借江安傅沅叔、保山吴偶能及余分校。通懷樂善，視流通古書之約，抑又過之。附書於後，用銘嘉貺。是年臘八，長洲章鈺記。

（録自孔葒谷校本舊五代史，又章鈺另有過録題記）

〔一〕其尤關事實者　「事實」，章鈺過録題記作「考證」。

〔二〕邵氏所誤收　句下章鈺過録題記有「官本删去是也」六字。

〔三〕官本脱去　「脱去」，章鈺過録題記作「不取」。

〔四〕未喻其故　章鈺過録題記作「殊未晝一」。

〔五〕一百四十三卷　「三」字原闕，據章鈺過録題記補。

〔六〕官本則於卷數及元龜卷數全行不取　「不取」，章鈺過録題記作「刊去」。

〔七〕邵氏略仿裴松之三國志注法　「注法」，章鈺過録題記作「例」。

〔八〕南昌彭氏注歐陽史　章鈺過録題記作「彭文勤注歐陽五代史記」。

〔九〕是孔校外尚有傳鈔……研玩所得　章鈺過録題記作「是邵氏稿本此本外尚有傳鈔，恨未之見，以資訂補也。竭兩月之力，對讀卒業」。

〔一〇〕瀕行又出宋本兩漢書　「行」，章鈺過録題記作「發」。「兩漢書」，章鈺過録題記作「班范書」。

孔葒谷校舊五代史跋

鄧邦述

余自耽典籍，即知大典本薛五代史稿本每條皆注所出，及武英殿刊行，始悉去之，惟聚珍版尚存真面，又惜其不易得也。夢想累年，未嘗一見。壬子之春，鬱華閣遺書盡出，其佳者大半爲完顔樸孫景賢所攫，餘則書友譚篤生錫慶與其友趙姓以賤價收之，庋廠肆一近巷中，邀余往觀。余時已貧不能自存，然結習故在，入叢殘中抽得此册，喜不忍釋，因與之約留三月，不能，然後與他人，篤生竟慨許我。荏苒未幾，篤生病將死矣，則語其家封存以待，勿失信也。余自津沽鬻借，如約贖之。篤生在書估中號爲精覈，然獨於此書守皦日之盟，世之負然諾者，對之殆有媿矣。既歸，茗理立持去借校，觀其跋語，勘正之功，亦盡於是，而吾乃不得先一校讎，思之亦殊失笑，特記得此書之艱，與篤生之信、茗理之勤，爲藏書家一段故實，後千百年，必有能談之者。甲寅三月檢此，正闇永實，記於六坡三潁之居。

書有孔葒谷圖記，又有黄小松司馬印，及其所得漢印鈐册中亦不少。小松與葒谷同時，或爲小松故物，未可知也。戊午端陽，羣碧主人再記。

（録自孔葒谷校本舊五代史）

重輯舊五代史原稿跋

陸心源

薛居正舊五代史一百五十卷，原本久佚。乾隆中，四庫館臣從永樂大典輯出。主其事者，餘姚邵二雲學士晉涵也。此本每册有「晉涵之印」朱文方印、「邵氏二雲」朱文方印，蓋即學士家底本也。其與官本不同者，每條皆注出處：其出大典及册府元龜者，皆注明某卷；出于通鑑考異及通鑑注者，皆注明某紀。卷一太祖紀第一下有小注云：「案薛史本紀，永樂大典所載俱全，獨梁太祖紀原帙已散，見于各韵者，僅得六十八條，參以通鑑注所徵引者，又得二十一條，本末不具，未能綴輯成篇。册府元龜閏位部所録朱梁事蹟，皆本之薛史，原書首尾頗詳，按條採綴，尚可彙萃。謹依前人取魏澹書、高氏小史補北魏書闕篇之例，采册府元龜梁太祖事，編年按日，次第編排，以補其闕，庶幾略存薛史之舊。仍于條下注原書卷第，以備參考焉。」案，此條今載官本凡例中，而删節過半。此外案語亦比官本爲多，雖半已採入考證，而此較詳。自元建康路刊十三史，有歐史，無薛史，而薛史遂微。文淵閣書目著録五代史十部，其六部注「十册闕」，其四部或注「十四」，或注「十五」，或本「十六缺」。孰爲歐史，孰爲薛史，究莫能辨。此外，范氏天一閣、左氏百川書志、錢氏絳雲樓、毛氏汲古閣、董氏延賞齋各目，皆無其書。惟萬曆中連江陳第世善堂書目有五代史一百五十卷。至嘉慶中，陳氏書始出，杭州趙谷林兼金購求無所得。同治中，余權閩鹾，徧訪藏書家，亦無知之者。想閩地多蟲，飽蠹魚之腹久矣。

（録自陸心源儀顧堂續跋卷六）

影庫本舊五代史跋

熊羅宿

薛居正等舊五代史，元、明來傳本久絶。乾隆中，四庫館從永樂大典録出，其有闕佚，摭他書緝補之，標明出處，間附考訂，分注當條之下，閣本、傳鈔本並如此。嗣以列在學官，館臣取此本重加案語，籤附書眉，足成定本，交武英殿刊布。當事者輒將出處删去，因而塗改正文，牽就聯屬，竄易字句，强作解事；又裁截分注，節鈔案語，通名考證，移置卷末。聚珍鏤木，一再印造。後之席刻、陳刻、武昌局刻暨海上諸影印，靡不因此。傳鈔本迄未繡梓，定本則闃其無聞焉。

余曩於鄉曲獲見一本，朱絲黄帙，字畫謹嚴，粘籤甲乙，燦焉具備，審是武英舊物，亟購藏之。取勘衆本，屬在增删竄竊，并有明徵。一以參詳，愈覺大訓天球，莫名寶貴。惟此本孤存天壤，上下百餘歲，朔南數千里，風霜兵燹，歷劫幾何，流轉播棄，終歸完璧，非在在處處有神物護持，胡能有濟？長此以往，浸假酒誥俄空，樂經泯絶，心竊疚焉。夫中書秘而古文興，曲臺删而周官作，金貨私行，漆書賄合，歧之中又有歧，類如此矣。是故子夏之易，更别於張弧；素問之篇，反多於太僕。今館臣定著之不傳，亦博士本經之亡失，空穴來風，如塗塗附，國師善僞，安必杜、劉、賈、馬之餘，更無有張霸、豐坊、蘇愉、枚賾相續起而僞之乎？烏乎！五季晦盲否塞，其事迹縱無與經典之尊，徒以數十年爭民施奪，載在茲編，端緒棼如，即宋槧今存，仍艱董理，一誤再誤，何所持循？矧乃禍亂有由，率起於是非之相貿，十國紛更，誰司信讞，殷鑒不遠，來軫方遒，尤不能不核歸正墒，以懲前毖後耶！不揆綿薄，輒復掩卷旁皇，願書萬本，庶幾流布，無忘真面。方聞君子，倘幸其史闕之僅存，俾得有與於斯文之未喪，其於後死之義，或無愧焉。太歲辛酉夏四月，譯元熊羅宿謹識於京師之豐城南館。

（録自影庫本舊五代史附録）

影印内鈔舊五代史緣起

熊羅宿

彭文勤公知聖道齋讀書跋云：「永樂大典散篇輯成之書，以此爲最，以其注明大典卷數及採補書名、卷數，具知存闕章句，不没其實也。四庫全書本如此，後武英殿鐫本遂盡删之。曾屢爭之總裁，不見聽，於是薛氏真面目不可尋究，後人引用多致誤矣。幸鈔存此本，不可廢也。」

今按殿刊本變亂原書，所在皆是。有任意删削者，卷六十一西方鄴傳「鄴無如之何」句下删去「而明宗已及汴」六字，「還洛陽遇弑」句上删去「至汴西不得入」六字，卷九十三李專美傳「雖行行捶楚」删作「雖行捶楚」，卷九十六李郁傳後删去鄭玄素傳一篇，卷九十八張礪傳末删去册府元龜所引八十餘字是也。有憑臆增附者，卷三梁太祖紀「浙西奏，道門威儀鄭章」句上添湊「封鎮東軍神祠爲崇福侯」十字，卷三十八明宗紀「契丹遣使摩琳等來乞通和」等下添入「率其屬」三字，卷六十七趙鳳傳「莊宗即位，拜中書舍人」句下横插「及入汴」云云八十字，卷七十三聶嶼傳「珏懼，俾俱成名」句下增入「漸爲拾遺」云云七十餘字是也。有顛倒竄易者，卷五梁太祖紀「己亥，以司門郎中羅廷規」云云改作「己亥，以羅周翰」云云，卷二十四李斑傳「斑其夕爲亂兵所傷」改作「斑爲亂兵所傷其夕」，卷六十一安元信傳「乃起謝元信」改作「元信乃起謝」，安重霸傳「重霸出秦州，以金帛賂羣羌」改作「重霸出秦州金帛，以賂羣羌」，卷六十四王晏球傳「晏球隔門窺兵亂」，「兵亂」字互倒，卷九十一安彥威傳「明宗愛之，及領諸鎮節鉞，彥威常爲牙將，以謹厚見信」改作「明宗愛之，累歷藩鎮，彥威常爲衙將，所至以謹厚見稱」，卷百四十三禮志「太常定唐少帝爲昭宣光烈孝皇帝」改作「太常寺定議唐少帝謚」是也。又如卷三梁太祖紀「貽矩曰，殿下功德及人」，「殿」改「陛」；「自今後兩浙、福建、廣州、南安、邕、容等道使，到發許任一月」，「任」改「住」，「南安」改「安南」；卷十梁末帝紀「以都點檢諸司法物使」，「點檢」改「檢點」；卷十五韓建傳「路出南山」改「路出山南」；卷二十七莊宗紀「遂入黎陽」，「入」改「攻」；卷三十一莊宗紀「即具闕申送」，「闕」改「關」；卷三十三莊宗紀「何怯由衷之説」，「怯」改「悋」；卷三十七明宗紀「既任維城之列」，「任」改「在」，「列」改「例」，又「輪次轉對奏事」改「輪次轉奏封事」，「盧文進率户口歸明」，「明」改「順」；卷三十九明宗紀「於秋苗上紉徵麴價」，「紉徵」改「徵納」；卷四十二明宗紀「輪農器錢一文五分」，「文」改「錢」；卷五十三李存信傳「公姑二矣」，「姑」改「始」；李存賢傳「所殘者存審耳」，「殘」改「存」；卷五十五蓋寓傳「必佯佐其怒以責之」，「佯」改「併」；卷六十李襲吉傳

「盡反中年」，「反」改「及」；卷六十三張全義傳「而不溺枉道」，「枉」改「左」；卷六十六康義誠傳「以弓馬事秦王以自結」改作「以弓馬事秦王，冀自保全」；宋令詢傳「連殿大藩」，「殿」改「典」；卷六十七韋説傳「接皇都弭難之初」，「接」改「藉」，「初」改「功」；卷八十一晉少帝紀「河南府奏，飛蝗大下」，「河南府」改「開封府」；卷八十八史匡翰傳「恐天下談者未有比」，「比」下添「類」字；卷八十九殷鵬傳「所得除目」，「除」改「詞」；卷九十馬全節傳「我爲廉察」，「爲」改「之」；陸思鐸傳「隨衆來降」，「隨衆」改「以例」；卷九十四高漢筠傳「遂與連騎以還」改「漢筠促騎以還」；卷九十八安重榮傳「聞昨奉宣頭」，「頭」改「諭」；卷百二漢隱帝紀「以華州節度使郭從義奏」，「以」改「徙」；卷百八李崧傳「方權兵柄」，「權」改「握」；卷百十五周世宗紀「州府」改「府州」；卷百廿三高行周傳「以北邊鄰契丹」，「鄰」改「陷」；卷百廿九齊藏珍傳「不失再去矣」，「失」改「妨」；卷百卅三世襲傳「老父起自諸都」改「父老起自諸都」；卷百四十曆志「欽若上天」，「天」改「穹」，又「五之得朞之數」改「五行得期之數」，「百者數之節也」，「百」改「法」，「蓋尚慊其中」，「慊」改「嫌」，「使日月之軌」，「之」改「二」，「便言曆有九曜」改「便言曆者有九道」。此外以傖父之見，改爾雅之詞，據習俗所安，謂前文有誤，與夫戎王盡作契丹，編髮俱爲避易，武斷害理，未易更僕。

竊以爲五季徵文，歐史既不如薛史之真，是新、舊兩行，自必以舊書爲正。奈何幸蒐集於殘闕之餘，仍見厄於校刊之謬，豈非恨事！用特舉所藏武英殿原鈔正本，購機影印，務在纖悉不差，儼然法物，併將粘籤及批校各條，彙印附後，俾讀是書者得見文勤之所謂真面目焉。

（録自影庫本舊五代史附録）

嘉業堂刊本舊五代史跋

劉承幹

舊五代史一百五十卷、目録二卷，宋薛居正等撰。原書久佚，乾隆四十年，詔開四庫館，從永樂大典中輯録。間有殘闕，復取他書所引補之。此爲邵學士晉涵原輯本。晉涵，字二雲，餘姚人。乾隆辛卯二甲進士。歸部銓選，以大學士劉文正薦，奉特旨改庶吉士，充四庫館纂修，旋授職編修，歷官至翰林院侍讀學士。陽湖洪稺存太史嘗稱其史學本於劉蕺山、黄梨洲兩先生。此書乃其一手所勘定也，逐條之下，注明採取書名、卷數，後來諸家所輯已佚諸經傳注，悉用其例。四十九年，武英殿刊板，盡删去之。彭文勤公屢爭于總裁，不見聽，薛氏真面目遂不可識。余於甬東盧氏抱經樓得其原輯本，亟以千金購歸付梓，行格悉遵殿本，俾得兩本對勘。學士纂輯之勤，不遂湮没，殆有默相之者。司馬遷史記實繼春秋而作，謙不敢自居，曰：「余所謂述故事，整齊其世傳，非所謂作。」今觀薛史比次舊聞，紀傳首尾亦復完具，正所謂述，且由此可以進窺歐史筆削之意。後人以敍次繁冗少之，抑未知述與作之不同也。學士從散佚之餘，傍搜博採，整比之使歸條理，以復原書之舊，仍每條注明所採書名、卷數，亦述者所有事也。若删之，則讀者無所徵信矣。茲得學士原輯本刻之，以廣其傳。彭文勤公所屢爭而不得者，一旦竟復舊觀，不獨讀者之幸，抑亦此書之幸也。乙丑仲春，吴興劉承幹謹跋。

（録自百衲本舊五代史）

百衲本跋

張元濟

宋史太祖紀：「開寶六年四月戊申，詔修五代史。」玉海：「是年四月二十五日，詔梁、後唐、晉、漢、周五代史，宜令參政薛居正監修，盧多遜、扈蒙、張澹、李穆、李昉等同修。至七年閏十月甲子，書成。凡百五十卷、目録二卷。其事凡記十四帝五十三年，爲紀六十一、志十二、傳七十七。」居正本傳則以監修五代史在開寶五年，王鳴盛已辨其誤。晁氏讀書志同修者尚有劉兼、李九齡二人，或刊本結銜如是也。其後歐陽脩以薛史繁猥失實，重加修定，藏於家。脩歿後，朝廷聞之，取以付國子監刊行。按宋史選舉志，朱子議設諸經、子史、時務各科試士，諸史以左傳、國語、史記、兩漢爲一科，三國、晉書、南北史爲一科，新舊唐書、五代史爲一科。唐書兼舉新舊，而五代史僅舉其一。維時歐史盛行，所指必非薛史。又金史選舉志，學校以經史子課士，均指定當用之書。諸史則史記用裴駰注，前漢書用顏師古注，後漢書用李賢注，三國志用裴松之注，及唐太宗晉書、沈約宋書、蕭子顯齊書、姚思廉梁書陳書，魏收後魏書、李百藥北齊書、令狐德棻周書、魏徵隋書、新舊唐書、新舊五代史，皆國子監印之，授諸學校。至章宗泰和七年十一月癸酉，詔新定學令内削去薛居正五代史，止用歐陽脩所撰。按金泰和七年，當宋寧宗開禧三年，爲朱子殁後七年。竊意是時南朝先已擯廢薛史，北朝文化自知不逮，故起而從其後，自是其書遂微。元九路分刊十七史，明南北監兩刊二十一史，均不之及。四庫總目謂惟明内府有之，見於文淵閣書目。按閣目「字」字號第三橱存五代史十部，有册數，無卷數，不注新舊，使悉爲薛史，不應通行之歐史反無一存。且薛史刊本絶少，亦不應流傳如是之夥；如謂兼而有之，更不應一無區别，頗疑總目所言誤也。以余所知，明萬曆間連江陳一齋有是書，所記卷數與玉海合，見世善堂書目。清初黄太沖亦有之，見南雷文定附録吴任臣書，全謝山謂其已燬於火。陳氏所藏，陸存齋謂嘉慶時散出，趙谷林以兼金求之，不可得，則亦必化爲劫灰矣。

然余微聞有人曾見金承安四年南京路轉運司刊本，故輯印之始，雖選用嘉業堂劉氏所刻大典有注本，仍刊報蒐訪，冀有所獲。未幾，果有來告者，謂昔爲歙人汪允宗所藏，民國四年三月售於某書估，且出其貨書記相眎。允宗，余故人也，方其在日，絶未道及。然余讀其所記，謂所藏爲大定刊本（與上文所云承安微有不合，然相距不遠，或一爲鳩工之始，一爲藏事之期。）題五代書，不作五代史，較今本不特篇第異同甚多，即文字亦什增三四，且同時記所沽書凡七種，書名、版本均甚詳，知所言爲不虚。乃展轉追尋，歷有年所，迷離惝怳，莫可究詰。今諸史均將竣事，不得已，惟有仍用劉氏大典本，以觀厥成。

大典本者，餘姚邵晉涵取永樂大典所引薛史掇拾成文；不足，以册府元龜所引補之，均各記其所從出卷數；又不足，則取宋人所著如太平御覽、五代會要、通鑑考異等書凡數十種，或入正文，或作附注，亦一一載其來歷。四庫館臣復加參訂，書成奏進，敕許頒行。最先刊者，爲武英殿本，主其事者盡削其所注原輯卷數，彭元瑞力爭不從，而薛史真面不可復見。且原文凡涉契丹之戎夷、蕃胡、寇賊、虜敵、僞僭、酋首、凶醜及犬羊、異類、腥膻、氈幕、編髮、左衽、犯闕、盜據、猾夏、亂華等字，無一不改，一再失真，尤涉誣衊，久已爲世詬病矣。同時有四庫全書寫本，近歲南昌熊氏據以景印，稍免於已上諸弊，然仍有所芟削。劉本得諸甬東抱經樓盧氏，疑亦當時傳録之本。所列附注凡一千三百七十條，彼此對校，殿本少於劉本者凡五百三十八條，庫本少於劉本者凡四百七十一條。雖殿本增於劉本者有三十九條，庫本亦三條，而以此方彼，總不能不以劉本爲較備。且劉本卷七十一有鄭元素傳，庫本闕；卷九十六有淳于晏傳，殿本又闕；卷九十八張礪傳，文字亦視殿、庫二本爲詳。凡此皆足證劉本之彼善於此也。曩聞長洲章式之同年嘗迻録孔葓谷校邵氏稿本，馳書乞假，留案頭者數月，悉心讎校，亦有異同。劉本有而孔本無者三百八十一條，有而不全者二十三條，孔本有而劉本無者六十五條。式之謂邵氏所輯不免偶誤，館臣有所增補改正，然亦未必能出於劉本之上。所惜者劉氏校勘稍疏，間有譌奪。全書既成，當續輯校記，並取各本所增注文，別爲補編，以臻完美。然余終望金南京路轉運司刊本尚在人間，有出而與願讀者相見之一日也。海鹽張元濟。

（録自百衲本舊五代史）

主要參考文獻

一

舊五代史一百五十卷，宋薛居正等撰，一九二一年南昌熊羅宿影印清乾隆四十年四庫館繕寫進呈本，復旦大學圖書館藏。

舊五代史一百五十卷，宋薛居正等撰，影印清乾隆四十九年武英殿刊本，上海古籍出版社，一九八六年。

舊五代史一百五十卷，宋薛居正等撰，百衲本二十四史影印劉承幹嘉業堂刊本，商務印書館，一九三七年。

舊五代史一百五十卷，宋薛居正等撰，清孔葒谷舊藏鈔本，臺北「國家圖書館」藏。

舊五代史一百五十卷，宋薛居正等撰，清邵晉涵舊藏鈔本，日本靜嘉堂文庫藏。

舊五代史一百五十卷，宋薛居正等撰，清彭元瑞校鈔本，上海圖書館藏。

二

十三經注疏，清阮元校刻，中華書局，一九八〇年。
史記，漢司馬遷撰，南朝宋裴駰集解，唐司馬貞索隱，唐張守節正義，中華書局，二〇一三年。
漢書，漢班固撰，唐顔師古注，中華書局，一九六二年。
後漢書，南朝宋范曄撰，唐李賢等注，中華書局，一九六五年。
隋書，唐魏徵等撰，中華書局，一九七三年。
舊唐書，後晉劉昫等撰，中華書局，一九七五年。
新唐書，宋歐陽脩、宋祁撰，中華書局，一九七五年。
新唐書，宋歐陽脩、宋祁撰，中華再造善本影印宋紹興刻宋元遞修公文紙印本，北京圖書館出版社，二〇〇六年。
新五代史，宋歐陽脩撰，中華書局，一九七六年。

宋史，元脱脱等撰，中華書局，一九七七年。
遼史，元脱脱等撰，中華書局，一九七四年。
金史，元脱脱等撰，中華書局，一九七五年。
資治通鑑，宋司馬光編著，元胡三省音注，中華書局，一九五六年。
資治通鑑，宋司馬光編著，中華再造善本影印宋紹興二年至三年兩浙東路茶鹽司公使庫刻本，北京圖書館出版社，二〇〇六年。
資治通鑑考異，宋司馬光撰，中華再造善本影印宋紹興二年兩浙東路茶鹽司公使庫刻宋元遞修本，北京圖書館出版社，二〇〇三年。
通鑑地理通釋，宋王應麟著，中華書局，二〇一三年。
續資治通鑑長編，宋李燾撰，中華書局，一九九二年。
大事記續編，明王禕撰，景印文淵閣四庫全書本，臺灣商務印書館，一九八六年。
蠻書校注，唐樊綽撰，向達校注，中華書局，一九六二年。
通曆，唐馬總等編，山西人民出版社，一九九二年。
五代史補，宋陶岳撰，五代史書彙編，杭州出版社，二〇〇四年。
五代史補，宋陶岳撰，景印文淵閣四庫全書本，臺灣商務印書館，一九八六年。

五代史補、五代史闕文，宋陶岳、王禹偁撰，清顧廣圻校本，復旦大學圖書館藏。
五代史闕文，宋王禹偁撰，五代史書彙編，杭州出版社，二〇〇四年。
五代春秋，宋尹洙撰，五代史書彙編，杭州出版社，二〇〇四年。
九國志，宋路振撰，五代史書彙編，杭州出版社，二〇〇四年。
五國故事，宋佚名撰，五代史書彙編，杭州出版社，二〇〇四年。
釣磯立談，宋史温撰，五代史書彙編，杭州出版社，二〇〇四年。
江南野録，宋龍衮撰，五代史書彙編，杭州出版社，二〇〇四年。
江南别録，宋陳彭年撰，五代史書彙編，杭州出版社，二〇〇四年。
江南餘載，宋鄭文寶撰，五代史書彙編，杭州出版社，二〇〇四年。
三楚新録，宋周羽翀撰，五代史書彙編，杭州出版社，二〇〇四年。
錦里耆舊傳，宋句延慶撰，五代史書彙編，杭州出版社，二〇〇四年。
蜀檮杌校箋，宋張唐英撰，王文才、王炎校箋，巴蜀書社，一九九九年。
吴越備史，宋錢儼撰，五代史書彙編，杭州出版社，二〇〇四年。
東都事略，宋王稱撰，「中央圖書館」善本叢刊，一九九一年。
隆平集校證，宋曾鞏撰，王瑞來校證，中華書局，二〇一二年。

通志，宋鄭樵撰，中華書局，一九八七年。
南唐書，宋馬令撰，五代史書彙編，杭州出版社，二〇〇四年。
南唐書，宋陸游撰，五代史書彙編，杭州出版社，二〇〇四年。
契丹國志，題宋葉隆禮撰，中華書局，二〇一四年。
十國春秋，清吴任臣撰，中華書局，一九八三年。
唐大詔令集，宋宋敏求編，中華書局，二〇〇八年。
宋大詔令集，宋佚名編，中華書局，一九六二年。
廣卓異記，宋樂史撰，全宋筆記第一編，大象出版社，二〇〇三年。
新刊名臣碑傳琬琰之集，宋杜大珪輯，中華再造善本影印宋刻元明遞修本，北京圖書館出版社，二〇〇三年。
唐才子傳校箋，元辛文房撰，傅璇琮主編，中華書局，二〇〇二年。
十七史百將傳，宋張預編，中國兵書集成影印明嘉靖刻隆慶印本，解放軍出版社、遼瀋書社，一九八七年。
太平寰宇記，宋樂史撰，中華書局，二〇〇七年。
輿地紀勝，宋王象之撰，中華書局，一九九二年。

方輿勝覽，宋祝穆撰，中華書局，二〇〇三年。
讀史方輿紀要，清顧祖禹撰，中華書局，二〇〇五年。
正德大同府志，明張欽纂修，四庫存目叢書影印明正德刻嘉靖增修本，齊魯書社，一九九六年。
光緒榆社縣志，中國地方志集成山西府縣志輯影印清光緒七年刊本，鳳凰出版社，二〇〇五年。
唐律疏議箋解，唐長孫無忌等編，劉俊文箋解，中華書局，一九九六年。
大唐開元禮，唐蕭嵩等編，民族出版社，二〇〇〇年。
唐會要，宋王溥撰，上海古籍出版社，二〇〇六年。
五代會要，宋王溥撰，上海古籍出版社，二〇〇六年。
五代會要，宋王溥撰，景印文淵閣四庫全書本，臺灣商務印書館，一九八六年。
宋會要輯稿，清徐松輯，上海古籍出版社，二〇一四年。
宋刑統，宋竇儀等編，中華書局，一九八四年。
淳熙玉堂雜記，宋周必大撰，全宋筆記第五編，大象出版社，二〇一二年。
文獻通考，元馬端臨撰，中華書局，二〇一一年。

大金集禮，金佚名撰，景印文淵閣四庫全書本，臺灣商務印書館，一九八六年。
郡齋讀書志校證，宋晁公武撰，孫猛校證，上海古籍出版社，一九九〇年。
直齋書録解題，宋陳振孫撰，上海古籍出版社，一九八七年。
寶刻叢編，宋陳思撰，叢書集成初編，中華書局，一九八五年。
金石萃編，清王昶撰，中國書店，一九八五年。
潛研堂金石文跋尾，清錢大昕撰，續修四庫全書影印清嘉慶十年刻本，上海古籍出版社，二〇〇二年。
山右石刻叢編，清胡聘之編，山西人民出版社，一九八八年。
石刻史料新編第一輯，新文豐出版公司，一九七七年。
千唐誌齋藏誌，文物出版社，一九八四年。
隋唐五代墓誌匯編，天津古籍出版社，一九九一年。
北京圖書館藏中國歷代石刻拓本匯編，中州古籍出版社，一九八九年。
洛陽新獲墓誌，李獻奇、郭引强編，文物出版社，一九九六年。
洛陽出土歷代墓誌輯繩，中國社會科學出版社，一九九一年。
邙洛碑誌三百種，趙君平編，中華書局，二〇〇四年。

河洛墓刻拾零，趙君平、趙文成編，北京圖書館出版社，二〇〇七年。
洛陽新獲七朝墓誌，齊運通編，中華書局，二〇一二年。
秦晉豫新出墓誌蒐佚，趙君平、趙文成編，國家圖書館出版社，二〇一一年。
秦晉豫新出墓誌蒐佚續編，趙文成、趙君平編，國家圖書館出版社，二〇一五年。
西安碑林博物館新藏墓誌彙編，趙力光主編，綫裝書局，二〇〇七年。
西安碑林博物館新藏墓誌續編，趙力光主編，陝西師範大學出版總社有限公司，二〇一四年。
大唐西市博物館藏墓誌，胡戟、榮新江編，北京大學出版社，二〇一二年。
新中國出土墓誌河北壹，文物出版社，二〇〇四年。
山西碑碣，山西省考古研究所編，山西人民出版社，一九九七年。
晉陽古刻選隋唐五代墓誌卷，文物出版社，二〇一三年。
遼寧省博物館藏碑誌精粹，文物出版社，二〇〇〇年。
成都出土歷代墓銘券文圖録綜釋，文物出版社，二〇一二年。
南京歷代碑刻集成，上海書畫出版社，二〇一一年。
五代王處直墓，文物出版社，一九九八年。

五代馮暉墓，重慶出版社，二〇〇一年。
五代李茂貞夫婦墓，科學出版社，二〇〇八年。
五代墓誌彙考，周阿根著，黄山書社，二〇一二年。
古代突厥文碑銘研究，耿世民著，中央民族大學出版社，二〇〇五年。
五代閩國劉華墓發掘報告，文物一九七五年第一期。
吴越國王錢俶墓誌考釋，吴建華著，中原文物一九九八年第二期。
唐末五代閩王王審知夫婦墓清理簡報，鄭國珍著，文物一九九一年第五期。
平定縣五代封白雞山記碑考，晉華、袁盛慧著，山西省考古學會論文集第二輯，山西人民出版社，一九九四年。
新發現的後梁吴存鍔墓誌考釋，程存潔撰，文物一九九四年第八期。
後晉石重貴石延煦墓誌銘考，都興智、田立坤著，文物二〇〇四年第十一期。
五代盧價墓誌考，羅火金著，中國歷史文物二〇〇九年第二期。
英藏敦煌文獻（漢文佛經以外部份），四川人民出版社，一九九二年。
法藏敦煌西域文獻，上海古籍出版社，二〇〇四年。
中國藏西夏文獻，史金波、陳育寧等編，甘肅人民出版社、敦煌文藝出版社，二〇〇五年。

韓非子集解，清王先慎撰，中華書局，一九九八年。
抱朴子内篇校釋，晉葛洪撰，王明校釋，中華書局，一九八五年。
武經總要後集，宋曾公亮撰，景印文淵閣四庫全書本，臺灣商務印書館，一九八六年。
唐開元占經，唐瞿曇悉達撰，中國書店，一九八九年。
宣和書譜，宋佚名編，浙江人民美術出版社，二〇一二年。
寶真齋法書贊，宋岳珂撰，景印文淵閣四庫全書本，臺灣商務印書館，一九八六年。
泉志，宋洪遵撰，續修四庫全書影印明萬曆間刻秘册彙函本，上海古籍出版社，二〇〇二年。
劍策，明錢希言編，續修四庫全書影印明陳訏謨翠幄草堂刻本，上海古籍出版社，二〇〇二年。
封氏聞見記校注，唐封演撰，趙貞信校注，中華書局，二〇〇八年。
奉天録（外三種），唐趙元一等撰，中華書局，二〇一四年。
唐摭言，五代王定保撰，上海古籍出版社，一九七八年。
唐摭言，五代王定保撰，中國國家圖書館藏管廷芬鈔、方成珪校本。

重彫足本鑑誡録，五代後蜀何光遠撰，中華再造善本影印宋刻本，北京圖書館出版社，二〇〇四年。
玉堂閒話，五代王仁裕撰，五代史書彙編，杭州出版社，二〇〇四年。
玉堂閒話評注，五代王仁裕撰，蒲向明評注，中國社會出版社，二〇〇七年。
北夢瑣言，宋孫光憲撰，中華書局，二〇〇二年。
南唐近事，宋鄭文寶撰，五代史書彙編，杭州出版社，二〇〇四年。
洛陽搢紳舊聞記，宋張齊賢撰，五代史書彙編，杭州出版社，二〇〇四年。
清異録，宋陶穀撰，全宋筆記第一編，大象出版社，二〇〇三年。
南部新書，宋錢易撰，中華書局，二〇〇二年。
近事會元，宋李上交撰，全宋筆記第一編，大象出版社，二〇〇三年。
楊文公談苑，宋楊億口述、黄鑑筆録、宋庠整理，上海古籍出版社，一九九三年。
夢溪筆談校證，宋沈括撰，胡道靜校證，上海人民出版社，二〇一一年。
春明退朝録，宋宋敏求撰，中華書局，一九八〇年。
青箱雜記，宋吴處厚撰，中華書局，一九八五年。
玉壺清話，宋文瑩撰，中華書局，一九九七年。

龍川别志，宋蘇轍撰，中華書局，一九八二年。
石林燕語，宋葉夢得撰，中華書局，一九八四年。
春渚紀聞，宋何薳撰，中華書局，一九八三年。
猗覺寮雜記，宋朱翌撰，全宋筆記第三編，大象出版社，二〇〇八年。
却掃編，宋徐度撰，全宋筆記第三編，大象出版社，二〇〇八年。
師友雜志，宋吕本中撰，全宋筆記第三編，大象出版社，二〇〇八年。
儒林公議，宋田況撰，全宋筆記第一編，大象出版社，二〇〇三年。
澠水燕談録，宋王闢之撰，中華書局，一九九七年。
默記，宋王銍撰，中華書局，一九八一年。
容齋隨筆，宋洪邁撰，中華書局，二〇〇五年。
老學庵筆記，宋陸游撰，中華書局，一九七九年。
遊宦紀聞，宋張世南撰，中華書局，一九八一年。
續世説，宋孔平仲撰，全宋筆記第二編，大象出版社，二〇〇六年。
丁晉公談録（外三種），宋孔平仲等撰，中華書局，二〇一二年。
愛日齋叢抄，宋葉寘撰，中華書局，二〇一〇年。

澗泉日記，宋韓淲撰，全宋筆記第六編，大象出版社，二〇一三年。
揮麈録，宋王明清撰，上海書店出版社，二〇〇一年。
厚德録，宋李元綱撰，全宋筆記第六編，大象出版社，二〇一三年。
雲谷雜記，宋張淏撰，中華書局，一九五八年。
宋朝事實類苑，宋江少虞編，上海古籍出版社，一九八一年。
言行龜鑑，元張光祖編，景印文淵閣四庫全書本，臺灣商務印書館，一九八六年。
太平廣記，宋李昉等編，中華書局，一九六一年。
太平廣記會校，宋李昉等編，張國風會校，北京燕山出版社，二〇〇一年。
元和姓纂(附四校記)，唐林寶撰，岑仲勉校記，郁賢皓、陶敏整理，孫望審訂，中華書局，一九九四年。
太平御覽，宋李昉等編，中華書局，一九六〇年。
宋本册府元龜，宋王欽若等編，中華書局，一九八九年。
册府元龜，宋王欽若等編，中華書局，一九六〇年。
册府元龜，宋王欽若等編，日本國立公文書館藏明鈔本。
册府元龜，宋王欽若等編，景印文淵閣四庫全書本，臺灣商務印書館，一九八六年。

類要，宋晏殊撰，四庫存目叢書影印西安文管會藏舊鈔本，齊魯書社，一九九七年。
事物紀原，宋高承撰，中華書局，一九八九年。
實賓録，宋馬永易撰，景印文淵閣四庫全書本，臺灣商務印書館，一九八六年。
職官分紀，宋孫逢吉撰，中華書局，一九八八年。
錦繡萬花谷，宋佚名撰，北京圖書館古籍珍本叢刊影印宋刻本，北京圖書館出版社，二〇〇〇年。
新編古今事文類聚，宋祝穆、元富大用編，書目文獻出版社，一九九一年。
記纂淵海，宋潘自牧撰，中華再造善本影印宋刊本，北京圖書館出版社，二〇〇四年。
玉海，宋王應麟纂，江蘇古籍出版社、上海書店，一九八七年。
姓氏急就篇，宋王應麟撰，中華再造善本影印元至元六年慶元路儒學刻本，北京圖書館出版社，二〇〇六年。
小字録，宋陳思撰，四部叢刊影印鐵琴銅劍樓藏明活字本。
永樂大典，明解縉等編，中華書局，一九八六年。
海外新發現永樂大典十七卷，上海辭書出版社，二〇〇三年。

揚雄集校注，漢揚雄著，張震澤校注，上海古籍出版社，一九九三年。
白蓮集，唐齊己撰，四部叢刊影印明鈔本。
小畜集，宋王禹偁撰，四部叢刊影印宋刊本。
文莊集，宋夏竦撰，景印文淵閣四庫全書本，臺灣商務印書館，一九八六年。
景文集，宋宋祁撰，景印文淵閣四庫全書本，臺灣商務印書館，一九八六年。
安陽集，宋韓琦撰，北京圖書館古籍珍本叢刊影印明正德九年張士隆刻本，北京圖書館出版社，二〇〇〇年。
河南先生文集，宋尹洙撰，宋集珍本叢刊影印明鈔本，綫裝書局，二〇〇四年。
華陽集，宋王珪撰，景印文淵閣四庫全書本，臺灣商務印書館，一九八六年。
姑溪居士文集，宋李之儀撰，宋集珍本叢刊影印清鈔本，綫裝書局，二〇〇四年。
劉克莊集箋校，宋劉克莊著，辛更儒校注，中華書局，二〇一一年。
南雷文定，清黄宗羲撰，續修四庫全書影印清康熙二十七年靳治荆刻本，上海古籍出版社，二〇〇二年。
潛研堂集，清錢大昕撰，上海古籍出版社，一九八九年。
緣督廬日記鈔，葉昌熾撰，王季烈編，北京圖書館出版社，二〇〇七年。

文苑英華，宋李昉等編，中華書局，一九六六年。
樂府詩集，宋郭茂倩編，中華書局，一九七九年。
全唐文，清董誥等編，中華書局，一九八三年。
全唐文補編，陳尚君輯校，中華書局，二〇〇五年。

三

舊五代史考異，清邵晉涵撰，續修四庫全書影印國家圖書館藏清面水層軒鈔本，上海古籍出版社，二〇〇二年。
五代史纂誤，宋吴縝撰，知不足齋叢書本，中華書局，一九九〇年。
五代史記纂誤補，清吴蘭庭撰，續修四庫全書影印清嘉慶八年刻本，上海古籍出版社，二〇〇二年。
五代史輯本證補，郭武雄著，臺灣商務印書館，一九七六年。
舊五代史新輯會證，陳尚君輯纂，復旦大學出版社，二〇〇五年。
舊五代史考實，余和祥著，廣西民族出版社，二〇〇〇年。

日知録集釋，清顧炎武著，黄汝成集釋，上海古籍出版社，二〇〇六年。
十七史商榷，清王鳴盛撰，上海書店出版社，二〇〇五年。
廿二史考異，清錢大昕撰，上海古籍出版社，二〇〇四年。
二十五史補編，中華書局，一九五五年。
十七史疑年録，牛繼清、張林祥著，黄山書社，二〇〇七年。
新唐書宰相世系表集校，趙超著，中華書局，一九九八年。
唐方鎮年表，吴廷燮編，中華書局，一九八〇年。
五代十國方鎮年表，朱玉龍編，中華書局，一九九七年。
陳垣史學論文集第二集，陳垣著，中華書局，一九八二年。
五代史料探源，郭武雄著，臺灣商務印書館，一九八七年。
五代禁軍初探，張其凡著，暨南大學出版社，一九九三年。
陳智超歷史文獻學論集，陳智超著，社會科學文獻出版社，二〇一二年。
唐代文獻研究，張固也著，中州古籍出版社，二〇一四年。
舊五代史輯補，張凡著，歷史研究一九八三年第四期。
中華版舊五代史考證，朱玉龍著，安徽史學一九八九年第二、四期，一九九〇年第二、三期。
讀舊五代史劄記，程弘著，文史第十六輯。
標點本新舊五代史校勘拾零，齊勇鋒著，文史三十三輯。
舊五代史考證，董恩林著，文史二〇〇二年第二輯。
點校本舊五代史校誤，李全德著，中國史研究二〇〇三年第一期。
從文獻記載論五代帝陵玄宫問題，崔世平著，華夏考古二〇一一年第二期。
譯注中國近世刑法志，日梅原郁編，創文社，二〇〇二年。
中國歷史地圖集，譚其驤主編，中國地圖出版社，一九九六年。
中國行政區劃通史五代十國卷，李曉杰著，復旦大學出版社，二〇一四年。
二十史朔閏表，陳垣編，中華書局，一九六二年。
中國史曆日和中西曆日對照表，方詩銘、方小芬編著，上海辭書出版社，一九八七年。
歷代避諱字彙典，王彦坤編著，中華書局，二〇〇九年。
中國近三百年學術史，梁啓超著，東方出版社，一九九六年。

點校本二十四史及清史稿修訂工程組織機構

總　修　纂　任繼愈

學術顧問　王元化　王永興　王鍾翰　何兹全　季羨林　馮其庸　蔡尚思
　　　　　戴　逸　饒宗頤　（以姓氏筆畫爲序）

修纂委員會　丁福林　王小盾　王　素　朱　雷　吴玉貴　吴金華　吴麗娱
　　　　　　汪桂海　辛德勇　周天游　武秀成　孟彦弘　南炳文　施新榮
　　　　　　烏　蘭　溧國棟　陳尚君　陳高華　徐　俊　張　帆　張金龍
　　　　　　程妮娜　景蜀慧　趙生群　裴汝誠　鄭小容　劉次沅　劉浦江
　　　　　　戴建國　羅　新　（以姓氏筆畫爲序）

審定委員會　王天有　王文楚　王春瑜　王　堯　王曾瑜　王繼如　白化文

田餘慶　安平秋　安作璋　何英芳　何齡修　吴宗國　吴榮曾
宋德金　李學勤　周良霄　周振鶴　周清澍　周偉洲　來新夏
祝總斌　陳允吉　陳祖武　陳智超　袁行霈　高　敏　陶　敏
徐蘋芳　張大可　張文强　張忱石　崔文印　梁太濟　許逸民
黄留珠　鄒逸麟　程毅中　傅璇琮　傅熹年　裘錫圭　蔡美彪
熊國禎　樓宇烈　劉鳳翥　龔延明

（以姓氏筆畫爲序）